交通経済学

山内弘隆・竹内健蔵 [著]

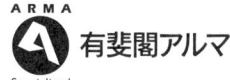

はしがき

本書は商学系，経営学系の学部に設定されている「交通論」，「交通経済」等の科目のためのテキストである。交通論は，農業論や工業論，銀行論などと同様，個別分野の教育研究を目的として確立された科目であるが，近年では，ミクロ経済学を基礎としてその応用によって分析することが一般的になっている。そのために本書も交通経済学と題することとした。

本書を執筆するにあたって，著者らは次の点に留意した。

第1に，ミクロ経済学の基礎理論に基づいて交通を分析することである。個別産業分野の研究は，事情分析的なものになりがちである。それは現実の政策に重要な情報を提供するが，ともすればその産業の特殊性を強調しすぎるあまり，一般的・普遍的な視点を見失うことがある。言うまでもなくミクロ経済学は確立された体系を有し，その分析ツールは応用範囲が広い。筆者らは，ミクロ経済理論を基礎とする交通分野の分析によって，読者に普遍的な分析力と洞察力を提供できればと考えている。

第2に，ミクロ経済学の方法論を骨格とすると同時に，現実政策，具体的施策を念頭に置いて議論することである。ミクロ経済学は抽象度が極めて高く，理論を学ぶだけでは現実性・具体性のある政策指針を演繹することはむずかしい。一方，交通のように公的な政策が重要な位置を占める分野では，具体的に政策を論じることが求められる。幸いにも，筆者らは，多少なりとも現実の政策決定の一端に関わった経験があり，理論と現実の乖離について十分に認識していると自負している。本書では少ない経験をで

きる限り生かし，理論に基づく政策のあり方を論じるよう心がけた。

第3に，読者を，計量を含めた経済学的な分析の「入り口」に導くことである。現実政策を構想するにあたっては，理論の習得のみならず数量的な分析が不可欠である。経済学は理論，計量分析ともに飛躍的な進歩を遂げており，本書でその最先端を網羅することはできない。しかし，例えば，交通の需要予測はどのようにしてなされるのか，規模の経済はどのように計測できるか等について基礎的理解を持つことが，さらに進んだ分析の手がかりとなるだけでなく，実務上も有用である。読者が，これを機に数量分析に興味を持たれることを願っている。

以上述べたように，本書はミクロ経済学を基礎としており，ミクロ経済学をすでに学んだか，それと同等の知識を有する読者が想定されている。したがって，本書では，経済学で使用される数式の使用をあえて避けなかった。もとより，筆者らは数式の羅列によって読者を威嚇する意図を持たない。数式は記述の簡素化と理論の明確化をねらったものであり，数式に不慣れな読者も，丁寧にお読みいただければ内容が理解できるよう工夫したつもりである。

また，本書は学生向けの教科書であるが，日頃，政策決定や経営上の意思決定に携わる実務家の皆さんにもお読みいただけるよう配慮した。むしろ，筆者らが真に望むのは，本書がそのような実務家の方々に広く読まれることである。ミクロ経済学は，複雑な現実問題を整理し，合理的に考察するという点で大きな威力を持つ。経済学的な発想を援用することは，たとえそれだけでは問題の解決に至らないとしても，意思決定に重要な示唆を与えてく

れるものと思われる。

　『交通経済学』と題する書はわが国にも多数存在するが，とりわけ故増井健一慶應義塾大学名誉教授が1973年に出版された『交通経済学』（東洋経済新報社）は，筆者らがこの分野の勉強を始める契機となった書であるとともに，わが国の交通論に近代経済学の分析手法を導入した先駆となる労作である。不幸にも，増井教授は2001年夏に惜しまれつつ他界された。筆者らは増井教授の教えを受けたもののとして，本書を教授に捧げたいと考えている。

　本書を執筆するにあたって，多くの先生方から重要な示唆とアドバイスを賜った。藤井彌太郎慶應義塾大学名誉教授（現帝京大学教授）は，筆者らの研究全般の基礎を与えてくださった。特に，本書第4章および第5章の運賃理論については，藤井教授から授かった教えを拡張することができたかどうか，筆者らは，若干不安の念を持っている。杉山武彦一橋大学副学長は，本来であれば本書のもう1人の共同執筆者になるべき方である。そもそも本書の企画は杉山教授が一橋大学商学部において行っていた「交通総論」の授業内容を教科書とするところから始まった。本書第3章，第6章には，授業の教材がそのまま使用されている部分がある。筆者らの先輩でありアドバイザーである慶應義塾大学中条潮教授からは，理論と政策の橋渡しの大切さ，経済学を土台とした政策提言のあり方を学んだ。その他，屋井鉄雄東京工業大学教授，寺田一薫東京商船大学教授から有益なコメントをいただいた。すべての先生方に対して，ここに記して感謝の意を表す次第である。ただし，言うまでないが，本書に含まれるべき誤りはすべて筆者らの責任である。

本書の執筆中，山内は文部科学省長期在外研究制度によって米国メリーランド大学の客員研究員の職にあった。一橋大学商学研究室大和田恵子助手には山内不在の間に資料・論文等の整理，送付に協力いただいた。彼女の協力なしに本書は完成しえなかった。また，有斐閣書籍編集部の石塚務氏は，山内の多忙と怠惰のために出版計画が大幅にずれ込んだにもかかわらず，絶えず暖かい声援と叱咤激励をくださった。多くの類書と同様，本書も石塚氏との合作である。最後にこのお二人に御礼申し上げたい。
　2002年3月

　　　　　　　　　　　　著者を代表して　山内　弘隆
　　　　　　　　　　　　バージニア州マクリーンの自宅書斎にて

著者紹介

●山内　弘隆（やまうち ひろたか）●

【執筆担当：第2章 *1*, *3*〜*5*, 第3章, 第4章, 第5章】

1955年, 千葉県生まれ
慶應義塾大学大学院商学研究科博士課程修了
現在, 一橋大学名誉教授, 一橋大学大学院商学研究科特任教授, 武蔵野大学経営学部特任教授, 運輸総合研究所所長
専攻：交通経済学, 規制の経済学, 公益事業論

主要著作

『航空輸送』（共著）, 晃洋書房, 1990年〔日本交通学会学会賞受賞〕。『講座・公的規制と産業④交通』（共編著）, NTT出版, 1995年〔1995年度交通図書賞受賞〕。『航空運賃の攻防』NTT出版, 2000年。"Toward a More Liberal Sky in Japan," in *Deregulation and Interdependence in the Asia-Pacific Region*, NBER-EASE Vol. 8, edited by Takatoshi Ito and Anne O. Krueger, The University of Chicago Press, 2000.『交通市場と社会資本の経済学』（共編）, 有斐閣, 2010年。

●竹内　健蔵（たけうち けんぞう）●

【執筆担当：第1章, 第2章 *2*, 第6章】

1958年, 福岡県生まれ
一橋大学大学院商学研究科博士課程修了
オックスフォード大学経済学部大学院修了（M. Litt.）
現在, 東京女子大学現代教養学部国際社会学科経済学専攻教授
専攻：交通経済学, 公共経済学

主要著作

『都市交通ネットワークの経済分析』有斐閣, 2006年。『交通市場と社会資本の経済学』（共編）, 有斐閣, 2010年。『なぜタクシーは動かなくてもメーターが上がるのか』NTT出版, 2013年。『あなたの人生は「選ばなかったこと」で決まる』日本経済新聞出版社, 2017年。『交通経済学入門（新版）』有斐閣, 2018年。『ミクロ経済学って大体こんな感じです』有斐閣, 2019年。

目　次

第1章　市場と政府の関わりとしての交通サービス　1

1　交通サービスと公的介入　……………………………………… 2
公的介入の形態（2）　「公共性」という幻想（4）　交通サービスの特徴（7）

2　交通サービスへの規制　………………………………………… 10
なぜ「規制される」のか（10）　自然独占（12）　外部性（15）　公共財（18）　不確実性, 情報の不完全性, 情報の非対称性（20）　市場の失敗による規制（23）

3　参入規制に関する諸問題　……………………………………… 24
参入規制と退出規制の根拠（24）　参入規制と退出規制の問題点（26）　参入規制の緩和（28）　退出規制の緩和（31）

4　運賃・料金規制とその諸問題　………………………………… 32
運賃・料金規制と参入規制の不可分性（32）　価格規制の問題点（33）　内部補助（35）

Column ①　交通の単位　………………………………………………… 36
演習問題　……………………………………………………………………… 38
REFERENCE　………………………………………………………………… 39

第2章　交通需要の分析　41

1　交通需要の特性　………………………………………………… 42
交通サービスと需要の特性（43）　本源的需要と派生需要（48）

2 輸送構造の変化 ……………………………………………… 51
　旅客輸送（51）　貨物輸送（56）

3 交通需要分析のツール ………………………………………… 62
　ミクロ経済学における需要関数（62）　価格弾力性（64）
　時間価値（67）

4 交通需要関数と交通機関選択モデル ………………………… 70
　交通需要関数（70）　マクロ需要関数への適用例（73）
　犠牲量モデルによる交通機関選択（78）　非集計交通行動モ
　デル（82）

5 交通需要予測 …………………………………………………… 92
　四段階推定法（92）　交通需要予測の意義と留意点（101）

Column ②　需要予測の難しさ …………………………………………… 104
演習問題 …………………………………………………………………… 106
REFERENCE ……………………………………………………………… 108

第3章　交通サービスの費用分析　　109

1 費用概念の整理 ………………………………………………… 110
　経済学における費用概念（112）　交通経済学における費用の
　考え方（117）

2 規模の経済 ……………………………………………………… 121
　トラック事業の規模と費用水準（122）　収穫逓増と規模の経
　済（124）　規模の経済，自然独占，コンテスタブル・マーケ
　ットの理論（128）　規模の経済と範囲の経済（134）　ネッ
　トワークにおける密度の経済とサイズの経済（136）

3 共通費の概念 …………………………………………………… 143
　結合費と共通費（143）　見かけ上の共通費と真の共通費
　（147）

4 費用配分ゲーム ……………………………………………… 151
　費用配分ゲームとコアの概念（152）　費用配分ルールとコアの存在（156）

*Column*③　エアラインのコスト ………………………………… 161
演習問題 ………………………………………………………………… 163
REFERENCE ………………………………………………………… 165

第4章　規制緩和と運賃・料金設定　　167

1 規制緩和の進展 ……………………………………………… 168
　市場競争の進展（169）　規制の失敗（171）　運賃規制の緩和（173）

2 運輸事業における運賃水準決定●総括原価主義 ………… 175
　総括原価（175）　費用積上方式（177）　レート・ベース方式（178）　レート・ベース規制実行上の問題（181）　アバーチ゠ジョンソン効果（184）

3 インセンティブ規制 ………………………………………… 187
　プライス・キャップ規制（188）　ヤードスティック規制（193）

4 有料道路の料金設定●償還制 ……………………………… 196
　有料道路（197）　償還制による料金決定（199）　料金プール制（202）

5 運賃・料金設定の公正と内部補助 ………………………… 205
　公正な価格（205）　内部補助とその判定基準（208）

*Column*④　内部補助の限界 ……………………………………… 215
演習問題 ………………………………………………………………… 218
REFERENCE ………………………………………………………… 219

第5章　経済理論からみた運賃・料金設定　221

1 限界費用価格形成 …… 222
資源配分効率（222）　限界費用価格形成の考え方（224）　簡単なモデル分析（228）　限界費用原理の限界と政策上の示唆（229）

2 次善の価格決定 …… 233
ラムゼイ価格（234）　簡単なモデル分析（239）　ラムゼイ価格の限界と政策上の示唆（240）

3 混雑税（ロード・プライシング） …… 243
道路混雑と利用者費用（243）　混雑税の導入（246）　混雑税と社会的余剰（248）　公共財とロード・プライシング（251）

4 ピーク・ロード・プライシング …… 253
モデルの前提（253）　固定ピークのケース（254）　移動ピークのケース（256）　簡単なモデル分析（259）　ピーク・ロード・プライシングの適用（261）

Column ⑤　高速道路の車種間料金比率 …… 264
演習問題 …… 266
REFERENCE …… 267

第6章　交通投資　269

1 交通投資の特徴と問題点 …… 270
投資の私的視点と社会的視点（270）　財務分析と費用便益分析（271）　交通投資評価の困難性（273）　投資効果の持続性（275）

2 費用便益分析の概念 ……………………………… 276
　費用便益分析の理論的根拠（276）　評価時点の比較（280）
　便益項目の選定（282）　社会的割引率とシャドウ・プライス
　（285）　投資の可否と優先順位の判定（289）

3 交通プロジェクト評価への費用便益分析の適用 ……… 292
　適用事例(1)：道路プロジェクト（292）　適用事例(2)：鉄道
　プロジェクト（299）

4 費用便益分析の問題点と今後の展望 ………………… 303
　所得分配への影響（303）　経済学以外の観点（305）　費用
　便益分析の範囲（306）　これからの交通投資（307）

Column ⑥　交通投資と PFI ……………………………………… 308
演習問題 ……………………………………………………………… 310
REFERENCE ………………………………………………………… 311

文献案内 ……………………………………………………………… 313
索　引 ………………………………………………………………… 315

本書のコピー，スキャン，デジタル化等の無断複製は著作権法上での例外を
除き禁じられています。本書を代行業者等の第三者に依頼してスキャンや
デジタル化することは，たとえ個人や家庭内での利用でも著作権法違反です。

第1章 市場と政府の関わりとしての交通サービス

赤字ローカル線は採算がとれないから廃止するべきなのであろうか。それとも，政府・自治体による何らかの介入が必要なのだろうか。そのときの介入の根拠にはどのようなものがあるのだろうか。

1 交通サービスと公的介入

公的介入の形態　身の回りにある交通機関（鉄道，バス，タクシー，トラック，航空，船舶）は，よく考えると，他の財・サービスと多くの部分が異なっていることに気づく。例えば旅客輸送を取り上げてみよう。なぜ運賃は株式市場の株価や野菜のように日や時間に従って刻々と変化しないのだろうか。なぜ航空会社や鉄道会社の数はあまり変化しないのだろうか。なぜ白タク（営業許可を受けずに旅客輸送をする自家用自動車のこと）は違法行為なのだろうか。これらの疑問の答えはすべて交通サービスが公的介入（規制）を受けているという事実の中にある。

　確かにトラック事業では頻繁な起業・廃業はあるし，経済新聞をのぞくと海運業での運賃の変動が伝えられることもある。さらに，航空運賃も自由化されて，多種多様な運賃形態も出現してきている。このようにすべての交通機関がすべて徹底的に規制を受けているわけではない。しかし，交通サービスは他のサービスとは違って多くの公的介入を受けている，あるいは受けやすい性質を持っているサービスであるということは間違いない。極端に言えば，交通サービスの特徴とは規制を受けやすいということである，と言うことも可能かもしれない。

　ただ，これでは交通サービスの特徴を明確にしたとは言えない。今の段階では，なぜ交通サービスが公的介入を受けやすいのかを分析することによって，おのずから交通サービスの特徴が明らか

になるのだ，ということだけを指摘しておこう。つまり規制というキーワードを通じて交通サービスの特徴を明らかにすることができるのである。

ところで，規制についてはいくつかの分類がある。まず，規制は社会的規制と経済的規制に分類することができる。社会的規制は利用者の安全を図るための安全規制などを指すことが多い。例えば車検制度や，鉄道の運転士の免許や，航空機の安全点検に関する諸制度などは，これらにあたる。一方，経済的規制とは市場に影響を与えることによって交通サービスの需要と供給を左右するような規制である。社会的規制は質的規制と呼ばれるのに対し，経済的規制が量的規制と呼ばれることもある。

次に，経済的規制は価格規制と参入規制に分類される。価格規制は，完全競争市場で自律的に決定する価格を運賃として採用するのではなく，あえて異なる価格を人為的に設定することで交通サービスの需給に影響を与える。旧国鉄の運賃は長い間国会の議決の必要な法定運賃であった。JRになってから運賃規制は緩和されたが，それでも運賃の上限規制が残っている。参入規制は完全競争市場成立のための条件である「参入・退出の自由」を奪う，あるいは制限することによって同じく交通サービスの需給に影響を与える。

交通経済学は経済学の応用分野の1つであるから，市場に関する分析を資源配分の効率という観点から，そして所得分配の公正という観点から行うことが通常である。その意味では，社会的規制に関してはなかなか経済学的な分析はむずかしいと思われるかもしれない。しかし，これは社会的規制に関する分析が経済学では不可能である，と言っているのではない。社会的規制について

はこれまで多くの優れた経済分析がなされており，大変興味深い成果があげられている。しかし，これらへの言及には相当の紙幅を要する。それに安全規制などの社会的規制は，交通サービス固有の特徴ゆえに課されているとはいいにくい面も多くあり（例として食品衛生に関する規制と比較してみるとよい），社会的規制を通じて交通サービスの特徴を探ることは，本書の目的に関するかぎり，それほど生産的なこととも思えない。そこで本章では経済的規制がなぜ存在するのかを考えることにより，交通サービスの特徴を浮彫りにすることにしよう。

改めて，読者は「なぜ交通サービスは公的介入（規制）を受けやすいのか」について考えてもらいたい。この問いは言い換えると，「なぜ交通サービスは他の普通の財・サービスと同じように扱えないのか」ということになる。読者のうちのある人びとは次のように答えるかもしれない。「交通サービスは公共性の強いサービスであるから，国や地方自治体による規制が必要なのである」と。ではいったい「公共性」とは何だろうか。まずこの問いから答えていくことが，交通サービスの特徴を明らかにするために必要なようである。

「公共性」という幻想

例えばあるローカル鉄道あるいはバス路線が廃止される場合を想定しよう。このとき沿線住民の声がマスコミなどを通じて全国に伝えられ，それらを読者は聞いたことがあるだろう。このとき多くの沿線住民は，「交通は公共性があるのだから，経済効率優先で廃止することは許されない」という趣旨の意見を述べることが多い。あるいはある路線の運賃や料金が値上げされる場合を想定しよう。このときの利用者の声としてよく聞く意見は，「公共性の高い交通機関は

国家や地方自治体が支援して値上げを抑えるべきである」という趣旨の意見である。さて,「公共性」とはいったい何なのか。

　こうした意見を表明する人びとの1人ひとりに「あなたにとっての公共性とは何ですか」という問いを発すると,多くの人は面食らうかもしれない。なぜならば,「公共性とは何か」ということを正面きって考えたことのある人は意外と少ないからである。それでもある人びとは自分の考える「公共性」の定義を明確に述べるかもしれない。だが,その公共性の定義は,定義をした1人ひとりで異なっていることが多い。著者等が学部の学生に「交通サービスの公共性とは何か」を尋ねると,次のような答えが返ってきた。

　①交通サービスは日常生活に必要不可欠なサービスであり,そのようなサービスのことを公共性があるという。
　②鉄道やバス会社などは,普通,地域的に独占企業となっており,そのような形態で供給されるサービスには公共性がある。
　③一般の人にとって交通サービスの利用自体が目的ではなく,何か他の目的を果たすために必要なものであるから,このようなサービスには公共性がある。
　④深夜のタクシーの流し営業や,早朝深夜の鉄道やバスの便のように,交通サービスは利用したいときに利用できるようになっていなくてはならない。こうした性格のサービスは公共性を持つ。
　⑤交通サービスは不特定多数の人びとが利用するものだから公共性がある。
　⑥国や自治体の提供するサービスは公共性がある。

　このように公共性に対して人びとの抱くイメージは非常に多種

多様である。もちろん,このほかにも違う公共性の定義を持つ人がいても不思議ではない。しかし,上記の公共性の定義あるいは説明は不十分であるといわざるをえない。その理由を①から順に考えてみることにしよう。

①は日常生活に必要不可欠なものということが公共性の重要な説明となっている。しかし,それならばわれわれが普通履いている靴は日常生活に必要不可欠なものではないのだろうか。ならば靴は公共性があるのに,どうして公的介入が交通サービスのようになされないのだろうか。②は企業の地域独占ということが公共性の重要な説明となっている。それならば地域どころか全国的に事実上圧倒的な独占状態にある日本のタバコ産業には公共性があるのだろうか。そもそも地域独占とは,公共性があるから地域独占になっているのかもしれず,その場合は公共性と地域独占とはトートロジーになっていないか。③は反例として,黒板やホワイトボードが挙げられる。これらは大学の講義で板書して情報を学生に伝えるという目的のためにどうしても必要なものである。しかし黒板やホワイトボードの購入や利用に,交通サービス同様の公的介入がなされているだろうか。④はいざというときには利用できるサービスには公共性があるという定義といえるであろう。この定義に従うと,24時間営業のコンビニエンス・ストアには公共性があることになる。しかし,コンビニに公共性があるという意見はあまり聞かない。⑤は不特定多数の利用するサービスには公共性があるというものである。この定義では通常のスーパーで売っているキャベツや歯磨き粉も不特定多数が購入するものであるから,キャベツや歯磨き粉には公共性があるということになる。同じように映画館も不特定多数の利用するものであるから,

映画館にも公共性があることになる。⑥は典型的な本末転倒の説明である。この説明に従うと、ガス事業や電力事業は民間企業の経営だから公共性はないということになる。あるサービスに公共性があるから国や自治体がサービスを提供するというのならば理解できるが、国や自治体が供給するからそのサービスに公共性があるという考え方は意味をなさない。

このように考えてくると、公共性の定義は意外とむずかしい。どの考え方をとっても一見もっともらしいようで実は欠陥を持っている。しかし多くの人びとは何となくこのようなイメージで感覚的に公共性を理解して、安易に「公共性」という用語を使っているのではないだろうか。そしてそれが交通問題をよりいっそう複雑にしている理由でもあるのである。正確な定義もしないまま「公共性」という用語を安易に利用することは慎まなくてはならない。また、自分に都合のいいように公共性の概念を解釈し、問題の本質を歪めようとする論調には十分に注意する必要がある。万人の納得する「公共性」の定義があるのかどうかは経済学による分析でも解答は出ていない。われわれが現在できることは正確に用語の定義を行った上で交通問題を論ずることであろう。

交通サービスの特徴

ところで、先に述べた①から⑤は公共性の定義や説明としては失敗であっても、交通サービスの特徴はよくつかんでいる。交通サービスの特徴を概観するために、次にこれを見てみよう。

①は言い換えると交通サービスには「必需性」がある、ということになる。この「必需性」は「公共性」と同様に定義がむずかしいし、安易な利用が危険な用語ではあるが、経済学では「必需財（必需品）」の定義は明確になされている。つまり、需要の所

得弾力性が1よりも小さい財は必需財と呼ばれる。例えば、鉄道を利用してある大学に通学する学生が、アルバイトの収入（所得）が倍増したときに、大学へ行くための鉄道の利用回数を同じく2倍以上にするであろうか。また、逆に収入が半分になったとき利用回数を半分以下にするであろうか。きっとそのようなことはないであろう。こうした種類の鉄道サービスは必需財であるといわれる。一般的な傾向として、観光などを別とすれば、交通サービスには必需財的な性格が強いといわれている。

②は交通サービスを供給する企業が地域独占になっていることを示している。実は交通サービスは（すべてではないが）その特徴のゆえに、地域ごとに独占的な供給を許した方が資源配分上好ましいことが知られている。これは一般的な他の財・サービスとは著しい相違である。詳細については本章後半と第3章で述べることにしよう。

③に関しては、交通サービスは「派生需要」である、と言われる。カーマニアや鉄道ファンなどにとってはドライブそのもの、鉄道旅行そのものが目的となるので、これらは「本源的需要」と呼ばれる。しかし多くの人びとは、交通サービスを何か他の目的のための手段として利用する。例えばサラリーマンは会社で仕事をするという目的のために交通サービスを需要し、スキー客はスキー場でスキーを楽しむために交通サービスを需要する。これらは派生需要である。交通サービスは派生需要であることが多いため、その本来の目的の性格によって影響を強く受けるという一面を持っている。例えば通勤ラッシュなどの需要の変動性は、会社の多くが9時に始まり5時に終わるという、交通サービスとは関係ない事実によって引き起こされている。

④に関しては，交通サービスは「利用可能性」を持つ，と言われる。早朝や深夜のバスや鉄道の便は，場合によっては乗客が誰もいないということもある。無駄だから運行をやめるべきである，と言われることもある。しかしこれも重要なサービスの供給である。というのは，沿線の住民はバスや鉄道が運行されているという事実によって，いざというときにはいつでも利用できるという，「安心感」という便益を受けているからである。こうした利用可能性の確保のため，乗客がいなくてもバスは走り，深夜でもタクシーは営業をしているのである。問題なのはそうした便益を受けている潜在的な利用者が，その交通サービスの供給者に実際に支払いをしないということである。このことについても本章後半で述べる。

　⑤についてはいささかの補足が必要である。不特定多数の利用者の存在は他の財・サービスと同様ではあるが，交通サービスに関しては不特定多数のサービスの消費とその生産はその場かぎりであるという特徴を持っている。これは同じく公益事業と呼ばれる電力・ガスサービスとも著しく異なっている。すなわち，そのときに生産された交通サービスが売れ残ったからといって，それを在庫として保管することはできない。交通サービスは生産と消費が同時に行われるため，もし定員に満たなかったならば，そのときにできた空席は無駄となる。使われなかった空席をためておいてピーク時に放出するといった，通常の財ならば当たり前の在庫調整が交通サービスではできない。このような財を「即時財」と呼ぶ。つまり交通サービスは即時財（即地財と呼ばれることもある）である。

　これまで述べたようなさまざまな交通サービスの諸特徴は他の

財・サービスとの違いを際立たせるものである（これらは第2章で明確に整理される）。そしてこれらの諸特徴はあまり公的介入を必要としないような財・サービスとは違って，交通サービスに公的介入を引き起こす原因となる。なぜこれらの諸特徴が規制を引き起こすのか，これを経済学的な観点から以下で見ていくことにしよう。

notes ● ● ● ● ● ●

▼1　一般に経済的規制は独占禁止法のような反トラスト法に関する規制も含むが，ここではこれらは含めず，交通サービス市場への直接的な公的介入という意味で用いている。

2　交通サービスへの規制

なぜ「規制される」のか

通常，経済運営の形態は2つの極端な考え方から派生しているといってよいであろう。1つの極端は市場を全面的に信頼し，政府は極力市場への介入を避けるという，市場経済万能主義の考え方である。もう1つの極端は市場の機能を排し，中央政府による計画に基づくあらゆる生産活動，価格決定によって経済を運営するという，計画経済万能主義の考え方である。計画経済体制下では計画の実行のためにあらゆる規制が実施される。現代社会においては，この両極端のどちらかで経済運営をしている国家はまずないといってよく，ほとんどの国家の経済運営はこれらの両者を両端とするスペクトラムの中に位置している。

　国家の経済運営が，このスペクトラムのどこに位置するかは規

制の程度によって変化する。もし規制が多いならば，そのときは計画経済的な色彩が強くなるし，規制が少ないとそのときは市場経済的な色彩が強くなる。つまり，規制強化は市場経済よりも計画経済を志向する動きであるのに対して，規制緩和は計画経済よりも市場経済を志向する動きである，といえる。アメリカの国内航空産業から始まった世界的な「規制緩和」(deregulation)の動きは，経済のグローバル化とともに，わが国でも例外なく交通政策の中心的な課題となっている。規制緩和とは，これまでよりも市場の機能に信頼をよせ，市場によって自動的に決定される均衡を交通サービスに生かそうとする動きにほかならない。

理論経済学や公共経済学が教えているように，完全競争市場において，いわゆる「(神の)見えざる手」に委ねることによって得られる市場成果は資源配分を最適にする，ということが知られている。市場によって決定された結果は資源を効率的に配分し，社会的余剰を最大にする（このことについては第5章で詳しく説明される）。つまり，市場均衡は資源配分の観点から社会にとって望ましい。これが市場を信頼する最大の根拠の1つである。だから，完全競争市場が十分に機能するような財・サービスにおいては，不要な規制を排除し，市場に任せることによって，良好な資源配分状態を実現することができる。

ところで，交通サービスは前節で述べたように，他の財・サービスとは異なる点を多く有している。もしこれらの特徴が市場を十分に機能させるための障害となるならば，市場を信頼してその成果を期待することはできなくなる。交通サービスのこれらの諸特徴の多くが市場の機能を阻害するものと考えられ，このため多くの規制がなされてきた。ところが，近年の経済学理論の進展に

ともない，必ずしも現在の規制のすべてが必要であるとは限らないことが明らかになってきた。さらに，技術革新や市場条件の変化によって，これまで公的介入が必要とされてきた分野でも市場競争が可能であることもわかってきた。だが，さしあたりここでは理解を容易にするために，まず交通サービスがこれまでなぜ規制を必要としてきたのかについて明らかにする必要があるであろう。理論経済学では，市場の機能を阻害する要因として，「自然独占」，「外部性」，「公共財」，「不確実性と情報の不完全性・非対称性」の4つをあげることが普通である。これらは「市場の失敗」（market failure）と呼ばれる。交通サービスがこの4つの市場の失敗の要因にどのようにかかわっているのか，以下では交通サービスの特徴を思い起こしながら考えてみることにしよう。

自然独占

例えばある地域に大型スーパーや百貨店が進出を予定しており，地元の中小商店街がその進出に反対している，という状況を想定しよう。このような例を読者はマスコミの報道から聞いたことがあるだろう。このときの地元商店街の人びとの反対理由としてテレビの画面に登場するのは，「大型店は規模の利益（スケール・メリット，規模の経済）があるからわれわれは太刀打ちできない。したがって規制が必要である」という意見である。これは規模の大きい店の方が安い価格で商品を提供できるので，規模の小さい店は価格競争で敗れる，ということを危惧していると考えることができる（もちろん品揃えという点でも不利になるかもしれない）。これは大型店舗では単位当たりコストが安い，さらに言えば規模が大きくなればなるほど単位当たりの供給費用が小さくなる，ということを意味する。これこそ「規模の経済」にほかならない。

経済学の理論が教えるように，規模の経済は長期平均費用が逓減している状態である。そして長期平均費用が逓減するような産業（費用逓減産業）の特徴として，財・サービスの生産に関する固定費用部分が非常に大きいことが挙げられる。つまり，固定費用の莫大な産業では規模の経済が起こりやすい。そこで交通サービスの生産に関してはどうだろうか。鉄道の場合，線路，トンネル，橋，駅，信号設備，車両などの固定費用が莫大である。道路も同様であろう。また空港は莫大な敷地を必要とし，管制施設など高額の資金投下が必要である。もちろん個人タクシーや内航海運事業の一杯船主のように，すべての交通サービスにわたって固定費用が莫大である，とは言えない。しかし多くの場合，確かに交通サービスの生産のためには莫大な設備が必要である。

　こうした固定費用の莫大な産業においては，いったん価格競争が始まると，固定費用を少しでも回収しようと採算割れでも価格を引き下げ，競争相手と熾烈な価格競争を行う。なぜならば，すべてのライバルを市場から駆逐すれば，後は独占となり，好き勝手な価格をつけることができ，結果的に多くの利潤を獲得できるからである。このような価格競争は「破滅的競争」(destructive competition, cut-throat competition) と呼ばれる。例えば，アメリカでは大陸横断鉄道間での競争，わが国では明治時代の官営鉄道と関西鉄道の競争，海運では三菱会社と共同会社との競争があった。当時は経済学の理論が未発展で，交通政策について有力な提言ができなかったために，これらの競争は共倒れになりかけるほどの激烈なものとなった。

　このように，交通サービスのような固定費用の大きい産業では，市場に任せて自由に競争をさせておくと破滅的競争が起こり，や

がて最後には自然に独占状態に至ることになる。したがって，この状態を「自然独占」(natural monopoly) と呼ぶ。これは市場が失敗する1つの要因である。自然独占が好ましくないのは，1つには競争状態にあるときは利用者は非常に安い運賃を享受できても，やがて独占となれば，それ以降は法外な運賃を請求されることになる点であり，もう1つには，破滅的競争に敗れた会社が残していった，他に使い道のないような資産が無駄となる点である。この無駄になるような資産にかかる費用のことを「埋没費用」(sunk cost) と呼ぶ。実はこの埋没費用という概念は交通サービスの規制について重要な役割を果たす（詳しくは本章後半ならびに第3章を参照のこと）。

　自然独占が発生することがわかっている産業では市場は失敗するので，はじめから公共部門が市場に介入し，規制を行うことが多い。つまり，あらかじめその市場で交通サービスを供給する企業を決め，それに独占的供給権を付与するのである。このようにすると，破滅的競争による被害を回避することができる。さらに複数の企業が少しずつ生産をするとサービスの供給費用が高くなるのに対して，規模の経済の存在によって，1社に大規模生産をさせるとコストが下がって安価な運賃で交通サービスを提供することができる。▼2このような理由から（もちろんこの理由がすべてではないが），大半の空港は国や地方自治体によって管理されているのであり，大半の高速道路は国が株主である高速道路会社3社が運営しているのである。それではなぜ最近，航空輸送産業では新しい企業が次々と参入しているのであろうか。興味のある読者は本章後半と第3章，第4章を参考にされたい。

　交通サービスに自然独占が発生するかどうかは，それぞれの交

通機関によって異なる。これまで多くの経済学者が計量経済学の手法を駆使することによって、特定の交通産業における規模の経済の有無を検証してきている。規模の経済の有無に関して論争の多い産業としては、トラック産業、バス産業やタクシー産業がある。また1つの交通産業のなかでも営業形態の違いによって規模の経済の有無が検討されている。この点については第3章において詳しく検討されている。

外部性

完全競争市場において考えられている生産者と消費者は、つねに自分の行動の結果は自分の利害のみに帰着することが前提とされている。つまり、個々の経済主体の行動によって他の経済主体の行動に影響が及ぶようなことは考慮に入れられていない。ところが、ある経済主体の行動が他の主体の経済状態に影響し、しかもそれについて当該主体が意識していなかったり、意識していたとしてもそれを放置している場合には、市場は失敗する。というのは、自分とはまったく関係のない経済主体によって自己の合理的な行動が阻害されるため、「(神の) 見えざる手」が働かなくなってしまうからである。言い換えれば、市場が失敗するのは、ある経済主体の行動の影響が外部に漏れ出てしまうからである。このことから、この市場の失敗の要因を「外部性」(externality) あるいは「外部効果」(external effect) と呼ぶ。

この外部性は2種類に分類される。1つは、ある経済主体の行動が他の経済主体にプラスの影響を与えるものであり、これは「外部経済」(external economy) と呼ばれる。これは影響を受ける経済主体にとってはありがたい効果である。なぜならば、そのプラスの影響に対してその人は何の支払いもせずに無償で効果を

享受できるからである。もう1つはある経済主体の行動が他の経済主体にマイナスの影響を与えるものであり，これは「外部不経済」(external diseconomy) と呼ばれる。これは影響を受ける経済主体にとっては迷惑な効果である。なぜならば，そのマイナスの影響に対してその人はただ我慢するしかほかにないからである。

この外部性はさらに別の観点からも2種類に分類される。1つはある経済主体の行動が市場を経由しないで他の経済主体に直接影響を及ぼすものである。これは「技術的外部効果」(technical external effect) と呼ばれる。この外部効果は価格の変化という市場のシグナルとはまったく別のところで発生する外部効果である。もう1つはある経済主体の行動が市場を経由して他の経済主体に影響を及ぼすものである。これは「金銭的（市場的）外部効果」(pecuniary external effect) と呼ばれる。この外部効果は価格という市場のシグナルを経ることによって他の経済主体に影響を与える。

以上のことから外部性（外部効果）には2×2で4種類があることがわかる。実は交通サービスにおいてはこうした外部性が非常に多い。この例を挙げるのはきわめて容易である。航空機や新幹線の騒音・振動問題，自動車の排気ガスに含まれるCO_2やNO_Xなどの公害問題，鉄道や道路の混雑などはすべて技術的外部不経済に当てはまる。また，新しい鉄道路線ができたことによって沿線の地価が上昇することは金銭的外部経済である。これらのことをまとめたものが**表1-1**である。

市場が失敗するという観点からは，同じ外部性でも金銭的（市場的）外部効果は市場を失敗させない。なぜならば，この外部効果では，その効果が価格に反映されて他の経済主体に影響を与え

表1-1 外部効果

		プラス効果か，マイナス効果か	
		外部経済	外部不経済
市場を経由するか，しないか	技術的	立派な交通施設があることによる地域のステータスの向上	騒音・振動や大気汚染などの公害，混雑
	金銭的（市場的）	新幹線の開通による沿線地価の上昇	騒音の大きい空港周辺での地価の下落

ているからである。すなわち，金銭的（市場的）外部効果は通常の正常な市場機能を単に外部性という観点から説明したものにすぎない。どの財・サービスもこの意味では程度の差はあれ，金銭的外部効果を持っているのであり，これは市場の機能を歪めるものではない。したがって，ここではこの種の外部性は大きな問題とはならない。ただし，交通サービスでは金銭的（市場的）外部効果は莫大なものとなることが多いので，資源配分上というよりも，所得分配上の観点から交通投資に関しては十分な検討が必要である（第6章を参照のこと）。このような理由から，さしあたり，ここでは技術的外部効果に注目するだけで十分である。

技術的外部効果では市場を経由しないで，ある経済主体の行動が他の経済主体の費用関数や効用関数に影響を与える。したがって，例えば排気ガス公害の場合，自動車の利用者は自分がトリップする費用以外に沿線住民に及ぼしている迷惑の費用（外部費用）を負担しないことが問題になる。このような状況で市場の機能に全面的に依存すると最適な資源配分が実現されない。公害問題や混雑問題などの交通問題はこうしたことが頻発するので，市場に

完全依存するのではなく，何らかの公的介入が必要となるのである。具体的には，混雑税や環境税の議論となる。この点については読者は第5章を参考にされたい。ただ，技術的外部効果であっても，取引費用のない場合は，経済主体同士の交渉を通じることによってそれが市場の失敗にはつながらないことはある（これは「コースの定理」として知られている▼3）。しかし取引費用がゼロという仮定は現実には厳しい仮定である。

公共財

先に「公共性」について言及したが，ここで論じる「公共財」（public goods）は公共性とは異なる概念であることにまず注意しておこう。確かに，公共性を定義するときには公共財の概念は重要になるかもしれない。しかし，ここでは市場の失敗を引き起こす要因として，公共性ではなく，公共財という概念のみを考えている。

公共性とは違って，公共財に対する経済学の定義は明快である。次の2つの性質を満たすような財・サービスのことを公共財と呼ぶ。第1の性質は「共同消費性」（collective consumption）である。これは「集合消費性」や「消費の非競合性」などとも呼ばれる。通常の財は，誰かが利用すると他の人はその財を利用することができない。例えば誰かが食べてしまったリンゴはもう他の人は食べることはできない。このような財は共同消費性がない。ところが，財・サービスの中にはすべての人が同時に利用できるものが存在する。例えばある国の国防サービスは，その国にいるすべての人びとが同時に消費している。このような財・サービスには共同消費性がある。第2の性質は「排除不可能性」（non-excludability）である。これはある財・サービスの利用から特定の人の利用を排除することが不可能か，あるいは非常に困難である，と

いうことである。例えばリンゴは金銭の支払いということでその利用から別の人を排除することができる。しかし，国防サービスでは税金を支払っていないからといって，その人だけをその国で守らないようにしておくことはできない。したがって，国防サービスには排除不可能性がある。以上のことからわかるように，リンゴは（純粋）私的財（pure private goods）であり，国防サービスは（純粋）公共財である。

　公共財は共同消費性があるので，通常の財のように各利用者がその支払い意思に従って希望する消費量を購入することができない。また，公共財は排除不可能性があるので，通常の財のように，利用しない人を価格の支払いによって排除することができない。以上のことから，このような財を市場機能に任せると市場は失敗する。

　交通サービスは公共財的性格を持つことが多いサービスである。「持つことが多い」と述べた理由は，交通サービスは純粋な意味での公共財であるとはいえない点を持つからである。第1の性質である共同消費性について考えてみよう。あるバスが運行されているとして，乗客が徐々に増える状況を想定する。はじめのうちは座席が空いていたり，立つ空間があるので何人でも同時にバス・サービスを利用することができる。このとき共同消費性は満たされている。しかしバスの車両空間には物理的に限界がある。乗客が増えてくるとしだいに混雑が発生し，やがていつかは乗客が乗り込めなくなるであろう。このとき共同消費性は満たされなくなる。第2の性質である排除不可能性について考えてみよう。バスに乗車するときには現金で運賃を払ったり，定期券を提示することによって運賃を支払わない人をバスの利用から排除するこ

とができる。つまり排除不可能性はない。このように交通サービスは不完全にしか公共財の性格を満たすことができない。したがって，交通サービスは「準公共財」(quasi-public goods) と呼ばれることもある。

　交通サービスは不完全ながらも共同消費性があるから，ある特定の乗合バスの便に（混雑しない程度に）何人乗っていようがいまいが，運行さえ確保されていれば，バスの利用希望者は，好きなときにいつでもそのバスの便を利用することができる。なぜならば，個人個人が勝手に乗ると決めてバスに乗り込んでも，共同消費性によって複数の人びとのバス・サービスの同時利用が可能だからである。ということは，この交通サービスの潜在的利用者は利用可能性をもっていることになる。こうした利用可能性という便益に対して，この潜在的利用者は支払いを逃れるために，そのサービスにどれだけの価値を認めているかを，決してバス会社に正直には申告しない。この結果，そのバス会社は利用可能性という便益を利用者に与えているにもかかわらず，バス運行のための費用を回収することができない。これは「フリーライダー (free rider) 問題」と呼ばれている。このためこうしたサービスの供給を市場に任せていると，交通サービスの供給が減少するか，あるいはまったくなくなってしまう可能性がある。この問題はとりわけ地方交通において重要な問題となっている。

不確実性，情報の不完全性，情報の非対称性

　完全競争市場では，ある価格が1つだけに決まり，その市場の参加者である生産者と消費者によって供給される量と需要される量が，その価格で100％確定していることが前提となっている。この場合，この市場には不確実性は存在せず，市場は有効

に機能する。また，完全競争市場においては，その市場の参加者である生産者も消費者もお互いを熟知しているのみならず，取引される財・サービスに関してすべての情報を共有しており，情報の量に偏りがないことを前提としている。この場合，この市場には情報の不完全性や情報の非対称性は存在せず，市場は有効に機能する。

いま，タクシーの料金が完全に自由化されていると考えよう。ある人がある目的地に行くまでに鉄道やバスを乗り継いでタクシー乗り場までたどりつき，そこから先はタクシーしか交通手段がないとしよう。タクシー運賃は完全に自由化されているので，どれほど高い運賃のタクシーが来るか，どれほど低い運賃のタクシーが来るか，これはまったく確率に依存する。もしも運悪く高い料金のタクシーばかりがやってきて，その料金が自分の支払い意思をはるかに超えているならば，目的地への旅行はあきらめなくてはならないかもしれない。もしタクシーだけを利用して出発地から目的地に行けるのならば，利用をあきらめて浮いたお金を他の目的に利用することができるので，さほど問題はない。しかしながら上記の例の利用者の場合，タクシー乗り場までに要した鉄道やバスの費用はまったく無駄となり，その人の合理的な消費計画の実行を阻害することになる。これはタクシーの利用に関する不確実性の存在である。このような不確実性が存在するならば，利用者は合理的な意思決定を行うことができず，市場は失敗する。

見知らぬ土地を旅行することになったとき，読者はバスの利用をためらうようなことはないだろうか。そのバスは本当に目的地まで連れていってくれるのか，連れて行ってくれるとしてもどのくらい時間がかかるのだろうか，バス停は目的地の近くにあるの

だろうか，こうした情報に関して旅行者は無知であることが多い。これはある財・サービスの情報が不完全であることを意味する。もし情報が完全であれば，その財・サービスの利用による便益を正確に予測することができるので，合理的な消費計画を立てることができ，市場は失敗しない。ところが，情報が不完全であったり，誤まった情報が混入しているならば，支払いによって得る便益を確定することができず，消費者の合理的な行動は阻害される。したがって，市場は失敗する。これは情報の不完全性に基づく市場の失敗である。

　情報の非対称性というのは財・サービスの売り手と買い手の間に情報量の違いがあることを指す。例えば同じく見知らぬ土地をタクシーで旅行するような状況を考えよう。この場合，地元のタクシー運転手はその土地一帯に関する情報を所有しており，どこの道を行けば混雑するか，どこの道を行くと遠回りになるか，どこの道を行くと運賃が安くなるか，などを熟知している。一方で，地理に不案内なタクシー利用者はその土地に関する情報をほとんど持たず，どこをどうやって目的地に連れて行かれるかは，ただタクシーの運転手に任すしか方法がないという状況にある。このような状態は情報の非対称性が存在する場合であり，支払いの対価として受け取る便益を確定することができない。このようにして市場は失敗する。こうした場合には何らかの公的な介入が必要とされることが多い。例えば医者と患者の関係，弁護士と相談者の関係などはこの情報の非対称性が存在する典型例であり，これらの事例においても何らかの公的介入が行われている。

　こうした問題は上記のようなミクロレベルだけにとどまらない。たとえば交通のような大規模プロジェクトの場合，資本の懐妊期

間の長さ，また供用開始からの長期にわたるサービスの継続的供給は，需要予測の誤りなどによって多くの不確実性に取り囲まれている。特に民間企業の意思決定の対象期間が5年からせいぜい10年程度であるのに対して，交通プロジェクトは数十年単位であるため，民間企業だけの投資決定では最適な資源配分を達成することはむずかしい。こうした点も公的介入が必要とされる根拠となっている。

市場の失敗による規制

交通サービスの生産者と消費者を市場において自由に競争させ，その結果生じた市場成果が資源配分という観点から見て望ましいものであるかどうかは，これまでに述べてきた市場の失敗の諸要因がどれほどの影響を持つかに依存する。そして不幸なことに，交通サービスに関しては市場の失敗を引き起こすような種々の特徴があるように思われるのである。市場が有効に機能しない以上，市場に任せた結果は社会的に見て望ましいとはいえない。したがって，このことを理由にしてこれまでさまざまな公的介入，つまり規制が行われてきたのである。

例えば破滅的競争の弊害を排除するために意図的に独占的供給権を付与したり，混雑の外部性を排除するために車両の乗入れ規制をしたり，不確実性が存在するがゆえに，利用者の利便性を考えて（ほかにも理由はあるが）タクシー運賃が一本化されたりしてきた。これらの政策はいずれも市場への依存だけでは実現できない，社会的に最適な交通サービスの実現を目的としてなされてきた政策である。

ここまで，交通サービスの諸特徴を市場の失敗と関連づけ，市場が失敗するメカニズムを明らかにしてきた。これは交通サービ

スに関する伝統的な考え方であるといってよい。しかしながら現在では，経済学理論の進展にともなってさまざまな考え方が登場し，伝統的な考え方だけでは良好な交通サービスを提供できないことが明らかになりつつある。これらのことについては次節以降と，第4章をはじめとした他の章において詳しく述べられる。しかしながら，こうした市場の失敗と交通サービスの関係は，決して無関係なものではなく，十分に検討を重ねる必要がある。いったい，交通サービスのどの部分が市場を失敗させることがなく，どの部分が依然公的介入を必要とする根拠となっているのか。この点についておおざっぱには次節以降に述べるが，その詳細な検討については後の章に譲ることにしたい。

▬▬notes ●●●●●●●
▼2 ただし，これは自然独占が規模の経済がある場合にしか存在しないということを意味しない（詳しくは第3章を参照のこと）。
▼3 「コースの定理」とその周辺については，Coase（1988）が詳しい。

3 参入規制に関する諸問題

参入規制と退出規制の根拠

交通サービスの生産においては一般に総費用に占める固定費用部分が多く，このために破滅的競争が起こる可能性があり，その結果自然独占を引き起こす場合があることを述べた。破滅的競争による資源の無駄を排除するため，あるいは複数の企業による生産コストが1社による生産コストよりも高いという生産の非効率性を排除するため，公的介入によって，はじめから1社にの

み交通サービスの供給を任せることがある，ということも述べた。つまり，この場合の公的介入とは，交通サービス市場を1つの企業に独占させ，他社の参入を許さないという「参入規制」にほかならない。実際，固定費用が莫大であるように見える産業では，価格面での規制緩和が進みつつも，依然参入規制が存在している。例えば，交通サービスだけではなく，電力事業，ガス事業，水道事業などは（一部は異なってきているが）それらの典型的な例である。

　参入規制は自然独占という理論的根拠に基づいて説明されるが，参入規制と表裏一体の関係にある退出規制についても考える必要がある。退出規制とは例えば採算が取れないからといって，自由に市場から撤退してサービス供給を中止することを禁止する規制である。その根拠の1つとして利用可能性という交通サービスの特徴を挙げることができる。退出規制がなく，利用者が少ないために採算の取れなくなった交通サービスを供給している民間企業を考えてみよう。この企業は市場から撤退して，交通サービスの供給はなされなくなるであろう。しかし，公共財のところで述べたように，交通サービスは利用可能性という便益を潜在的な利用者に供給するものであるから，実際の支払いがなされなくてもサービスを運営する価値は存在するかもしれない。この利用可能性の確保のために退出規制が実施されることがある。もちろん，この場合はサービス供給は赤字となるので，民間企業は倒産することになる。したがって，そのサービスを公営化するか，あるいは補助金等によって採算を取れるように公共部門が介入することが通例である。

　このような例は過疎化の進む地方の交通サービスにおいて見ら

れることが多い。ある路線の廃止によって、いわゆる交通弱者は移動の手段を失うことになり、健康で文化的な生活を送る権利が侵害される可能性が出てくるかもしれない。「シビル・ミニマム」(civil minimum) という考え方に立って、すべての人びとに公平に（何をもって「公平」とするかは別に論じなくてはならないが）行き渡るようにサービスを供給するべきであるという考え方が、退出規制の存在を正当化する場合がある。しかしフリーライダー問題が生じるために、たとえ利用可能性があったとしても民間企業であるかぎり、採算が取れなければ市場から撤退するであろう。ここに規制の根拠がある。

参入規制と退出規制の問題点

参入規制によって独占状態を保証された交通企業は、もはや参入企業の影におびえることなく、サービス生産を好きなように行うことができる。しかも利用者にとっては、規模の経済の存在による低コストでのサービス供給が可能になるので、より安価な運賃で交通サービスを享受できるのではないか、と期待することができる。

しかし、実際にはそのようにはならないのが通常である。経済学の理論が教えるように、規制から自由な独占企業によって設定される価格設定は資源配分を最適にする市場均衡価格よりも高く、したがって資源配分の効率性を阻害する。そして高額な運賃を払わされる消費者の消費者余剰の多くが独占利潤として企業に吸収されてしまうことになる。問題はそれだけにとどまらない。独占企業は規制当局から独占的供給権を保証されているのであるから、参入企業の影におびえることなく、自由気ままに、野放図に経営を行っても問題とはならない。すなわち経営の非効率化が進み、

実際にはもっと安価な費用で交通サービスが供給できるのにもかかわらず，独占企業の経営の非効率性によって高い費用を上乗せされた運賃を利用者が支払わなくてはならないことになる。これは「x非効率」として知られるが，x非効率の存在は参入規制の大きな問題点の1つである^{▼4}。

さらに問題点は規制当局にも生じる。そもそもある企業への独占的供給権の付与はそう簡単にできるものではない。サービス供給を希望する複数の企業があるとき，どの企業に独占的供給権を与えるのか，独占的供給権を与えた企業は交通サービスの供給を適正に行うだろうか。別の企業ならばもっと良質のサービスを供給するのではないだろうか。これらの心配はつねに規制当局の頭を悩ませる問題となる。しかもこれらの疑問を解消するために，多くの監督，監視のためのコストが必要になり，行政費用が莫大になる傾向がある。これらのコストは結局は税金を通して利用者の負担となる。

退出規制に関する問題点は明白である。前に述べたように，第1にサービスの供給が中止されたときには（代替的交通機関がないかぎり）その地域の人びとの移動の自由が失われる。もしサービスを公営化することによってこれを維持しようとするならば，利潤動機が存在しないことによる非効率性や，官僚主義と呼ばれる非効率性によって高コスト経営となって運賃が高くなる恐れがある。また，フリーライダー問題の存在のために利用可能性を享受する人から費用を回収できないので，補助金によって民間企業にサービスを維持させようとすると，その補助金の出所によっては所得分配上の問題を引き起こすことにもなる。

参入規制の緩和

交通サービスのもつ特徴によって，参入規制や退出規制にはそれなりの根拠があることが明らかになったが，それと同時に問題点も明らかになった。参入規制を緩和しようとする動きは，それらの持つ問題点を回避すると同時に，従来規制の根拠とされてきた自然独占の考え方に修正を求めるものである。それはどのようなものであろうか。

参入規制によって守られている独占状態の交通企業は，競争が存在しないという事実によって生産が非効率になり，結果として割高な運賃を消費者に課すことになる。同時に競争がないから，その企業が費用面で適切かつ良質なサービスを供給しているかどうかをチェックするための規制に関する費用が莫大になることになる。それならば，競争を導入することが問題の解決になるのではないだろうか。しかし，ここで破滅的競争の議論を持ち出すと議論は行き詰まる。そこで本当に破滅的競争が起きるのかどうかを見るために，破滅的競争の起こる理由を考えてみよう。ある交通企業がその市場に参入するときには，サービス供給のためにさまざまな設備に莫大な費用をかけて準備をする。これらの設備は，鉄道企業のトンネルや鉄橋，信号設備のように，いったん建設してしまうとほかには使い道のない設備であることが多い。こうした設備を持つ企業は，市場から退出するとこれまでの投資がすべて無駄になってしまうので，何が何でもその市場に留まり，少しでもその費用を回収しようとして激烈な競争に突入するであろう。破滅的競争が起こってしまうのは，まさにこのような背景があるからにほかならない。前に述べたように，このような設備に投下された費用は埋没費用と呼ばれる。費用が埋没するとき，その費用を負担した企業は破滅的競争に陥りやすくなる。

したがって，破滅的競争が起こらなければ競争を導入してもかまわないので，その交通サービスの供給に埋没費用が多くかかわっているかどうかが競争導入の1つの条件となる。固定費用であっても埋没費用でない例としては，航空機（中古機の市場があるし，リースも行われる），タクシーやバス車両（転売が可能）などがある。こうした埋没費用の存在しない市場では新規参入企業は次のような戦略を取ることができるだろう。この企業は，非効率な経営を行っている高コスト構造の既存の独占企業が供給する交通サービス市場に少し安い運賃で参入し，利益を獲得する。しかし，その後になって当該独占企業は遅れ馳せながら対抗して価格競争をしかけてくるだろう。だが，そうなったときには設備を転売して市場から早々に退出するのである。この戦略によって参入企業は十分利潤を獲得することができ，破滅的競争には至らない。これは「ヒット・エンド・ラン（hit-and-run）戦略」と呼ばれている。

　交通サービス市場が安価で良質のサービスを提供するためには，実際にこうした競争が起こる必要はない。既存の独占企業のサービス供給の状況を見て，利潤を獲得できると見ればいつでも市場に参入して市場を掻き回す，という脅威のある潜在的な競争者がいればそれで十分である。なぜならば，既存の独占企業は目に見えない潜在的な競争者の影におびえて，生産の効率性を確保し，安価な運賃でしかも良質なサービスを提供せざるをえなくなるからである。▼5 そして既存企業は市場で独占的供給をしているから，規模の経済の存在によって低コストでサービスを供給できる。このような状況にある市場のことを「コンテスタブル・マーケット」（contestable market）と呼ぶ。

市場がコンテスタブルであれば，参入規制は必要ではなくなる。そして潜在的競争の脅威で独占企業の経営は効率的となり，しかも規制当局は規制の必要がなくなるので規制に関するコストを削減することができる。これが参入規制緩和の利点であり，根拠である。

　もちろんすべての交通サービス市場がコンテスタブル・マーケットであるという保証はない。埋没費用が多いと思われる産業においては依然参入規制が必要であろう。しかし，それでも部分的に競争を導入することは可能である。例えば鉄道事業においてしばしば言及される「上下分離」はこの例である。上下分離とは，トンネルや橋梁，線路のように埋没費用部分の多いインフラ部分（下）を公的部門であれ民間部門であれ，独占的な供給権を持つ機関が保有し，埋没費用の少ない車両や運行部分（上）で民間企業が競争して経営することで経営の分離を図るという形態である。これは下の部分はコンテスタブル・マーケットを形成できず，上の部分はコンテスタブル・マーケットを形成できる，という考え方に基づく。

　ともあれ，従来からの規模の経済に基づく自然独占の理論から，コンテスタブル・マーケットの理論へと経済学理論は展開してきた。これにつれて，現実の世界も1970年代後半のアメリカ国内航空産業の規制緩和を皮切りに，規制緩和の動きは経済のグローバル化とともに世界を席巻することになったのである。

　以上はコンテスタブル・マーケットについての粗略な説明にすぎない。コンテスタブル・マーケットについての理論的に厳密な説明については第3章を参考にされたい。

退出規制の緩和

市場がコンテスタブルである場合，退出規制も撤廃しなくては潜在的競争の圧力は機能しない。というのは，ヒット・エンド・ラン戦略は参入のみならず，退出も自由であるからこそ機能するものであるからである。しかしこのような戦略が行えるのは，利潤が生じる可能性の高い，つまり需要が十分であるような市場に限られる。それ以外の市場では潜在的参入企業の存在そのものが疑問視される場合もある。それは特に需要の少ない地方交通サービスにおいて問題となる。

退出規制の緩和が特に地方部においてむずかしいということはすでに述べた。それは移動の自由を奪うものであるからである。確かに地理的な状況から利用できる交通機関がただ1つに限られるというような場合には，退出を自由にすることは地域住民に深刻な影響を及ぼすであろう。しかしそのような場合を除いては，退出規制を撤廃するかわりに，代替的な交通機関の整備をはかるという方法は残されている（例えば鉄道とバス）。場合によっては非効率な交通機関に多額の補助を投下するよりも，同額の補助を代替交通機関に投下したほうがより良質のサービスが提供される場合もある。それでもなお，特定の交通機関に固執する場合には，地元負担の下でそのサービスを維持することはやむを得ないかもしれない。

また，かりに1つの交通機関しか利用できないような地域においても，市場機能の活用がまったく不可能であるということはない。例えば赤字が必至である路線については，自治体が補助金の額の多寡について競争入札を行い，最も安い補助金額で落札した企業に経営を任せるという方法は，退出規制をなくした地域交通

においても適用可能な手法である。事実イギリスの地方のバス路線ではこの補助金入札制度が取り入れられている。このような形で市場原理を活用する方法もまた残されている。

notes ●●●●●●

▼4 「x（非）効率」については，Leibenstein (1966) を参照のこと。
▼5 より厳密に言うと，既存企業はそれが存立している産業構造を維持可能（sustainable）とするために行動する（具体的には第3章を参照のこと）。

4 運賃・料金規制とその諸問題

運賃・料金規制と参入規制の不可分性

費用逓減産業においては，破滅的競争によって社会的に望ましくない状況が発生するので，参入規制を行うことがあることを述べた。しかしながら，参入規制のみを行うことでは，たとえ破滅的競争を排除することができても，社会にとって望ましい状況を実現することはできない。なぜならば，参入規制によって独占的供給の権利を付与された企業はその独占力を乱用して，独占的価格設定を行う可能性があるからである。したがって，特定の企業に独占的供給権を付与するかわりに，独占力の行使を防ぐために価格規制も行うことが通常である。参入規制と価格規制は通常ペアで課されることが多く，この意味において両者は不可分の関係にある。

運賃・料金規制（価格規制）がどのようであるべきかは，現実的であるかどうかは別として，理論的にはすでに経済学において解明されている。それによれば，価格が限界費用と等しくなるよ

うに運賃を設定することが資源配分上望ましいとされる（第5章参照）。しかし規模の経済が発生している状況では，交通サービスが民間企業で行われるかぎり，この運賃決定方法は致命的な欠陥を有している。すなわち，費用逓減産業においては平均費用曲線の下側で需要曲線が限界費用曲線と交点を持つために，運賃を限界費用と一致するように設定すると損失が不可避となるからである。したがって，限界費用と価格を一致させるように運賃・料金を設定するかぎり，公的部門による損失の補填が必要となり，この点において公的介入が行われる可能性がある。もし市場がコンテスタブルであるならば，価格規制，参入規制を撤廃するとラムゼイ価格（第5章参照）が実現されるので，限界費用価格形成のような最善の価格形成は無理ではあるものの，少なくとも，こうした公的介入に関する問題点は生じない。

　需要の乏しい地方においては，規模の経済が存在しようとしまいと，もともと採算に乗らない交通サービス市場において民間企業に経営を存続させるならば，規制当局は多額の補助を与えて運賃を低く抑えるような運賃規制が必要となる。もしこのような運賃規制を嫌うならば，交通サービスは公営化され，完全に公共部門の管理下に置かれることになるであろう。そのときの問題点はすでに述べた通りである。

価格規制の問題点

価格規制が実施されるならば，企業の収入は市場だけではなく，公的部門による介入によっても左右されることになる。いま，価格規制の問題点の1つを指摘するために，価格が限界費用に設定されるという運賃規制を考えよう。一般的に，企業の目的は利潤の最大化であるから，このような状況において企業はより多くの利潤を獲得しよ

うとしてさまざまな戦略をとる。その1つは情報の非対称性の利用である。規制当局は価格と限界費用を一致させるために限界費用を計測する必要に迫られるが、そのような費用に関する情報は交通サービスを提供する企業が独占しているので、企業と規制当局の間で情報の非対称性が存在している。当該企業は偽りの限界費用を申告することで規制当局から有利な運賃規制を引き出すことが可能である。偽りの情報を出すことをしないとしても、経営努力をあまりしないことによって事実上費用曲線を上方シフトさせ、結果的に有利な運賃設定を行わせることも可能である。いずれにしても、運賃規制は情報の非対称性の存在によって正確な情報を反映したものとはならなくなる。ただ実際には規制当局も規制される企業も、限界費用に関する情報よりも原価に関する情報で運賃設定を行っている。しかしそれでも上記と同じような問題は発生する（第4章を参照のこと）。

　当該交通サービスが費用逓減産業であるときには、限界費用による価格設定で企業の赤字は不可避となり、公的部門による補助が必要となる。この補助が、企業のサービス運営による損失をそのまま補塡する運営費補助であるとしよう。この場合、企業がサービスを維持するためには損失部分の多寡にかかわらず100％の補助が必要となるので、企業はどれほど放漫な経営をしようとも、そのツケはありがたいことに必ず公的部門が払ってくれることになる。したがってこのような状況下にあっては、企業は経営努力を行うインセンティブをまったく持たない。これは企業が公営化され、国や自治体によって経営されたとしてもその本質は変わらない。このようなことから、これまで行われてきている交通サービス供給に関する補助においては、運営費補助は極力避けられ、

資本費補助や利子補給などの補助の形態が一般的である。

内部補助

これまで述べてきた価格規制にともなう補助の問題は，企業の赤字に対して政府や地方自治体という外部の存在が補助を行うという，外部補助であった。しかしながら，外部補助とは異なる「内部補助」(cross-subsidization) という補助の形態も存在する。内部補助とは，ある企業の経営する2つ以上のサービス供給部門のうち，黒字部門の収入によって赤字部門の損失を補塡するという形態である。例えば，黒字路線と赤字路線の両方を保有する交通企業は赤字部門の経営を黒字部門によって維持することができる。この例としてはJR以前の国鉄時代の全国統一運賃制があるし，現在でも，若干の例外はあるが，日本道路公団等の料金プール制（第4章参照）がある。

もちろん内部補助は交通企業に特有のものではなく，どのような産業においても見られるものである。しかし，交通サービスではこの内部補助を政策的な手段として採用することがある。例えば，採算の取れない赤字路線をどうしても維持運営していかなくてはならないとき，規制当局はある交通企業に対して黒字路線に独占的にサービスを供給できる権利を与え，かわりに赤字路線のサービス供給を義務づける，という戦略をとることができる。つまり，黒字路線と抱き合わせることによって赤字路線の運営を確保するという政策をとるのである。また，国土の均衡ある発展，地域格差の解消という政策目的を実現するための手段として，未開発地域の交通投資のために，既開発地域で得られた運賃・料金収入を活用するということは，高速道路における料金プール制を見るまでもなく，しばしば採用される内部補助活用の手法である。

しかし，資源配分の観点から言えば内部補助は資源配分の効率を阻害する。また，経済発展の可能性が疑わしい地域の交通投資のために，都市部における人びとの所得が移転されることが公正であるかどうか，という所得分配上の問題も存在する。資源配分の効率を犠牲にしても，あるいはまた，都市部の人びとへの所得分配の公正を犠牲にしても内部補助が必要であるとするならば，そのときにはそれなりの有力な政策実施上の説明が必要とされるであろう。

　また，これまで黒字路線との抱き合わせで赤字路線を経営させるという内部補助の手法が現在では危機にさらされていることにも注意しておかなくてはならない。参入規制と価格規制の緩和・撤廃にともなって，黒字路線に潜在的・顕在的を問わず競争企業が出現するならば，既存企業は赤字路線経営の財源とされた黒字路線での収入をもはや当てにすることはできない。むしろ赤字路線の維持のために黒字路線の運賃を高く設定せざるをえない既存の交通企業は，赤字路線を経営しないですむ新規参入企業に，良好な市場を食い荒らされる「クリーム・スキミング」(cream-skimming) を受けることになる。このことからもわかるように，交通サービスにおける規制緩和は，これまでの交通サービス運営のフレームワークの大幅な転換を求めるものとなっているのである。内部補助の詳細については第4章において述べられる。

Column ① 交通の単位

　通常の経済学の文献において見られるグラフにおいて横軸に消費量あるいは生産量をとる場合，その単位は財・サービスの1単位（フロー）として抽象的に描かれている。この抽象化は経済学

理論をそれぞれの具体的な財・サービスの分析に容易に適用するために行われていると考えることができるが,本書においても,これ以降,しばしば横軸に交通サービスの消費量あるいは生産量が登場する。では,いったい,交通サービスの単位とはどのようなものであろうか。

最も理解されやすく,またそうであるために多用される単位は,旅客輸送の場合「輸送人員」,貨物輸送の場合「輸送トン数」である。これは文字通り,輸送された人間の数と貨物の重さである。しかし,交通サービスの経済分析において最も用いられるのは,旅客輸送の場合の「人キロ」,貨物輸送の場合の「トンキロ」である。これは旅客輸送の場合は1人が1キロ輸送されれば1人キロとなる。貨物も同様である。したがって,10人が1キロ輸送されても1人が10キロ輸送されても同じ10人キロである。これらの単位は,前述の輸送人員が輸送量を正確に把握しないために用いられる。というのは,たとえ乗客が1メートルだけ輸送されても,1000キロ輸送されても,それが1万人いれば,輸送人員の場合,旅客輸送量は「1万人」となる。しかし,これは正確な指標とはいえないであろう。

一般に,こうした単位を明確に理解しないでデータを誤って読んでしまう場合が多い。例えば,「トラックの輸送量は全貨物輸送量の9割を占める」ということがよく言われる。これを聞くと,貨物輸送はほとんどすべてがトラック輸送で行われている,と信じ込んでしまいたくなるが,事実はそのように単純ではない。輸送トン数で考えれば9割であるが,トンキロで考えるとトラック輸送は6割となり,3〜4割は内航海運によって輸送されている。これは内航海運の輸送形態が重量貨物の長距離輸送に適していることによる。このように,交通サービスの単位を正確に把握しておかないと間違った認識をしてしまうことがあるから注意が必要である。

その他にもいろいろな輸送単位がその分析の状況に応じて使い分けられる。例えば、「有償人キロ（有償トンキロ）」という単位がある。これは、実際に乗客や貨物を輸送した場合の単位である。例えば、航空輸送において、100人の座席で1000キロ移動したとしても、すべての座席が空席であればゼロ有償人キロとなるし、10人が実際に搭乗すれば1万有償人キロとなる（空席も計算に入れるときは「有効座席キロ」と呼ばれることがある）。また、道路混雑の経済分析を行うときにしばしば登場する「交通フロー」とは、単位時間にある一地点を通過する車両の台数で計算される。一方「交通密度」とは一定の単位当たりの距離の長さを持つ道路上に存在する車両の台数で計算される。交通フローと交通密度の間には一定の関数関係が存在している。

　このほかにも輸送機関によっていろいろな計算単位があるので、そのときの分析対象によって注意しておく必要がある。

演習問題

1. あなたにとっての「公共性」とは何か、定義しなさい。その定義はどのような点から批判されると思うか、考えなさい。
2. 価格規制や参入規制などの規制緩和を行うと、利益を優先する企業は安全をおろそかにする、という意見と、一度事故を起こして信頼を失うとその企業は競争の中で生き残れないから安全性を確保する、という意見がある。これらを比較し、検討しなさい。
3. 交通サービス以外にもさまざまな規制（公的介入）が行われている産業がある（例えば、医療、教育、エネルギー産業など）。それらの産業への規制の根拠は交通サービスの規制の根拠と同じであろうか、異なるであろうか、考えなさい。

REFERENCE

Coase, R. H. (1988), *The Firm, the Market and the Law*, University of Chicago Press(宮沢健一・後藤晃・藤垣芳文訳『企業・市場・法』東洋経済新報社,1992年)

Leibenstein, H. (1966), "Allocative Efficiency vs. 'X-efficiency'," *American Economic Review*, Vol. 56, pp. 392-413.

第2章 交通需要の分析

写真提供：JR東海

東海道新幹線は東京－大阪間の移動時間を飛躍的に短縮した。それは，利用者の時間を含めたコストの縮減でもある。

どのような財・サービスであれ，市場にどの程度の需要が存在するかは企業の意思決定において，また行政の政策決定において重要なファクターである。交通の場合には，第1章でも述べたように，公的介入を受ける側面が多いことから，需要を分析することは直接政策に影響する。運賃・料金の規制（多くは自由化されているが），交通施設投資の実施や助成等あらゆる側面で適切な需要の分析が必要となる。本章では，まず交通サービスの特徴とわが国のこれまでの輸送構造の変化を概観した後，ミクロ経済学に基づく需要分析のあり方を検討する。ここでの目的は，経済理論に基づいて交通需要の分析をどのように行うことができるかについて，読者の理解を深めることである。本章の最後の部分では，交通需要予測の手法を紹介する。交通需要予測は，主として土木工学や交通工学において行われるものであるが，社会科学系の読者においても，その構造を把握しておくことが望ましいと考える。

1 交通需要の特性

　交通は特殊な商品だといわれることがある。時間とともに需要量が変化する需要の波動性や他の目的のために交通が需要されるという派生需要の側面などがそれである。しかし，需要が時とともに変化するのは交通に限られず，派生需要はすべての中間財がその性格を有している。交通の特性についてはすでに第1章で公的介入との関係で検討したが，本節では，交通の場合にこのような特性が強調されるのはなぜか，それが需要の分析にどのように影響するかを中心に考察しよう。以下，まず主たる交通および交

通サービスの特性を考察し，続いて派生需要の性格について簡単に検討する。

交通サービスと需要の特性

交通の第1の特徴は，それが財ではなく「サービスである」ということである。交通は人や物の移動を提供する（自家用交通として生産される場合もある）のであり，有形の財とは異なる。そして，サービスの最も大きな特徴は，在庫あるいは貯蔵が不可能なことである。在庫不可能性は，大きな問題を発生させる。端的な例がピーク，オフピーク問題である（需要の波動）。朝夕の通勤ラッシュはわれわれの悩みの種であるが，鉄道会社は少なくともピーク時の需要に対応できるように施設を保有しなければならない。しかし，そのピーク向けの鉄道施設はオフピーク時には使われない部分が多い。施設の遊休である。ピーク需要に十分な施設を提供しようと施設を拡大すればするほど，オフピーク時にその施設が使われない割合が増すかもしれない。このような場合，遊休を少しでも減らすためにどのような措置を講じたらよいかが問題となる。

もちろん，サービスであること，およびそれによって需要波動の影響を受けることは交通に限られない。観光地のホテル・旅館がいい例で，需要が季節的に変動するという意味では交通よりも影響が大きい（もっとも，それを運ぶレジャー向けの交通も同様ではある）。ただ，観光地のホテル・旅館はたとえピーク時の需要に対応できなくとも特に大きな問題は生じない（予約を受けられずに顧客を逃すことになるが，場合によっては，それが経営上は適切かもしれない）。一方，交通は，これまで公的規制の下に置かれてきたことから，サービスを求めるものに対してそれを提供する義

務(引受け義務)が課されており、人びとはそれを当然のように受け入れている。1999年から2000年にかけて行われた規制緩和目的の各事業法改正後もサービスの引受け義務は存続している。そのような公的規制によって、交通のサービスとしての特徴が相対的に大きなものになっている。

　第2に、第1章でも指摘したように、交通需要は「派生需要」である。つまり、交通は何らかの他の経済活動を行うために需要される。第1章では交通需要をもたらす需要を本源的需要と呼んだ。われわれが朝満員電車に揺られるのは、会社に行って仕事をしたり学校に行って勉強したりすることが本来の目的である。また、遠く中東からタンカーが原油を輸送するのは、石油会社がわが国で原油を精製して販売するためである。言うまでもなく、派生需要は本源的需要に大きく影響される。経済学では古くから論じられ、分析的な結果もある(概要は次項で述べる)。

　しかし、交通の派生需要としての特徴も相対的なものである。20世紀初頭の経済学者A.マーシャルは、『経済学原理』の第5編第6章において派生需要を分析しているが、マーシャルは家屋の建築を例にあげ、建築に必要な中間投入物(職人の労働も含む)はすべて派生需要であるとしている。また、労働経済学では労働が派生需要であることがしばしば強調される。交通のみが派生需要なのではなく、多くの財が派生需要でありうる。逆に、ドライブ好きの人や鉄道マニアにとって交通が本源的需要となりえることを考えれば、中間投入物以外の用途がないと思われる財・サービスに比べ交通は例外の多い派生需要財である[1]。ただし、交通の場合、派生需要であることと、後に述べる他の交通の特徴とが結びついて重要な特質を形成する。

交通の第3の特徴は「即地性」である。即地性という言葉は一般には耳慣れないが，要するにサービスが特定の地点に結びついて提供されるということである。出発地と到着地は本源的需要のために固定されているとするのが一般的であり（目的地を定めない一人旅のようなものは例外と考える），このことは分析上重要な意味を持つ。例えば交通需要予測においては，発地と着地の地域的な特性が交通の発生量（その地域から出ていくトリップ）と集中量（その地域に入ってくるトリップ）を規定する1つの要因と考えられモデルが組み立てられる。

　一般の財でも，特定地域との結びつきが重要になることがある。例えば，市販の自動車には冷寒地仕様という設定がある。これは積雪が多い地方に向けて特定の装備がなされている仕様であるが，他の商品でも地域的なマーケット・セグメントを意識した商品が開発されている。サービスでは観光は典型的な即地性を持ったサービスである。ただ，交通がこれらと違うのは，発地と着地が無数にあり，それが組み合わされてそれぞれの商品（サービス）が構成される点である。もちろん，分析上は特定のセグメントに集計せざるをえないが（例えば，ある範囲の発地と着地を束ねて1つのゾーンとする等），それぞれの組合せが別個のサービスであることに違いはない。

　第4の特徴は「時間消費」である。移動には時間がかかる。交通の究極の理想は極楽浄土（行きたい時に行きたいところに瞬時に移動が可能であるといわれる，漫画ドラえもんの「どこでもドア」も同じ）といわれるが，現世での移動には時間と費用がかかる。時間消費も一種の費用であり，われわれはその点を本章第**3**節で検討するが，交通の場合には，同じ距離，同じ質のサービスに対し

1 交通需要の特性　　45

ては移動時間が短ければ短いほど望ましいと考えられる。

 時間消費も交通に限った特徴ではない。どのような財・サービスであれ消費には時間を要する。ただ，交通の場合には派生需要であることが時間消費の側面を際だたせている。例えば，映画を見るという消費行為も確かに一定の時間消費をともなうが，それが超大作であればたとえ2時間以上の時間を要しても人びとは不平を言わないだろう。また，洒落たお店でおいしいフランス料理を食べることも同様である。一方，派生需要については投入時間が短いほど望ましい。マーシャルの例でいえば，家を造るための煉瓦(れんが)職人の投入時間は短ければ短いほどよい。交通の場合，投資による移動時間の短縮効果は，投資に対する重要な社会的便益の尺度であり，投資の意思決定のために行われる費用便益分析において重要な役割を演じる（第6章参照）。

 第5の特徴は「自給可能性」である。人は，徒歩でも自転車でも，自家用乗用車でも移動可能である。貨物は，距離等の面で限界はあるが，運送業者に頼まなくとも自社のトラックで運搬可能である。このような自給可能性から，いわゆる公共用交通と自家用交通との間の競争関係が生じる。公共用交通は事業として成立するために一定の需要が必要である。過疎地のバス運営に見られるように，1台当たりの平均乗車人員が5名程度では独立採算は見込めない。しかし，老人や子供など自家用車を利用できない人びとにとってバス輸送は欠かせない。いわゆる「過疎地の足の確保」は必要なのだろうか。必要だとしたら，誰が責任を持ち，誰が費用を負担すべきなのだろうか。これらは，交通政策上の大問題である。

 もっとも，財・サービスの自給可能性についても交通に限った

問題ではない。かつて銭湯が町中至るところにあったが,内風呂の浸透とともにその数は激減した。また,1980年代に家庭用の自家製パン焼き器が流行したことがある。まさにパンの自給である。ブームはすぐに去ったが,当時新聞は,このパン焼き器のおかげで町中のパン屋さんの経営が悪化し廃業に追い込まれるところが出てきたと報じた。パン屋さんの経営が悪化した真の原因はコンビニエンス・ストアの急成長であったが,もし報道が真実であったならば,自家用交通による過疎地のバス輸送の廃止と同様のことが起こったことになる。ただし,補助金を使ってもパン屋さんを残せという社会的な運動はおそらく起こらないであろう。

　以上,交通のサービスとしての特徴を考察したが,消費者の意思決定の問題として交通の特徴を指摘することもできる。その1つは,交通の意思決定が関連する多様な「意思決定の束」として行われることである。例えば,目的地をどこにするか(これは通常本源的需要によって決定されるが,行楽地の選択のように利用可能な交通機関が意思決定に影響することもある),利用交通機関は何にするか,どのような経路をとるか。これらはある意味では複雑な意思決定であるが,交通需要を分析し将来予測を行う場合には,それぞれの決定がどのように行われるかに配慮する必要がある。

　2つ目は,「サービスの質」の問題である。どのような消費の選択においても財の質は重要な役割を演じるが,交通の場合,質的な差異が比較的容易に認識できる側面があり,それが逆に消費者選択における質の重要性に結びついている。交通の質として最も重要なのは所要時間であるが,これは上述のように別途考慮されるのが一般的である。所要時間以外の要素,例えばアクセスの容易さ,乗換えの回数,混雑度などが,どの交通機関を選ぶかと

いう選択やどの経路で行くかという選択において，大きな影響を及ぼすことは容易に想像できる。そして，これらの要因は比較的容易に数値化できることから，需要分析に取り込むことが可能である。もちろん，例えば車両のシートの快適さとか空調の具合など，数値化のむずかしい要因も存在するが，より正確な分析のためには消費者の選択に重大な影響を与えると思われる要因をモデルに取り込むことが重要である。実際，近年の需要予測の研究や実務においては，質的な差異を取り込んだモデルが開発，使用されている。

以上のように，交通サービスおよび需要の特徴は，一般の財・サービスにも見られるものであるが，あるものは交通に対する社会全体の意識の問題と結びついて，あるものはいくつかの特徴が合わさって重要性を帯びる。交通を分析的に見る場合に重要なのは，交通の特殊性を強調することではなく，経済理論から導出される一般普遍的な分析ツールに，これらの特性を適切に反映させることである。

本源的需要と派生需要

以上述べた交通の特性が，需要にどのような影響を及ぼすかをとらえるために，1つの例として本源的需要と派生需要の関係を取り上げて考えよう。派生需要は交通に限られないが，本源的需要との関係でいくつかの分析的な視点を提供してくれる。ここでは，上述のA. マーシャル著『経済学原理』の議論に従って，両者の関係を考える。

マーシャルの例では，本源的需要である住宅とその建設のために派生的に生じる需要との関係が考えられている。住宅の建設からはさまざまな派生需要が生じるが，例えば漆喰職人の一部がストライキを起こして，その供給が一時的にストップしたとしよう。

この影響はどのように分析できるであろうか。

　まず、第1に考えられるのは、住宅の建設はその分だけ減少することである。住宅供給の減少は住宅価格の上昇を招き、短期的には、住宅建設業者は通常以上の利益を得る。このマージンの増加は漆喰職人の給与を上昇させることになるが、漆喰職人の給与の上昇（賃金率の上昇）は、いくつかの要因の制約を受ける。この例では、住宅供給の減少が住宅市場でどの程度の住宅価格の上昇となるのか、その結果、建設業者はどの程度の短期的な超過利益を得られるのかに依存するであろう。

　マーシャルは、このような関係を4つの視点から検討している。その第1は、その生産要素が最終生産物にとってどれだけ「本質的か」どうかである。この場合、本質的とは他に代わりうるものがあるかどうかを意味する。要するに、代替性がある生産要素であれば、多少不足しても代替物でそれを補うことができるから、不足してもその要素価格が大きく上昇することはない。一方、その生産要素に代替物が存在しなければ、他を一定として、少しの供給不足によって要素価格は相対的に大きく引き上げられる可能性があると考えられる。

　2つ目の視点は、最終生産物の需要の条件である。これは、上であげた例である。かりに何らかの生産要素が不足して、それが最終生産物の価格を上昇させるとしても、最終生産物に対する需要が鈍感で、多少の供給量の減少では価格があまり上昇しないとすれば、不足した生産要素の価格も大きく上昇することはない。逆に、最終生産物の供給の減少が大きな価格上昇を引き起こすならば、不足した生産要素の価格も大きく引き上げられる可能性が大きい。

1 交通需要の特性

3つ目の視点は，当該生産要素の費用が総費用に占める割合である。不足した生産要素に対する支出が，全体の支出に対して大きな割合を占めていれば，その要素価格の上昇は費用全体に大きな影響を及ぼす。当該生産要素に対する支出が総費用の小さい割合しか占めていないのであれば，生産要素価格の変化の影響は小さい。この影響は，当然最終生産物の市場条件に依存するが，とりあえずそれを所与とすると，生産要素への支出割合が小さいほど，その生産要素の価格上昇を受け入れやすいと考えられる。

　第4の視点は他の生産要素との関係である。上述の例でいえば，漆喰職人という特定の生産要素が不足した場合，漆喰職人の賃金率がどれだけ引き上げられるかは建設業者の超過マージンに依存する。このとき，最終生産物の市場条件を一定とすると，超過マージンは他の生産要素（例えば煉瓦職人の賃金率や木材価格）にも関係する。かりに，煉瓦職人が最終生産物の生産量の減少によって労働時間が縮減されるよりは賃金が若干低下しても仕事をすることを選択するとすれば，彼の賃金率の低下分は住宅建設業者のマージンと同様の働きをするから，漆喰職人の賃金率を上昇させるのに役立つ。つまり煉瓦職人への需要が少し減少しただけでもその賃金率が大きく減少するならば，漆喰職人の不足は漆喰職人の賃金率を大きく引き上げる可能性が高いことになる。特定の生産要素の価格は他の生産要素の需要条件にも依存するのである。

　以上の議論では，特定の生産要素（ここでは漆喰職人）の供給の変化が価格にどのような影響を与えるかという観点から考察した。逆に，生産要素の価格の変化がその需要量にどのような影響を与えるかについては，「弾力性」の概念を使って説明できる。弾力性については本章第3節で詳しく見るが，簡単に述べれば弾

力性とは価格の変化率（百分率）と需要量の変化率（同）の比率である。つまり，価格が10％上昇し需要が5％低下すれば価格弾力性は−0.5になる。この値が絶対値で大きいほど需要は価格変化の影響を大きく受け（弾力的），小さいほど影響も小さいこと（非弾力的）になる。

　上で述べたマーシャルの議論を，弾力性の概念を使ってまとめれば，次のようになる。

　①その生産要素が最終生産物にとって基本的な財であればあるほど，

　②最終生産物に対する需要曲線が非弾力的であればあるほど，

　③その生産要素への支出が最終生産物の総費用に占める割合が小さければ小さいほど，

　④他の生産要素の供給曲線が非弾力的であればあるほど，

派生需要は非弾力的になる。読者は，第**3**節で弾力性の概念を読んだ後に①から④までの関係を再度確認されたい。

notes ●●●●●●

　▼**1**　派生需要のマーシャルの最初の例は，小麦用の臼とオーブンであるが，臼収集家やオーブン愛好家の数（本当にそのような人間がいるかどうかは定かではない），あるいはその消費量に比べれば，ドライブ好きや鉄道マニアの数およびその消費量は圧倒的に多いであろう。

2 輸送構造の変化

旅客輸送　　図**2-1**と図**2-2**は，1955〜99年の国内の旅客輸送について輸送機関別の輸送量と輸送分担率の推移をまとめたものである。旅客輸送量を測る単位

図2-1　輸送機関別国内旅客輸送量

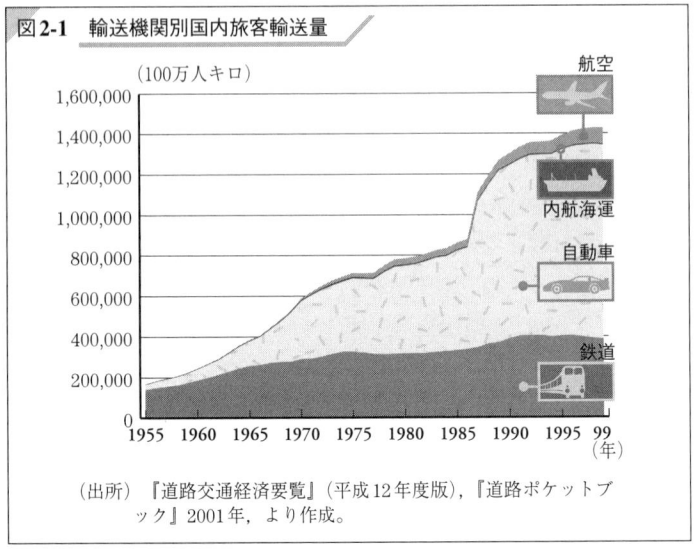

(100万人キロ)

航空
内航海運
自動車
鉄道

（出所）『道路交通経済要覧』（平成12年度版），『道路ポケットブック』2001年，より作成。

図2-2　国内旅客輸送分担率（人キロ）

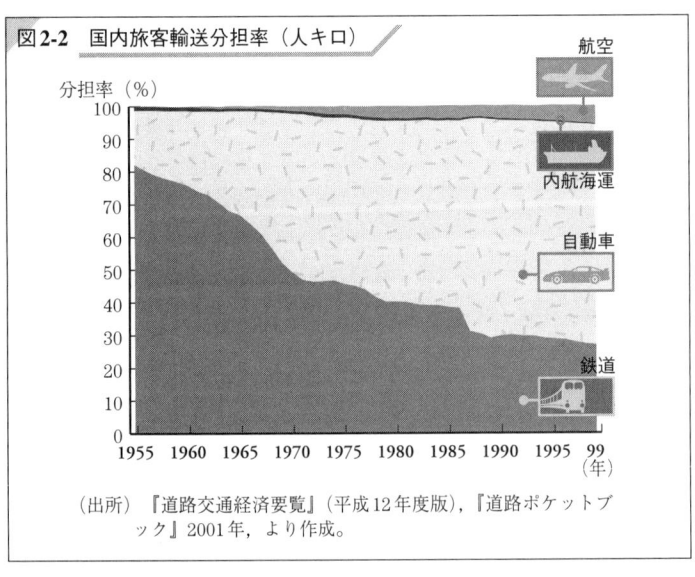

分担率（％）

航空
内航海運
自動車
鉄道

（出所）『道路交通経済要覧』（平成12年度版），『道路ポケットブック』2001年，より作成。

としては「輸送人員」よりも「人キロ」がしばしば用いられる。人キロは，輸送された旅客人数（人）とその距離（キロ）を掛け合わせた単位である。

　これらの図から輸送機関別に4点を指摘することができるであろう。第1に，自動車の急速な伸びである。1987年度より自動車は激増しているが，これはこの年度から軽自動車が含まれた統計上の措置による。しかし，かりに軽自動車を除いたとしても自動車が増加傾向にあることは変わらない。第2に，鉄道のほぼ一貫したシェアの低下である。特に1970年ごろまではその傾向が著しかったが，その後は漸減傾向となっている。しかし，注意しておかなくてはならないことは，鉄道の輸送分担率が低下しているとしても，図2-1からわかるように，輸送量の絶対数としては漸増かほぼ横ばいになっているということである。第3に，航空輸送が着実に伸びてきているということである。航空機は鉄道のような大量輸送機関ではなく，また，自動車のように多くの車両があるわけではないので，輸送量は少ないものの，航空輸送に対する認識が過去のものとは変わりつつあることを示している。第4に，内航海運は旅客輸送の場合，主にフェリーが該当するが，分担率にして過去3年間1％を割り込んでおり，旅客輸送における役割は非常に小さい。これは後述の貨物輸送における内航海運の役割と対照的である。

　以上のような輸送構造の変化をもう少し掘り下げて考えてみよう。各輸送手段の特徴だけではなく，社会経済の変化までも考えれば，輸送構造変化の要因として以下に述べるような3つの理由をあげることが可能である。

(1) 所得水準の上昇と技術革新

戦後のわが国の高度経済成長は，人びとの所得の上昇をもたらした。高度経済成長にもかかわらず比較的安定したインフレ率もあって，人びとの実質所得の増加は購買力の増加につながった。従来は高嶺の花であった自動車も人びとの購買力の上昇によって手の届くものとなり，さらに自動車業界における技術革新の進展による自動車の低価格化もそれに拍車をかけたと言えるであろう。このような状況が急速なモータリゼーションを進展させたといえる。しかし同じことは航空輸送においても言える。かつては自動車以上に贅沢な乗り物とされていた航空機は，今や気軽に使える輸送機関となった。さらに航空機産業における技術革新は大型機の運航を可能ならしめ，単位当たりの運航コストの低下をもたらした。また，人びとの所得の増加は時間価値の上昇ももたらす。より速い交通機関が求められたことも航空輸送の伸びの一因である。一方，まさにこの理由によって相対的に低速な交通機関となった鉄道は敬遠されるようになった。それでも輸送分担率が急落せずに漸減傾向となっているのは，後述の都市内交通機関としての鉄道の役割と，新幹線の存在によるものであろう。

(2) 社会環境の変化による需要の多様化

所得の上昇とともに生活は豊かになり，人びとはより快適な輸送を求めるようになってきた。公共交通機関に比べ，自動車は混雑さえなければ最も快適な輸送手段であり，自動車への人気が高まったといえる。また自動車を持つこと自体がステータスとなるような状況もあり，人びとの嗜好にあった自動車が開発されたことも自動車輸送の増加につながっているであろう。航空輸送は快適さでは自動車に劣るかもしれないが，その高速性を発揮してシ

ェアを伸ばしてきているといえる。その反面,鉄道は快適性において自動車に劣り,かつ高速性において航空機に劣る。そのため,一貫してシェアを失っていくことになった。また,生活水準の上昇にともなって,輸送需要に対する人びとの欲求も多様となった。そうした人びとの多様な欲求を満たしやすかったのが,目的地を自由に選べ,ドア・ツー・ドアが実現できる自動車であり,一方,満たしにくかったのが鉄道である。近年においては高齢化が著しく,移動に不便を感じる老齢人口の増加は,今後よりいっそう社会の自動車に対する依存を深めていくかもしれない。

(3) インフラストラクチャー整備の進展

このような人びとのより快適で高速な交通サービスの欲求に応えて,インフラ整備が順調に行われてきたことも輸送構造の変化の大きな要因である。それは道路整備においても当てはまる。**表2-1**には1955〜99年の道路整備の進展状況が示されている。道路整備の伸びが順調であることがこのことから見て取れる。特に高速道路の伸長は,多様なライフスタイルと高速移動を求める消費者に受け入れられ,主要高速道路における利用者数の伸びは著しい。同様に,空港整備も進んだ。航空輸送における大きな障害は空港までのアクセスであるが,空港数自体が増加したのみならず,アクセスのための道路整備も航空輸送の障害を減らしている。鉄道においてもそれは同様であり,都市間輸送における新幹線の整備,都市内輸送における輸送力の増強などが,鉄道のシェアの急激な低下を食い止めているということができるであろう。

このようにわが国の旅客輸送の輸送構造は自動車輸送の圧倒的な増加と,航空輸送の着実な伸び,そして鉄道輸送の漸減という状況をもたらしているが,これは一面的な見方にすぎない。細か

表2-1 道路実延長の推移（km）

年	高速道路	一般国道	主要地方道
1955	0	24,130.1	27,762.6
1960	0	24,937.3	27,473.3
1965	189	28,029.4	32,876.5
1970	649	32,650.3	28,499.7
1975	1,519	38,539.6	33,503.1
1980	2,579	40,211.7	43,906.4
1985	3,555	46,434.7	49,947.1
1990	4,661	46,935.3	50,354.1
1995	5,677	53,327.3	57,040.0
1999	6,455	53,684.8	57,353.8

（出所）『道路交通経済要覧』（平成12年度版）より作成。

く見ていくと，さらに特徴的な輸送構造を看取することができる。例えば，先に指摘したように，鉄道はシェアを失いつつあるとはいえ，その輸送量は決して著しく低下したとはいえない。それは都市間輸送において依然鉄道が支配的な地位を占めていることにある（図2-3）。他国と比べ，わが国が依然大きな鉄道のシェアを占めているのもこの点にあずかるところが大きい（図2-4）。一方，都市圏を除く地方においては自家用車の役割は大きく，自家用車は「生活の足」として欠かせない存在となっている。

貨物輸送

図2-5と図2-6は，1955～99年の国内の貨物輸送について輸送機関別の輸送量と輸送分担率の推移をまとめたものである。貨物輸送量を測る単位としては「輸送トン数」よりも「トンキロ」がしばしば用いられる。トンキロは，輸送された貨物の重さ（トン）とその距離（キロ）を掛け合わせた単位である。

図2-5から気づくことは，内航海運と自動車（トラック）が貨

図2-3 三大都市圏の旅客輸送分担率（1998年輸送人員）

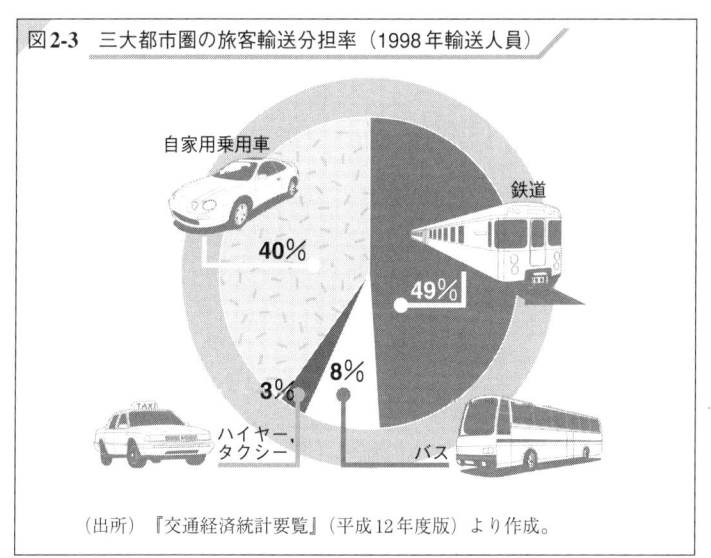

自家用乗用車 40%
鉄道 49%
ハイヤー、タクシー 3%
バス 8%

（出所）『交通経済統計要覧』（平成12年度版）より作成。

図2-4 旅客輸送分担率の国際比較（人キロ）

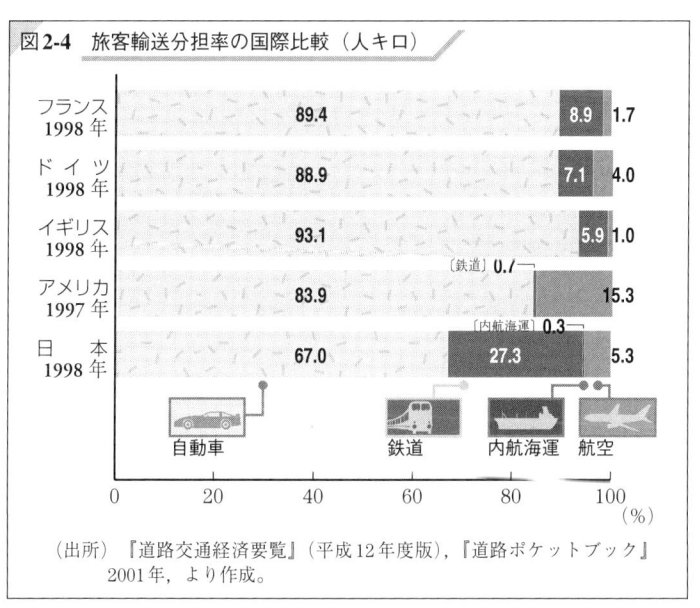

国	自動車	鉄道	内航海運	航空
フランス 1998年	89.4	8.9		1.7
ドイツ 1998年	88.9	7.1		4.0
イギリス 1998年	93.1	5.9		1.0
アメリカ 1997年	83.9	0.7		15.3
日本 1998年	67.0	27.3	0.3	5.3

（出所）『道路交通経済要覧』（平成12年度版），『道路ポケットブック』 2001年，より作成。

2 輸送構造の変化

図2-5 輸送機関別国内貨物輸送量

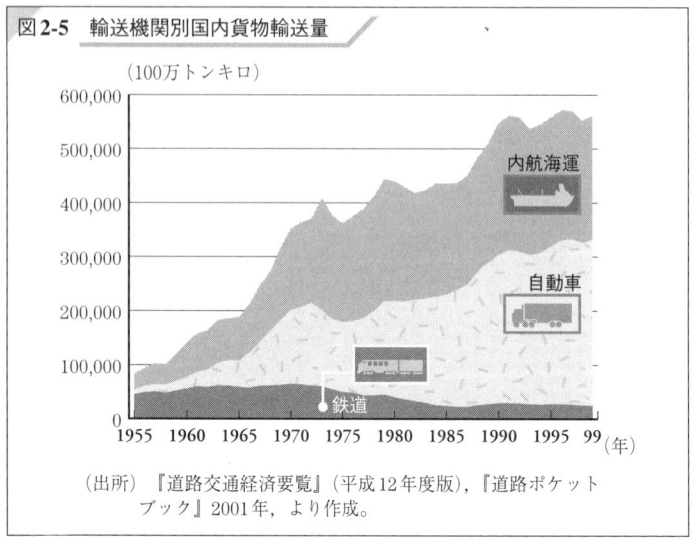

(100万トンキロ)

（出所）『道路交通経済要覧』(平成12年度版),『道路ポケットブック』2001年,より作成。

図2-6 国内貨物輸送機関分担率（トンキロ）

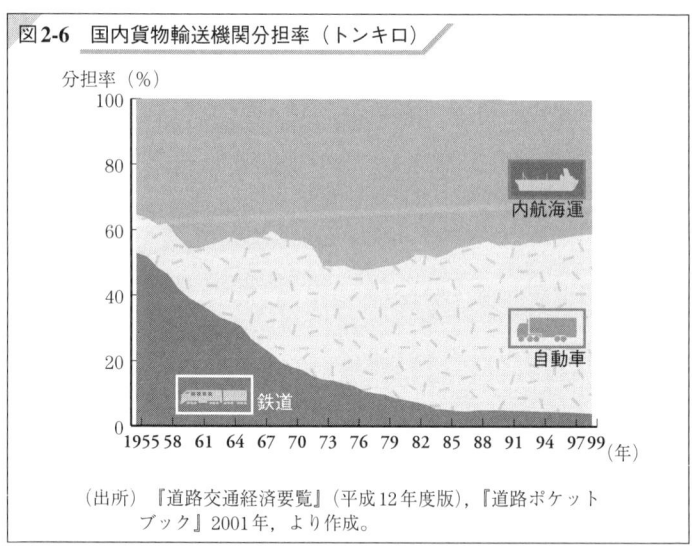

分担率(%)

（出所）『道路交通経済要覧』(平成12年度版),『道路ポケットブック』2001年,より作成。

物輸送の大半を占めていることであろう。内航海運の分担率が大きいのは，砂利や木材や穀物などの大きなバラ荷，つまりかさ高の大きい貨物の多くが船で運ばれているためであり，しかも輸送距離が長いという特徴があるからである。したがって，トン・ベースでは10％弱でも，トンキロ・ベースでは40％を占めている。一方，トラックは半分以上の輸送分担率を持っている。トラックは，全国的な高速道路のネットワークの拡大や道路整備に支えられ，一時期オイル・ショックなどの影響はあったものの，ほぼ一貫して輸送量，輸送シェアとも著しい伸びを示している。トラック輸送の特徴は，比較的国土面積が小さいわが国では，スピードがあって航空輸送よりも安価なことであり，また，輸送形態によっては戸口から戸口までの輸送が可能であることも荷主の要請にかなっているということができる。

　鉄道は輸送量で見るとほとんど変化がないが，貨物輸送量が急速に拡大したことにより，シェアは1955年の53％から99年の4％へと大きく低下した。それはちょうどトラック輸送の伸長と反比例する形であり，トラックに荷物を奪われたと見ることもできる。航空輸送は貨物輸送に関しては非常に少なく，輸送分担率でせいぜい0.2％程度であるため，ここでは取り上げない。

　旅客輸送の場合と同様にこの要因を探ると，こうした貨物輸送における輸送構造の変化は次の3点から説明することが可能であろう。

(1) **産業構造の変化**

　これまでの日本経済において，経済成長にともなって産業の中心が，鉄鋼・造船などの重厚長大型産業から，精密機械・半導体といった軽薄短小型産業に転換したことがあげられる。またエネ

ルギー需要は,国内で産出できた石炭から,外国からの輸入に頼る石油に転換した。それにともない,工場の立地も内陸部から沿岸へ,電子部品機器産業では空気のきれいな内陸部へと変化した。この結果,輸送対象も,セメント,石灰石,石炭といった運賃負担力の小さい(全生産コストに占める輸送費の割合が大きい)バラ荷から,家電類などの運賃負担力の大きい(全生産コストに占める輸送費の割合が小さい)ものに変化してきた。セメント,石灰石,石炭などはかつての鉄道貨物の中心的な輸送品目であったが,このような産業構造の変化の結果,鉄道は大口の顧客を失うことになった。これに対し,トラックは輸送単位が小さいために輸送原単位の小型化にともない,新規顧客の開拓が可能となった。

(2) 需要の高度化

第2に輸送の高度化への需要側の要求があげられる。産業構造の変化は,基本的に輸送される財の価値が高まること(高付加価値化)を意味していた。企業は在庫期間を削減することによって費用を節約でき,そしてこれは財の価値が高いほど重要になる。財が輸送される時間は,いわば在庫と同じ状態であるから(輸送中在庫),当然その時間を短縮することが費用節約につながる。つまり,高速な輸送への要求が高まるわけである。

輸送の高度化についても鉄道は競合するトラックに遅れをとった。鉄道貨物輸送は拠点間の大量輸送に強みを発揮するが,財の種類が多様化し輸送単位が小口化してくれば,走行速度自体を速めるとともに,貨物駅での積替えを効率化し,財にとっての戸口から戸口までの輸送時間を短縮しなければならない。大規模な工場への引込線がある場合を除けば,鉄道は貨物駅への,そして貨物駅から末端への輸送をトラックに頼らざるをえない。鉄道はこ

のシステムの効率化に失敗したのである。

一方,トラックは,この輸送のシステム化の面で強みを発揮した。さらにこの種の輸送システム化はジャスト・イン・タイム(JIT)など高度な輸送体制へと発展した。JITの本質は主製造業者の側から見て生産中の在庫をゼロにすることであり,そのために迅速かつ正確な輸送がその基本である。このような質の高い財の輸送需要は,トラックによってのみ可能であったのである。

(3) 道路整備の進展

道路整備は過去50年間に著しい進捗が見られた。有料道路制度の導入や道路特定財源制度の創設によって道路建設が進められた。有料道路制度と,主として揮発油税による道路特定財源制度は,道路を利用する者がその費用を負担するという意味で1つの負担原則に基づいており,特に道路特定財源制度は,①需要の拡大とともに整備資金が増加する,②毎年の予算の状況に影響されずに安定して資金が確保されるなどの特徴から,道路のような大規模な交通インフラストラクチャーの整備に貢献したのである。

表2-1を見るとわかるように,最も目をひくのは高速道路整備の進展であり,1965年の名神高速道路の開通以来着々と新規路線が開通している。特に高速道路は交通処理能力が高いのが特徴であり,トラック車両自体の大型化と相まって道路交通の鉄道輸送に対する優位性をいっそう大きいものにした。

以上述べたように,輸送機関それ自体の特性によるばかりではなく輸送機関以外のさまざまな外部要因が組み合わさり輸送構造が変化してきた。一方,輸送機関の側では,そのような外部変化に対応すべく特性を変える努力も続けられてきている。

3 交通需要分析のツール

本節では,交通需要分析のための基礎的なツールを紹介する。交通経済学はミクロ経済学の応用分野であるから,交通需要分析の場合もミクロ経済学の消費者行動理論を出発点とする。以下では,一般的な需要関数の導出,弾力性の概念,時間価値の順で述べる。

ミクロ経済学における需要関数

ミクロ経済学において,消費者の基本的な目的は効用の最大化とされる。効用とは,消費によって得られる満足度であり,消費者は自分の所得の範囲内で財を消費し効用を最大化する。この関係は,効用関数と所得制約式を用いて,以下のように記述することができる。

いま,消費者が2つの財を消費して効用を最大化するとする。それぞれの財の消費量を q_1, q_2,その価格を p_1, p_2,所得を Y とすれば,消費者は,所得制約式,

$$p_1 q_1 + p_2 q_2 \leq Y$$

のもとに,効用関数,

$$U(q_1, q_2) \tag{2.1}$$

を最大化する。もし消費者が,所得のすべてを使い切ってしまうと考えれば,この最大化のための条件を整理することによって,

$$\frac{\partial U}{\partial q_1} \Big/ \frac{\partial U}{\partial q_2} = -\frac{dq_2}{dq_1} = \frac{p_1}{p_2}$$

という周知の関係が得られる。すなわち,消費者は,第1財と第

図2-7 価格変化と消費者選択

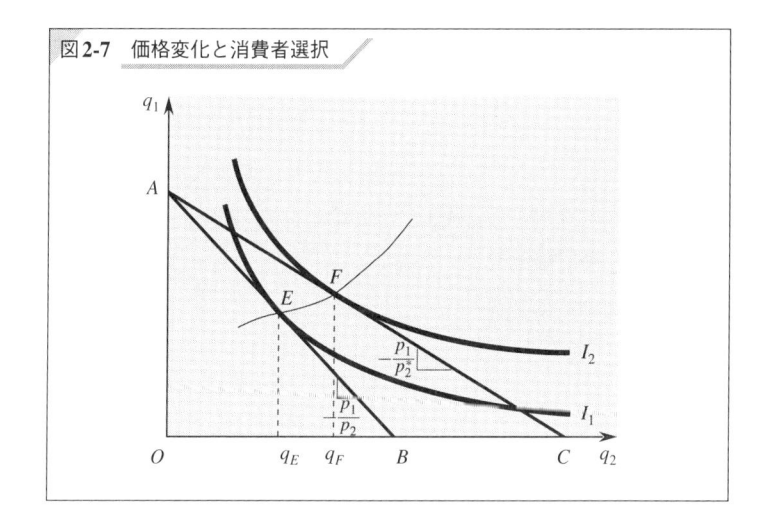

2財との間の限界代替率が価格の比に等しくなるように両財の消費量を選択するのである。この関係は図2-7において，無差別曲線I_1が所得制約線ABと接するときに達成される。逆に言えば，この消費者は以上の条件で所得制約線と無差別曲線が接する点Eを選択し，この所得と価格の組合せのもとで最大の効用としてI_1の水準が実現されるのである。

価格が変化した場合にはどのようになるであろうか。図2-7には，第2財の価格がp_2からp_2^*に下落したケースが描かれている。p_2の低下は所得制約線の傾きが緩くなることを意味するから，新しい所得制約線はACである。消費者は新しい所得制約線に対し，より満足度の大きい無差別曲線I_2に到達することができる。新しい選択点はFである。

消費者の選択点は価格の下落によりEからFに移行した。このとき，第2財の消費量はq_Eからq_Fに増加している。この増加量

3 交通需要分析のツール

は価格の変化（下落）によってもたらされたものであり，q_2 と p_2 の間に関数関係があることを意味している[▼2]。ただし，q_2 に影響を与えるのは p_2 だけではない。第1財の価格 p_1 の変化も q_2 を変化させるであろうし，所得 Y が変化すれば当然 q_2 の量も変わってくる（読者は，図2-7を使って p_1 や Y が変化の場合の q_2 の変化を確認されたい）。これらの関係は関数の形として，

$$q_2 = q_2(p_1, p_2, Y) \tag{2.2}$$

と表現することができる[▼3]。(2.2)式において，p_1 と Y が固定されていると考えれば，q_2 と p_2 の関係を平面上に描くことができる。これが個人レベルでの需要曲線である。

価格弾力性

需要関数はさまざまな情報を与えてくれる。交通経済学の分析で最も重要なのは，第1節で言及した弾力性の概念である。弾力性とは，2つの変数が関数関係にあるとき，一方の変化が他方にどのような影響を及ぼすかについて，変化率（変化の百分率）の比の形で示すものである。例えば (2.2)式において，財の需要量がその財の価格のみに依存すると考えれば，需要関数は $q = q(p)$ となるが，価格の微少な変化（dp）の変化率（dp/p）に対する需要量の微少な変化（dq）の変化率（dq/q）の比は，

$$\varepsilon = \frac{dq/q}{dp/p} = \frac{d(\log q)}{d(\log p)} = \frac{dq}{dp} \cdot \frac{p}{q} \tag{2.3}$$

となる。ここで ε は，財の価格弾力性を示す記号である[▼4]。

価格弾力性は，右下がりの需要曲線では負となる（ただし，場合によって弾力性は絶対値で定義されることがあるので注意すること）。また，$|\varepsilon| > 1$ であれば弾力的，$|\varepsilon| = 1$ であれば中立，$0 < |\varepsilon| < 1$ であれば非弾力的であると言われる。ある財の価格が上昇する

とき，その財が非弾力的であればその財に対する支出額は増大する。中立であれば支出も不変，弾力的であれば減少する。これは，企業の側から見れば，例えば運賃引上げによって収入が増加するか減少するか等の判断基準になる。実際，鉄道事業において「逸走率」という概念が用いられてきたが，これは運賃値上げによって利用者がどの程度減少するかを示すものであり，弾力性を別の角度から見たものである。

価格弾力性と企業にとっての収入（家計にとっての支出）との関係は次のようになる。収入 (R) は価格と需要量との積であるから，$R = pq(p)$。これを価格について微分して整理すると，

$$\frac{dR}{dp} = q + p\frac{dq}{dp} = (1+\varepsilon)q$$

となる。この式から，弾力性がマイナスで非弾力的であれば収入は増加し，中立のときは不変，弾力的であれば収入は減少することがわかる。

交通需要は一般に必需財的なものと考えられ，弾力性が小さいとみなされがちであるが，現実には地方のバス需要等において運賃弾力性が−1以下になるケースが見られる。原因は自家用交通（自家用車だけでなくオートバイ，自転車，徒歩を含む）がバスの代替交通機関として存在するからにほかならない。

以上では，ある財がその財の価格変化によって受ける影響を見たが，(2.2)式から明らかなように，他の財の価格からの影響も存在する。この種の弾力性は交差価格弾力性と呼ばれ，

$$\varepsilon_{12} = \frac{\partial(\log q_1)}{\partial(\log p_2)} = \frac{p_2}{q_1} \cdot \frac{\partial q_1}{\partial p_2}$$

によって表される。ε_{12}という記号は，第2財の価格変化率と第1

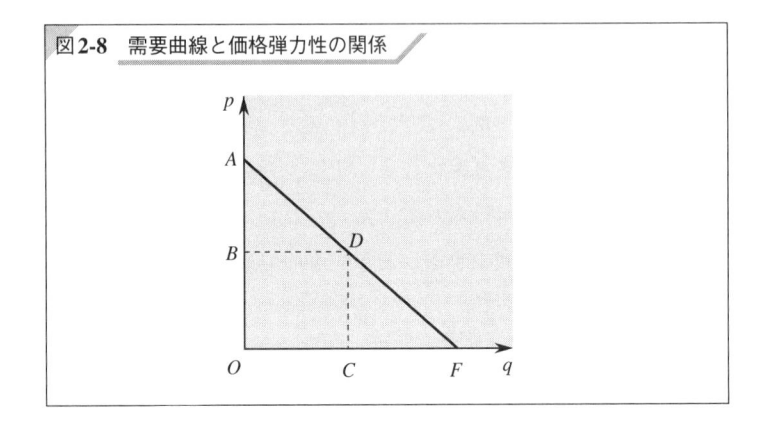

図2-8 需要曲線と価格弾力性の関係

財の需要量の変化率との比率であることを示している。交差弾力性は正負いずれの場合もありうる。また，同じく (2.2)式から所得に関する弾力性（所得弾力性）を定義することもできる。

需要曲線を直線と仮定した場合，自己価格弾力性はいくつかの特徴を持っている。図2-8において，需要曲線が直線AFによって示されている。(2.3)式右辺のdq/dpの絶対値は需要曲線AFの傾きの絶対値であり，図の記号を使えば，

$$\left|\frac{dq}{dp}\right| = \frac{\overline{BD}}{\overline{AB}}$$

である。ここで，$\overline{AB}$ という表現は，線分ABの長さを示している（他も同様）。一方，p/qは，

$$\frac{p}{q} = \frac{\overline{OB}}{\overline{OC}} = \frac{\overline{OB}}{\overline{BD}}$$

であるから，自己価格弾力性は，

$$|\varepsilon| = \left|\frac{dq}{dp}\right| \cdot \frac{p}{q} = \frac{\overline{BD}}{\overline{AB}} \cdot \frac{\overline{OB}}{\overline{BD}} = \frac{\overline{OB}}{\overline{AB}}$$

と表すことができる。この関係は，本書第5章の説明で用いるので読者は十分に確認されたい。また，この関係から，図のような右下がりの直線の需要曲線の場合，中点において弾力性は-1となることがわかる。中点よりも上方では$\varepsilon > -1$，下方では$\varepsilon < -1$である。

時間価値

交通経済学の需要分析において弾力性と並ぶもう1つの重要な概念が時間価値である。時間は，総量が限られた稀少な資源であるから，何らかの価値が発生しているはずである。このことを理解するために，次のような状況を考えよう。

いま，読者が大学のスポーツ・サークルの練習に参加しているとする。サークルへの参加は，それが自分の満足度を向上させるから（つまり効用が得られるから）そうするのである。しかし，読者はサークルに参加せずに，その時間コンビニエンス・ストアでアルバイトをすることも可能である（サークルの練習をサボっても先輩に怒られないと仮定する）。アルバイトの時給が800円であれば，読者はサークルへの参加時間について少なくとも1時間当たり800円以上の価値を認めていることになる。つまり，800円は読者の1時間の機会費用である。

また，次のように考えることもできる。読者が鉄道を使って目的地まで移動するとする。このとき，鉄道には普通列車と特急列車がある。特急と普通でシートの快適性が違うとか，ダイヤ上で自分の移動したい時間に便利なものがあるなどの条件に違いはないものとする。特急は普通列車よりも所要時間が短いが，特急料金が必要である。このケースで，読者が料金を支払って特急に乗るとすれば，少なくとも読者は，特急を選択することによって節

約できる時間について,特急料金よりも大きい価値を認めていることになる。もちろん,普通列車を選ぶならばその逆で,節約時間に認める価値は特急料金よりも小さいものである。

いずれにしても,時間には機会費用があり,それが時間の価値である。交通の場合,特急列車に乗るか普通列車に乗るか,鉄道にするかバスにするかなど,人びとの選択行動に時間価値は大きな影響を及ぼす。また,詳しくは第6章で述べるが,何らかの交通投資プロジェクトが行われて,人びとの移動時間が節約できたとすると,その便益は,粗い近似であるが,節約時間に単位時間価値(1分当たりの平均的時間価値)を乗じたものによって計測できる。もし,利用者の単位時間価値がすべて等しいと仮定できれば,さらに利用者数を乗ずれば利用者全体の便益が得られるのである。

時間価値は,経済理論としてどのように扱われるのだろうか。ここでは,ミクロ経済学としては古典的な所得-余暇選好の理論を検討しよう。

効用関数の導入の際,消費者は財を消費することによって満足を得るとして分析した。ここでは消費者の効用が所得と余暇に依存すると考えよう。つまり,消費者は働いて所得を得るか,所得が得られなくとも自分のための時間を過ごすか,を選択すると考える。所得をY,余暇をLとすれば,効用関数は,

$$U = U(L, Y) \tag{2.4}$$

と書ける。消費者にとっての利用可能総時間(Tと置く)は一定であり(例えば,$T = 24$),消費者はこの時間内で余暇と労働時間(Wと置く)を振り分ける。したがって,$T = L + W$あるいは,$W = T - L$である。いま,労働に対する賃金率がwであるとすると,

所得は労働時間と余暇時間を掛け算したものであるから，$Y = wW = w(T-L)$ である。この関係を (2.4)式に代入すると，効用関数は，

$$U = U(L, w(T-L)) \tag{2.5}$$

となる。(2.5)式は，所得と時間の間の制約関係を含んでいるから，効用の最大化条件はこの式を単純に最大化すればよい。それは次のようになる。

$$-\frac{dY}{dL} = \frac{\partial U}{\partial L} \Big/ \frac{\partial U}{\partial Y} = w \tag{2.6}$$

(2.6)式の条件が意味するところは，余暇に対する所得の代替率が賃金率に等しいこと，あるいは，消費者の限界的な余暇の（貨幣的）価値は彼の賃金率に等しくなることである。▼5 つまり，限界的に見た場合の時間価値は賃金率に等しくなる。上述したサークルの練習への参加とアルバイトによる所得収入の考え方に一致することになる。

第6章で詳しく述べるが，交通投資による節約時間の社会的便益を計算する際には，実務上，労働者の単位時間当たりの平均賃金を時間価値の原単位として用いることが多い。このようなアプローチは，時間価値の「所得接近法」ないし「機会費用アプローチ」と呼ばれるが，直観的な理解とともに理論的にも裏付けられたものである。なお，近年では，後に述べる非集計交通行動モデルにより交通機関選択モデルの推定が行われることが多いが，説明変数の取り方によっては，このモデルのパラメータの推定値から時間価値を計算することができる。

notes ● ● ● ● ● ●

▼2　特定の財の価格変化が需要量に影響を与える効果は，代替効果と

所得効果に分解できる。読者はミクロ経済学の教科書でこの点を確認されたい。

▼3　厳密には需要関数の導出のためにいくつかの条件が必要である。これらについては標準的なミクロ経済学の教科書を参照。

▼4　(2.3)式における $\dfrac{d(\log q)}{d(\log p)} = \dfrac{dq}{dp} \cdot \dfrac{p}{q}$ という表現に戸惑いを覚える読者は，$f(x) = \log[g(x)]$ であるとき，$f'(x) = g'(x)/g(x)$ になるという公式を想起されたい。

▼5　(2.6)式の条件は消費者の労働についてのオファー・カーブと呼ばれるものであり，種々の賃金率に対し消費者がどれだけ働くかを示す。

4　交通需要関数と交通機関選択モデル

　本節の第1の目的は，ミクロ経済学から出発した需要関数が現実の需要分析にいかにして応用可能か，その際の留意点は何かを検討することである。前節で見たようにミクロ経済学から概念的な需要関数が導出される。それに対し特定の関数型を仮定することによって現実のデータを使って需要関数を推定することができる。ただし，交通サービスは第1節で見たような特性を有しており，それらの特性をモデルに取り込むことによって，より詳細かつ正確な分析が可能となる。本節の第2の目的は，交通機関選択モデルを提示することである。このモデルは「選択の理論」であるミクロ経済学の応用分野である。具体的には，まず，運賃等の直接費用に所要時間の費用を考慮に入れた「犠牲量モデル」を示し，次に1970年代以降この種の選択モデルの標準となった「非集計交通行動モデル」を検討する。

交通需要関数

前節では，最も単純な (2.1)式の効用関数から出発して，(2.2)式の一般化された需要関数が導き出されることを示した。交通需要が一般財と同様に価格と所得とに依存して決まると考えれば，(2.2)式に具体的な関数型を与えることによって交通需要関数を推定することができる。最も単純な関数型は1次関数であり，ケースによって用いられることもあるが，この種の関数型として対数線形（コブ＝ダグラス型とも呼ばれる）が使用されることが多い。対数線形の需要関数は，次のように示される。

$$q = ap_1^\alpha p_2^\beta Y^\gamma \tag{2.7}$$

対数線形の需要関数は，両辺の対数をとることによって線形に変換できる（対数線形という呼称はこの性質による）。すなわち，

$$\ln(q) = A + \alpha \ln(p_1) + \beta \ln(p_2) + \gamma \ln(Y) \tag{2.8}$$

である（ただし，$A = \ln(a)$）。具体的な関数を求めるとは，例えば過去のデータから (2.7)式や (2.8)式のパラメータ（a, α, β, γ 等）を推定することであるが，対数線形の場合，重回帰分析によって容易にそれを行うことができる。近年のパーソナル・コンピュータでは，表計算ソフトによってある程度の分析が可能である。

対数線形の需要関数は，分析の容易さに加えて，推定されたパラメータが弾力性になるという便利な特徴を持っている。例えば，(2.7)式を p_1 について偏微分すると，

$$\frac{\partial q}{\partial p_1} = a\alpha p_1^{\alpha-1} p_2^\beta Y^\gamma = \alpha \frac{q}{p_1} \tag{2.9}$$

となるが，(2.9)式を変形すれば，容易に

$$\alpha = \frac{\partial q}{\partial p_1} \cdot \frac{p_1}{q}$$

が得られる。これは前節 (2.3)式で定義した価格弾力性にほかならない。われわれは，次項において，(2.9)式を国内航空輸送のマクロ需要関数に応用した例を検討する。

(2.7)式ないし (2.8)式の需要関数は，単純な効用関数から出発したいわば素朴な需要関数である。これに対し，交通の場合，そのトリップ目的，利用される交通機関等さまざまな要因が需要に影響を及ぼす。効用関数の仮定は，消費者の嗜好を一般的な形の関数が内包しているというものであるが，具体的に需要関数を推定する場合には，需要に大きな影響を及ぼすと思われる変数を加えて考える必要がある。ここでは，その一例として，1960年代に開発されたR.クォントとW.ボーモルのモデルを紹介する。▼6なお，以下で用いる記号は論文で使用されたものをそのまま用いる。そのために，本書の他の箇所で用いられている記号と異なる点に注意されたい。

クォントとボーモルのモデル（以下，Q-Bモデルという）は，iとjという2つの交通結節点（node）間の交通需要を予測するモデルである（2つのゾーン間と解釈しても問題はない）。彼らは，交通需要に影響を及ぼす要因として，次の7点を指摘している。

①両地点の人口：P_i, P_j

②両地点の平均所得（あるいは最頻値所得）：Y_i, Y_j

③両地点の制度的（産業的）特性（例えば，工業地帯であるとか商店街であるとか等）：M_i, M_j

④i, j間で最速の交通機関の所要時間：H_{ij}^b，およびk番目の交通機関のH_{ij}^bに対する相対時間：H_{kij}^r

⑤i, j間で最も安価な交通機関の費用：C_{ij}^b，およびk番目の交通機関のC_{ij}^bに対する相対費用：C_{kij}^r

⑥ i, j 間で最も便数の多い交通機関の頻度：D_{ij}^b，および k 番目の交通機関の D_{ij}^b に対する相対頻度：D_{kij}^r

⑦ i, j 間にサービスを供給する交通機関の数：N_{ij}

以上の変数を用いて，Q-Bモデルは次のように定式化されている。

$$T_{ijk} = a_0 P_i^{\alpha_1} P_j^{\alpha_2} Y_i^{\alpha_3} Y_j^{\alpha_4} M_i^{\alpha_5} M_j^{\alpha_6} N_{ij}^{\alpha_7} f_1(H) f_2(C) f_3(D)$$

ここで，$f_1(H) = \left(H_{ij}^b\right)^{\beta_0} \left(H_{kij}^r\right)^{\beta_1}$, $f_2(C) = \left(C_{ij}^b\right)^{\gamma_0} \left(C_{kij}^r\right)^{\gamma_1}$, $f_3(D) = \left(D_{ij}^b\right)^{\delta_0} \left(D_{kij}^r\right)^{\delta_1}$ である。

Q-Bモデルは，変数の数が多くそれに従ってパラメータの数も多い（全部で14）が，f_i という関数を含めて，関数全体が基本的に対数線形の形式であることがわかる。注目すべきは，交通需要に影響を及ぼすと想定されている変数の内容である。上の経済モデルが価格と所得のみに依存していたのに対し，Q-Bモデルでは人口，産業特性，交通機関数，所要時間，頻度などが考慮されている。また，交通機関 k の所要時間，費用，頻度は，最善のものとの相対関係でとらえられている▼7。

Q-Bモデルは，著名な経済学者である2人が，交通需要予測モデルとして古くから使用されていた重力モデルに，経済的要素を取り込んで作成されたモデルである▼8。その意味では，純粋な経済モデルとは言い難いが，交通需要モデルがどのような要素を考慮すべきかについて有益な示唆を与えてくれるものである。

> マクロ需要関数への適用例

前節で紹介した最も基本的な対数線形の需要関数を実際のデータに当てはめてみよう。対象は国内航空旅客輸送である。

図2-9は，第1次オイル・ショック翌年の1974年から95年までの国内航空輸送の伸びを有償旅客キロ単位で示したものである。

図2-9　国内航空輸送量と平均運賃の関係

(縦軸左: 100万人キロ、縦軸右: 円)
折れ線: 国内線実質平均運賃
棒グラフ: 国内線有償旅客キロ
横軸: 1974〜95年

　有償旅客キロは，航空会社が運賃を収受して運んだ人の数とその輸送距離を掛け合わせたものである。航空旅客には，例えば自社従業員の輸送のように，運賃を収受しない旅客が含まれることから，このような区分がなされる。図からわかるように，国内線旅客輸送量は78年の第2次オイル・ショックによる影響を受けて80年代前半に若干伸び悩んだものの，ほぼ順調な伸びを示してきたと言える。なお，80年代前半の航空需要の伸び悩みには，わが国の航空需要の約3分の2を処理する羽田空港の発着容量が逼迫し，供給の増加が見込めなかったという事情もある。

　これに対して運賃はどうであろうか。同じく図2-9に折れ線グラフで実質平均運賃の推移が示されている。航空運賃は当然路線ごとに異なり，また同じ路線でも普通運賃で搭乗する場合とパッ

ケージ旅行で航空を利用する場合とではまったく異なる。そこで，平均運賃の単位としてしばしば用いられるのが有償旅客キロ当たりの収入である。つまり，航空各社の国内線運賃収入総額を有償旅客キロの実績値で割れば，有償旅客が1キロ移動する際に支払う平均の運賃水準が計算できるというわけである。ちなみに，有償旅客キロ当たり収入は航空事業者の間でイールド（yields）と呼ばれることがある。図2-9の実質平均運賃の推移は，この有償旅客キロ当たり収入を物価上昇率で割り引いたものである。なお，有償旅客キロ当たりの収入は，各社の有価証券報告書から計算可能である。

一見してわかるように，平均航空運賃は輸送量の伸びと反対の動きをしている。まず，1970年代から80年代にかけて運賃引上げが行われなかったことから実質で低下し，80年代初頭に第2次オイル・ショックによる燃料価格の高騰などを受けて上昇，その後は一貫して下落している。80年代後半からの運賃低下は，国内航空輸送の規制緩和が徐々に進展したことが影響していると思われる。第4章で述べるように，航空運賃は95年頃から幅運賃制の導入や割引運賃設定に関する規制緩和が進み，さらに2000年施行の航空法によって設定がほぼ自由化された。図2-9のデータはこのような運賃規制緩和以前のデータであるが，それでも実質運賃は低下してきたことがわかる。

前節で導いた最も単純な需要関数では，需要量は所得および当該財の価格のほか，他の価格と所得に依存するものと想定されていた。国内航空輸送の場合，その需要量に影響を及ぼすサービスとして，鉄道とりわけ新幹線の運賃が考えられる。ただ，ここでは新幹線の価格を無視することにしよう。理由は，航空輸送と新

幹線の間には,例えば東京－大阪間のように完全な競合関係にあるケースもあるが,全国規模の輸送を考えれば航空路線の多くは鉄道と直接的な関係にはないことである。もちろん,このことは他の財の価格を無視してよいことを意味しない。どの変数が影響を及ぼすかは実際にそのパラメータを推計し,検定を行うことによって判断されるべきである。所得については,全国規模で集計された輸送の推定であることから,実質国内総生産を用いることにする。

以上より,推定すべき関数は次のようになる。

$$\ln(RPK) = A + \alpha \ln(RF) + \beta \ln(RGDP) \qquad (2.10)$$

ただし,RPK：有償旅客キロ,RF：実質平均運賃,$RGDP$：実質国内総生産である。この最小二乗法による推定結果は以下のとおりである。

$$\ln(RPK) = 9.997 - 0.730 \ln(RF) + 1.303 \ln(RGDP) - 0.081 D$$
$$(6.098)\ (-4.112)\qquad (14.727)\qquad (-2.408)$$

$$(2.11)$$

なお,括弧内は t 値である。(2.11)式には (2.10)式に含まれていない第3項目がある。これは,1974年から95年の間に,航空輸送に大きな影響を及ぼすと思われる重大事故が発生したため(1985年),その影響を強く受ける年のデータを他のデータから区別するために挿入されたもので,ダミー変数と呼ばれる。この推定では,D は85年と86年が1,その他の年は0である。

(2.11)式から,国内線旅客航空需要の運賃弾力性は−0.73であることがわかる。つまり,かりに平均運賃が10%上昇しても需要の減少は7.3%にとどまる。したがって,他を一定とすれば,航空会社からみれば運賃引上げによって増収になる。ただ,推定

された関数は国内航空市場全体についてのものであり，しかも長期の時系列データによって推定されている。各企業が戦略として運賃値上げができるかどうかは，個別市場の競争条件に依存する。第2に，実質国内総生産に関する弾力性は+1.30である。言うまでもなく，所得の10%の上昇は人キロで見た旅客需要を13%引き上げる。つまり，他を一定とした場合，この需要関数に基づくかぎり航空需要は所得の伸びを上回る伸びを示すことになる。最後に，重大事故の影響は予想通り需要を引き下げる要因になっている。ただし，その影響は比較的小さい。

(2.11)式で示される需要構造は，マクロ需要を対象としたきわめて粗い推定である。上述のように，代替交通機関の影響（特に価格の影響）が無視されている。また，代替交通機関を考慮するのであれば，それぞれの交通機関の質的特性等も考慮に入れる必要があるかもしれない。この点は，前項で示したクォントとボーモルのモデルに明示的に示されている。また，航空需要をマクロで見る場合にも，路線数の増加や便数の増加など供給が及ぼす影響についても考察する必要があろう。実際，ネットワークが拡大すれば新たな需要が発生することは明らかであり，また，ネットワークを一定とした場合にも，便数の増加は利用者の利便性を向上させ，それが需要増につながると考えることもできる。しかし，(2.11)式の推定結果からは，マクロで見た場合の航空需要がどのような構造になっているかについて，上で述べたような有益な示唆が得られる。残された問題については，読者自身がさまざまな文献を参照しながら，モデルに挑戦してみることに期待したい。▼9

犠牲量モデルによる交通機関選択

前項までで見た需要関数は、交通需要を1つの関数でとらえて推定を行うものであった。これに対し、近年の需要予測は交通需要をいくつかの段階でとらえて行われるようになっている。詳しくは次節で見るが、四段階推定法と呼ばれる需要予測がそれである。四段階推定法では、トリップがどの地域（ゾーン）からどの地域（ゾーン）にいかに発生し集中するか等からスタートする。その予測の過程でどの交通機関を使うかが、1つの焦点になる。これによって交通機関分担交通量が求められるのである。

ミクロ経済学は家計、企業という経済主体の選択行動を扱う。前節で見た消費者のモデルは、複数の財をいかに選択するかを記述するものであった。このような理論からすれば、交通機関の選択も1つの大きな主題であり、ミクロ経済学の応用対象となる。この項と次項ではそのような観点から交通機関選択のモデルを考える。

消費者が交通機関を選択する要因はさまざま考えられる。例えば、東京から広島に移動する場合、新幹線を使うか飛行機を使うか、その決定要因は何であろうか。かつて東京－広島間は航空輸送が大きなシェアを占めていた。しかし、広島空港が広島市内のアクセスのよい場所から県央の広島市の中心から遠い場所に移転した結果、航空機のシェアが低下した。言うまでもなく、利用者は都心までのアクセスを考慮し新幹線へのシフトが起こったのである。また、乗換えの利便性等も選択要因になる。東京都心からの移動を考えれば、新幹線の場合、東京駅でホームとホームを移動する手間があるが、一方、羽田空港から航空機を利用する場合には、浜松町で乗り換え（東京モノレールを使う場合）、さらに羽

田のターミナルで乗り換える必要がある。

　このように旅客の交通機関選択には，各交通機関のさまざまな質的側面が影響する。それをモデル化する場合は，本来であれば質的側面を取り込むことが望ましい。実際，次項で述べる非集計型の交通行動モデルの場合には，そのような要素が取り込まれたモデルが推定されている。ただ，旅客が運賃と移動に要する時間のみを考慮していると考えれば，運賃という貨幣的な費用に所要時間と時間価値を掛け合わせたものを合計することによって，負担する総費用が計算できる。このような費用は「総犠牲量」ないし「一般化費用」と呼ばれる。

　貨物の場合，積み下ろしの費用と走行中の費用を考慮して利用交通機関が選択されることが考えられる。ここでの費用は貨幣的な費用である。積み下ろし費用は輸送距離に関係なくかかるので，輸送距離を変数とする場合は固定費に，走行費用は変動費になる。一般に積み下ろし費用はトラック，鉄道，船舶の順で高くなるが，単位距離当たりの走行費はこの順で安くなる。選択者が合理的に行動すると考えれば，貨幣的費用が最も安くなる交通機関が選ばれるはずであり，交通機関の特性から，図2-10に示されるように，距離別に好都合な交通機関が選択されると考えられる。

　ただし，貨物の場合は輸送対象側の要因，特に品目によって規定される面も大きい。輸送原単位や貨物の大きさ，壊れやすさによって使える交通機関が物理的に決定される場合が多く，また納期の条件が厳しければ，その条件に対応できる特性を有する交通機関が選択されることになる。

　実際にモデルを組んで分析を行う場合には，旅客の場合と同様，質に関する要素を組み込むために，運転頻度，定時性，確実性な

図 2-10 交通機関別の輸送費

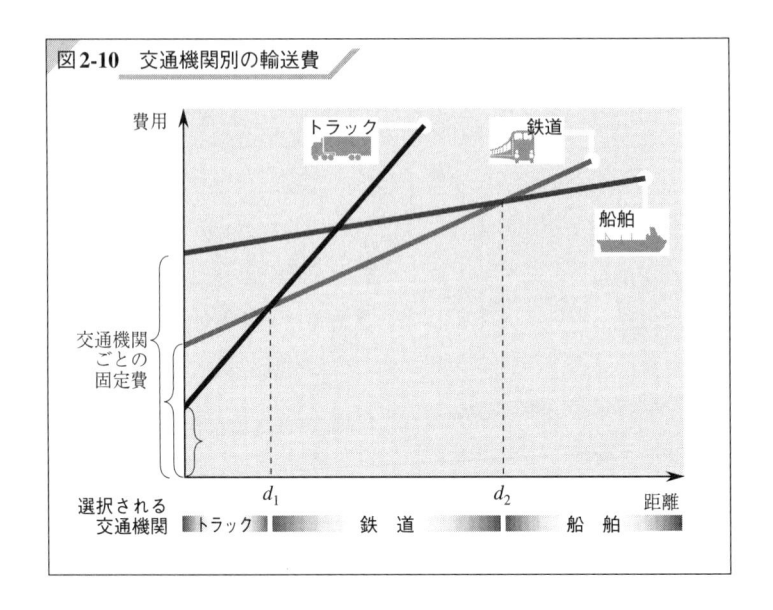

縦軸：費用／横軸：距離
トラック、鉄道、船舶
交通機関ごとの固定費
選択される交通機関：d_1 までトラック、d_1〜d_2 鉄道、d_2 以降 船舶

どを含めて所要時間をとり、それを経済学的な費用に置き換えてモデル化することになる。「経済学的な」というのは実際に支払う運賃だけでなく、機会費用も含むという意味である。

貨物についても総犠牲量ないし一般化費用から交通機関選択を考えることができる。このようなモデルのことを「犠牲量モデル」と呼ぶ。利用者が負担する k という交通機関の総犠牲量は次のような式で表される。

$$S_{km} = C_k + W_m \cdot T_k$$

ただし、S_{km} ：総犠牲量（一般化費用）

C_k ：貨幣的費用

W_m ：時間価値

T_k ：所要時間

k ：交通機関

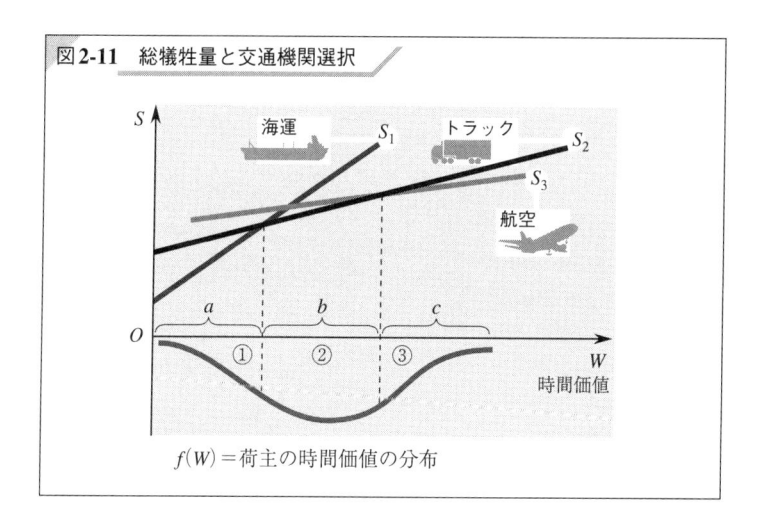

図2-11 総犠牲量と交通機関選択

$f(W)$＝荷主の時間価値の分布

m ：利用者（荷主）

第3節で述べたように，時間価値は，もしその時間を節約できたならば得られる価値，すなわち節約時間の価値，時間の機会費用である。時間価値をどのように設定（推定あるいは近似）するかはそれ自体大きな問題であるが，一般に旅客の場合には時間当たりの賃金で，貨物の場合には輸送品目の単価と金利が価値評価のもととなる。

貨物輸送における交通機関別の総犠牲量の概略を時間価値の関数として描くと図2-11のW軸より上の部分になる。荷主は合理的であると考えるから，総犠牲量が一番小さい交通機関を選択するはずであり，aの部分では海運が，bの部分ではトラックが，cの部分では航空が選択されるはずである。それにW軸より下に表された，時間価値に関して荷主の分布が予測できれば，交通機関別の輸送需要の予測が得られることになる。

以上では犠牲量モデルに基づく機関分担の予測について簡単に

述べた。犠牲量モデルは概念的なわかりやすさと予測作業が比較的単純であるという利点を備えている。しかし，例えば時間価値を賃金率などで代替してよいものかどうか，それを利用した犠牲量（一般化費用）が利用者の行動を規定する変数として適切かどうかなどの疑問が提示されている。

非集計交通行動モデル

前節においてわれわれは，個人の効用関数から出発して需要関数を導いた。消費者は自らの効用を最大化するように行動する。彼は所与の価格の組合せと所得のもとで，最も高次の無差別曲線が所得制約線と接する点を選択する。価格が変化すればそれに応じて選択する点が変化する。価格の下落は一般にその財に対する需要を増大させるのである。

このような通常の消費者の選択理論では，消費量は連続的に変化すると考えられている。ある財について価格が200円のとき10個購入されていたならば，180円に値下がりしたとき11個に増えるという考え方である。一般の財を考える場合にはこのような想定で問題はない。しかし，交通機関間選択の場合，個人の行動を見るかぎり購入量が連続的に変化するわけではない。利用者全体で見た場合には，運賃上昇に応じて特定の交通機関の需要量がどの程度減少し，他の交通機関に移行するかという視点はありうるが，利用者個人に注目すれば，例えば鉄道を利用するのか航空を利用するのかという意思決定になる。あえて数値で表現すれば，鉄道（あるいは航空）の利用について0なのか1なのかのいずれかである。

加えて，交通機関の選択には価格以外の要素が重要になる。本章の冒頭において交通の意思決定には質的要因が重視されると述

べた。一般的な財においても質は重要な考慮の要因ではあるが，交通の場合，所要時間やアクセス時間，乗換え回数など明確に認識できる要因が多く，交通機関間選択の場合にはそれを明示的に取り込む必要がある。

1970年代以来，以上述べたような交通における機関間選択の特徴を取り込み，実際の機関間選択に適用可能なモデルが開発されている。このモデルは，個人の行動に基礎をおいて理論を組み立て，個人単位のデータを用いて推定されることから，「非集計交通行動モデル」と呼ばれる。[10] 非集計交通行動モデルは，ある属性を持った個人が鉄道にするか航空にするかという選択に直面したとき，各サービスの価格，属性（質）を前提としてどちらを選択するかについて，彼（または彼女）の選択を確率としてとらえてモデル化するものである。

(1) ランダム効用関数

非集計交通行動モデルを論じるには準備が必要である。それは間接効用関数およびそれに基づくランダム効用関数の導入である。

(2.1)式で定義された効用関数は，消費量を説明変数としていた。このような効用関数は，次に述べる間接効用関数との対比で直接効用関数と呼ばれることがある。直接効用関数の場合，消費者は所与の価格（p_1, p_2）と所得（Y）のもとで効用を極大化するわけだが，その結果として，需要量（q_2）がp_1, p_2およびYの関数として表された（(2.2)式）。同様の操作をq_1についても行い，p_1, p_2およびYの関数として表されるq_i（$i=1, 2$）をもとの関数に代入すると，価格と所得を説明変数として効用が定義されることになる。これが間接効用関数である。[11] すなわち，直接効用関数の変数が消費量であるのに対し，間接効用関数の説明変数は価格

と所得であり，次のように書ける．

$$V = V(p_1, p_2, Y) \tag{2.12}$$

以上の説明からわかるように，もとの関数に代入されるq_iは，消費者が所得制約と所与の価格のもとに選択した値であるから，(2.1)式と比べた場合，(2.12)式では，直接効用関数を最大化する際に条件となった所得制約が含まれている点に注意されたい．

話を交通機関間の選択に戻そう．いま，ある個人は，目的地への移動のためにJ種類の交通機関が利用可能であるとしよう．鉄道，航空，バス，自家用車等々である．彼はこの中からどれか1つを選択して移動するが（排他的選択という），上述のようにそれは連続的な変数ではない．このような選択を「離散型選択」(discrete choice)と呼び，そのモデルは離散型選択モデルである．離散型選択モデルの場合も，効用については一般的なケースと同様に考えることができる．つまり，この個人がかりに鉄道を選んだとすると，彼は鉄道（これをjとしよう）を選ぶことによって他の交通機関を選んだときよりも大きな効用を得ることができると考えるのである．そこで，いま鉄道を選択した場合の彼の効用を，間接効用関数の形で，次のように表そう．

$$U_j = V(X_j, S) + \varepsilon_j \tag{2.13}$$

(2.13)式において，U_jは鉄道を選択したときの間接効用であり，(2.1)式で定義された効用とは異なる（なお，添え字のjは偏微分の記号ではない）．Vは，(2.12)式で定義された間接効用関数を応用したものであり，体系的効用（systematic utility）と呼ばれる．(2.12)式では，説明変数が価格および所得とされたが，(2.13)式では，X_jとSという2つの変数が説明変数とされている．

ここでX_jは，jという交通機関を選ぶ場合に関連するJ種類の

交通機関（代替案）すべてに関する属性を表すベクトルである。意思決定者である個人は，鉄道，航空，バス，自動車等すべての選択可能な交通機関の属性，すなわち，運賃（費用），所要時間，アクセス時間等を考慮して鉄道を選び，そのときの効用を表すのが (2.13)式なのである。[12] 実は，(2.13)式が間接効用関数であることはこの点に大きく関係している。(2.12)式の効用関数では，所得制約が関数の中に取り込まれていると述べた。つまり，消費者が考慮すべきすべての財の価格と所得を考慮して得られる効用が (2.12)式の効用関数で示されている。(2.13)式の場合，価格の代わりに（価格を含む）交通機関の属性全部が説明変数として入り込んでいる。その意味で，(2.13)式は間接効用関数によって定義されるのである。

次に，S は，意思決定者の属性を表すベクトルである。その意思決定者が男性なのか女性なのか，若者なのか老人なのか，その種の意思決定者の属性が S である。この S があることによって，識別可能な別々の意思決定者のグループに関し，効用構造が異なるとすることが可能になる。つまり，40歳代の男性医師と20歳代の女子大学生では効用関数の構造が異なることになる。ただし，実際の推定においては，S は X と区別なく扱われる。

ある意味で，(2.13)式で最も重要なのは最後の項 ε_j である。ε_j は簡単に言ってしまえば誤差項である。誤差項とは，関数の値が，観測できない要因によって確定されない（つまり確率的に変動する）ことを考慮するために導入される項である。上で，ある交通機関を選択するかどうかは確率的にとらえられると述べたが，ε_j によって効用関数に確率的な要素が導入されるのである。効用関数に確率的な要素を取り入れる理由は，ここで考えられている選

択が離散的であることである。意思決定者は，通常の財のように消費量を少しずつ変化させて自らの最適点を見いだすことができない。選択肢には「飛び」が存在するのであり，その飛びを克服するために確率的な効用が考えられるのである。(2.13)式においてε_jは観察されることのない効用の構成要素であり，右辺第1項では説明されない他の影響要因，例えば交通機関jに対する性癖としての好み，あるいは偶然の選択，観測上の誤差等を代表するものと考えられる。

以上述べたように(2.13)式は確率的な（ランダムな）変動を持った（間接）効用関数であり，「ランダム効用関数」と呼ばれる。また，それに基づく理論は「ランダム効用理論」である。▼13

(2) ロジット・モデル

ランダム効用関数を用いて，非集計交通行動モデルを考えよう。非集計交通行動モデルにはいくつかの種類があるが，ここでは最も広く用いられかつ構造が比較的簡単な「ロジット・モデル」（logit model）を検討する。

いま，ある個人が東京から広島まで移動するとして，選択すべき交通機関は新幹線と飛行機のどちらかだとしよう。以下では新幹線を1で示し，航空を2で示す。この個人がもし新幹線を選ぶとすれば，それは新幹線を選んだときの効用が航空のそれを上回っていることを意味する。(2.13)式を使って表現すれば，$U_1 > U_2$である。ただし，U_1，U_2はともに確率変数であるから，彼が新幹線を選ぶかどうかも確率として表される。新幹線を選ぶ確率（選択確率）をP_1，確率を一般にProb (・)で表せば，

$$\begin{aligned} P_1 &= \text{Prob}\,(U_1 > U_2) \\ &= \text{Prob}\,(V_1 + \varepsilon_1 > V_2 + \varepsilon_2) \end{aligned} \qquad (2.14)$$

図2-12　ランダム効用関数の誤差項の分布

(a)

確率密度

ε_1^*　　　　ε_1

(b)

確率密度

$V_1 - V_2 + \varepsilon_1^*$　　　　ε_2

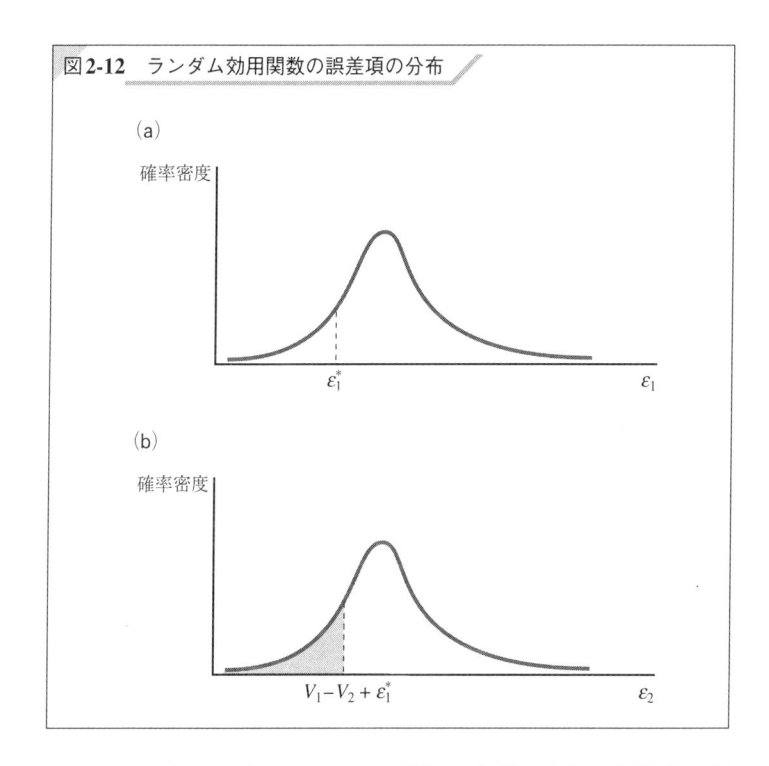

である。なお，V_j は，$V(X_j, S)$ の簡潔な表現であり，偏微分の記号ではない。個人が新幹線を選ぶ確率は，新幹線を選んだときの効用が飛行機の効用よりも高くなる確率である。(2.14)式は

$$P_1 = \text{Prob}\,(\varepsilon_2 < V_1 - V_2 + \varepsilon_1) \tag{2.15}$$

と変形できる。(2.15)式はどのようなことを意味するのであろうか。直観的な理解を助けるために多少厳密さを犠牲にして述べれば，以下のようになる。

(2.15)式を単純に読めば，新幹線が選択される確率（P_1）は，航空を選択したときの誤差項の値（ε_2）が，新幹線を選択したときに得られる効用（$V_1 + \varepsilon_1$）から航空を選択したときに得られる

体系的効用の値（V_2）を引いたものより小さくなる確率である，ということになる。[14] 図2-12には，確率変数であるε_1とε_2の確率分布が示されている。(2.15)式は，図2-12 (a) でε_1がある値（例えば図のε_1^*）をとったとき，ε_2が同図 (b) で示される$V_1 - V_2 + \varepsilon_1^*$の値よりも小さくなる確率であるとの意味である。この確率は図2-12 (b) のシャドー部分の面積になる。ただし，注意しなくてはならないのはε_1^*もさまざまな値をとりうることであり，それぞれのε_1^*の値に対応してε_2が$V_1 - V_2 + \varepsilon_1^*$の値よりも小さくなる確率が計算できる。したがって，(2.15)式で表される確率は，$\varepsilon_1 = \varepsilon_1^*$となるそれぞれの確率について$\varepsilon_2$が$V_1 - V_2 + \varepsilon_1^*$の値よりも小さくなる確率を掛けたものの総和である。[15]

　以上，(2.15)式が確率分布の上でどのような意味を持つかを見た。統計学ではランダムに発生する事象について，その確率を何らかの確率分布に近似させるという手法がしばしば使われる。ロジット・モデルは，(2.13)式で導入されたε_jの確率分布に一定の仮定を置くことによって求められる。その仮定とは，①ε_1とε_2が独立に分布すること，②ε_jの分布が正規分布に類似したガンベル分布と呼ばれる分布に従うことである。①の仮定とガンベル分布が持つ性質を利用することによって，P_1が次のような関数になることを示すことができる。[16]

$$P_1 = \frac{\exp(V_1)}{\exp(V_1) + \exp(V_2)} \tag{2.16}$$

ただし，$\exp(V_j) = e^{V_j}$である。

　(2.16)式は，ロジット・モデルの中でも2つの選択肢からの選択を意味する「2項ロジット・モデル」(binary logit model) と呼ばれるものである。以上の考え方とまったく同様に，3つ以上の

交通機関の選択を表す「多項ロジット・モデル」(multinominal logit model) を導き出すことができ，交通機関がJ種類である場合，第i交通機関が選択される確率は次のように表される。[17]

$$P_i = \frac{\exp(V_i)}{\sum_{j=1}^{J}\exp(V_j)} \qquad (2.17)$$

さて，(2.16)式ないし (2.17)式が導き出されたとして，実際の選択確率はどのようにして推定されるのだろうか。この計算のためには次のような手順が必要である。[18]

①体系的効用V_jの関数型を特定化する。この特定化には，関数自体の形と特性を示す変数の決定が含まれる。関数型としては，一般に次のような線形の関数が用いられることが多い。

$$V_j = \alpha_{0j} + \alpha_{1j}X_{1j} + \alpha_{2j}X_{2j} + \alpha_{3j}X_{3j} + \cdots \qquad (2.18)$$

この式において，X_iは上で述べた交通機関すべての属性を示す変数および個人が属すると思われるグループの属性を示す変数であり，α_iはパラメータである。なお，(2.13)式においては，交通機関の属性と個人の属性を分けて表示したが，実際の推定にあたっては，両者は (2.18)式のように1つの関数として扱われるのが一般的である。

②(2.18)式に従ったデータの収集。データは，パーソン・トリップ調査のように実際に行われた行動に関するものと個別主体へのアンケート調査のように行動の意向から得られるものに大別される。前者は選択データ (revealed preference data) と呼ばれ，後者は選好意識データ (stated preference data) と呼ばれる。データの偏り等を除去できる点で選好意識データを用いることが望ましいとされている。

③収集されたデータに基づいてパラメータの推定を行い，得られたパラメータの値を検定する。パラメータの推定には最尤推定法が用いられる。検定はパラメータの有意水準のためのt検定や的中率が用いられる。

以上のプロセスによってロジット・モデルを推定することができる。パラメータが求まれば，それによって需要予測（の一部）を行うことができる。需要予測全体のプロセスについては次節で示すが，推定されたロジット・モデルだけでも，需要の構造について多くの示唆が得られる。特に，体系的効用の特定化にあたって，属性として交通機関の所要時間とその費用が（線形の形で）含まれていれば，そのパラメータを割り算することによって，その交通機関に特有の時間価値を求めることができる。

notes ● ● ● ● ● ●

▼6 Quandt and Baumol（1966），pp. 13-26.
▼7 このことは，クォントとボーモルの論文の1つの特徴である。
▼8 重力モデルは，ニュートンの万有引力の法則を社会活動に当てはめて，地域間の相互作用の予測に用いられるものである。重力モデルの一般型は，ゾーンi，j間の交通量をT_{ij}とするとき，

$$T_{ij} = K \frac{P_i^\alpha P_j^\beta}{d_{ij}^\gamma}$$

によって示される。P_i，P_jはそれぞれのゾーンの人口，d_{ij}はゾーンi，j間の距離（抵抗），K，α，β，γはパラメータである。なお，P_i，P_jにあたる変数として人口以外に両ゾーンの特性を示す変数が用いられる場合もある。
▼9 練習問題1を参照。
▼10 これに対し，Q-Bモデルのように，ゾーン間の輸送量というデータによって推定されるモデルは「集計モデル」と呼ばれる。また，Q-Bモデルはゾーン間の需要量を推定式から求めるものであり「直接需要モデル」である。
▼11 直接効用関数から間接効用関数が導き出されるためには，効用関

数に関する一定の仮定が必要である。詳しくは，中級のミクロ経済学の教科書を参照。

▼12 本来Xは選択対象になっている交通機関すべてに共通であり，j交通機関に関係するという意味での添え字jは必要がないとも言える。しかし，現実の非集計モデルの推定においては，すべての交通機関の属性を説明変数としてあげながらも，特定の交通機関の選択確率についてXの一部のパラメータを先験的にゼロと置くという操作が行われることが多い。この場合，推定式においては交通機関ごとにXの内容が異なることになる。Xの添え字jによってこの点が明らかになる。

▼13 離散型選択は必ずしもランダム効用関数とともに登場したのではなく，それ以前にも統計分析として用いられてきた。しかし，経済学の効用理論に基づく離散型選択としては，70年代に実用化されたランダム効用関数が1つの先駆となっている。

▼14 以上の表現は，ここでの効用が基数的効用であるとの印象を与えるが，厳密にはロジット・モデル自体は序数的効用によって導出できる。

▼15 もちろん「総和」という表現は厳密でない。より正確には，ε_1とε_2について同時確率密度関数を$f(\varepsilon_1, \varepsilon_2)$とすると，$P_1$は次のように表される。

$$P_1 = \int_{\varepsilon_1 = -\infty}^{\varepsilon_1 = +\infty} \int_{\varepsilon_2 = -\infty}^{\varepsilon_2 = V_1 - V_2 + \varepsilon_1} f(\varepsilon_1, \varepsilon_2)\, d\varepsilon_2 d\varepsilon_1$$

▼16 この式の導出過程は比較的複雑であるため，ここでは示さない。興味のある読者は，土木学会土木計画学研究委員会（1995），第2章を参照。

▼17 (2.17)式から，ロジット・モデルの大きな限界が容易に指摘できる。いま，kという交通機関の選択確率P_kを (2.17)式と同様に求め，P_iをP_kで割ってやる（すなわち両者の選択確率の比を求める）と，$P_i/P_k = \exp(V_i)/\exp(V_k)$ となり，他の選択肢に関する効用とは関係なく求まる。つまり，選択肢の集合に何らかの新しい選択肢が追加されても，既存の選択肢の選択確率の比は影響を受けないことになる。これは，誤差項ε_iが独立に分布すると仮定したことによるもので，「選択確率比の文脈独立特性」（independence from irrelevant alternatives）ないし「IIA特性」と呼ばれ，ロジット・モデルの1つの問題点とされる。

▼18 具体的な推定手続きについては，土木学会土木計画学研究委員会（1995），第3章を参照。

5 交通需要予測

　本節では交通需要予測を扱う。ただし，交通分野での需要予測は，実際には土木計画学等の範疇であるため，本節ではその概要を述べるに留める。以下，交通需要予測で一般に用いられている四段階推定法を簡単に述べ，経済学の視点から見た需要予測の意義について検討する。なお，本節では推定に用いられるモデルについて具体的に示さない。興味のある読者は，交通計画の教科書を参考にされたい。[19]

四段階推定法　　需要予測の目的は状況に応じて多様であるが，交通需要予測の場合，プロジェクトの評価を目的とすることが一般的である。交通プロジェクトにもさまざまなものがあるが，交通の場合大規模な設備投資を必要とする場合が多い。大規模施設の建設は，投資額が大きいだけでなく，建設期間が長くまたその効果が発現するのにも長期間を要する。さらに，一度建設された施設は，きわめて長い期間にわたってサービスを提供し続ける。このような性格を考えれば，交通プロジェクトの評価にあたって将来の需要を可能なかぎり正確に予測することが要請される。

　多大な建設額と長期的な影響をともなう大規模交通投資であっても，需要が確実に見込まれる時代の鉄道建設のように民間でも対応できるケースもある。しかし，第1章で述べたように，収支計算について対象とすべき期間が，民間企業が意思決定を行う際に対象とされる期間を超える場合が多く，そのために市場の失敗

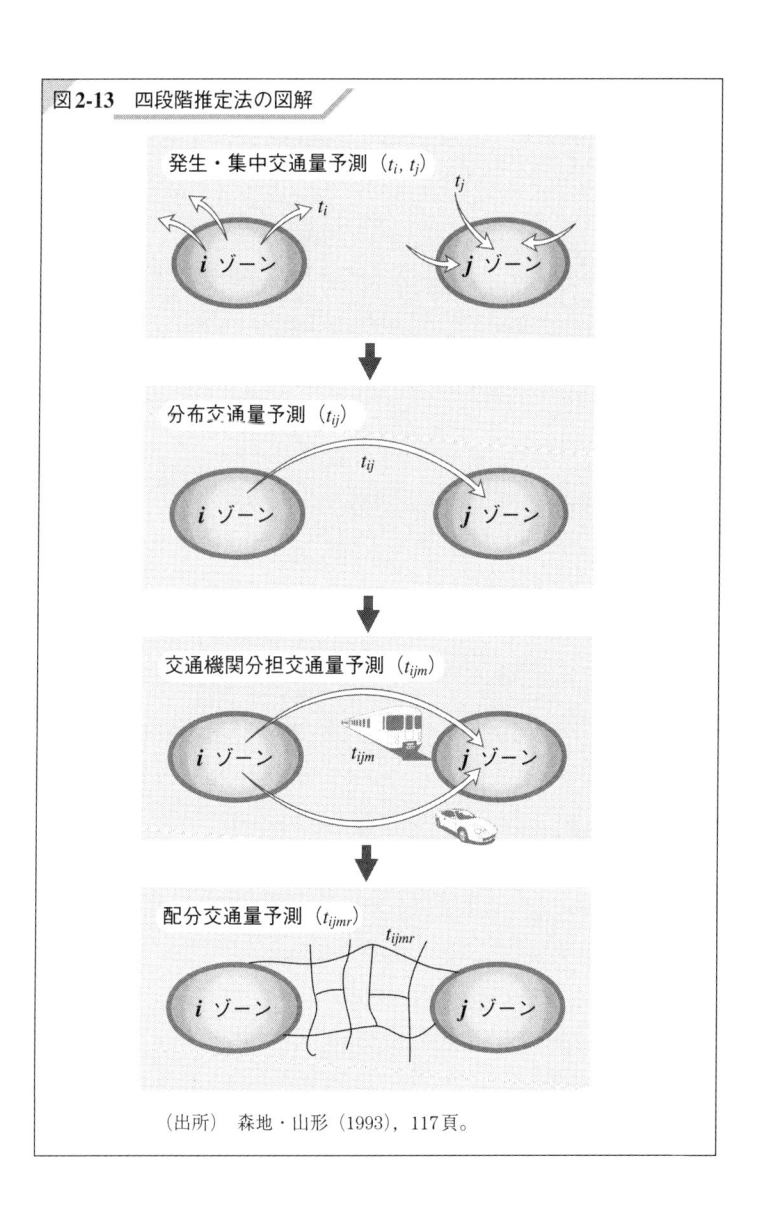

図 2-13　四段階推定法の図解

発生・集中交通量予測 (t_i, t_j)

i ゾーン　　　t_i　　　t_j　　j ゾーン

↓

分布交通量予測 (t_{ij})

i ゾーン　　t_{ij}　　j ゾーン

↓

交通機関分担交通量予測 (t_{ijm})

i ゾーン　　t_{ijm}　　j ゾーン

↓

配分交通量予測 (t_{ijmr})

i ゾーン　　t_{ijmr}　　j ゾーン

（出所）　森地・山形（1993），117頁。

が生ずる可能性が高い。市場の失敗を補完するためには，公的主体の役割が必要であり，公共投資や交通事業者への直接・間接の補助金がその具体策である。このように公的主体が行うことは，その決定プロセスが透明でかつ説明可能なものでなくてはならない。需要予測はこのような手続き上の公正性の面からも必要とされるものである。

現代の交通需要予測は，四段階推定法と呼ばれる手続きで行われることが一般的になっている。四段階推定法は，1960年代初頭にマサチューセッツ工科大学の交通研究グループによって開発されたものであり，需要予測にあたってその名のとおり4つの段階に分けて順を追って推定されるのが特徴である。4つの段階とは，①発生・集中交通量，②分布交通量，③交通機関分担交通量，④配分交通量，に関するそれぞれの予測である（**図2-13**を参照）。ただし，実際の交通需要予測の作業にあたっては，この4つの段階の前に，2つの手続きが必要である。1つは「生成交通量の予測」，もう1つは「ゾーニング（ゾーンの設定）」という作業である。

生成交通量とは，需要予測対象地域およびその地域の交通量に影響を与えると思われる地域全体において将来発生すると思われる総交通量の予測である。これは，以下の四段階推定法におけるコントロール・トータルとして用いられる。コントロール・トータルとして用いるとは，以降の四段階推定法による需要予測の合計が生成交通量に等しくなるようにするという意味である。交通需要は，例えば人口と無関係に増大することはないと考えられる。もちろん，経済活動の上昇等によって1人当たりのトリップ回数が増加するかもしれないが，1人の人が平均して年間1万回以上

図2-14 ゾーニングの概念図

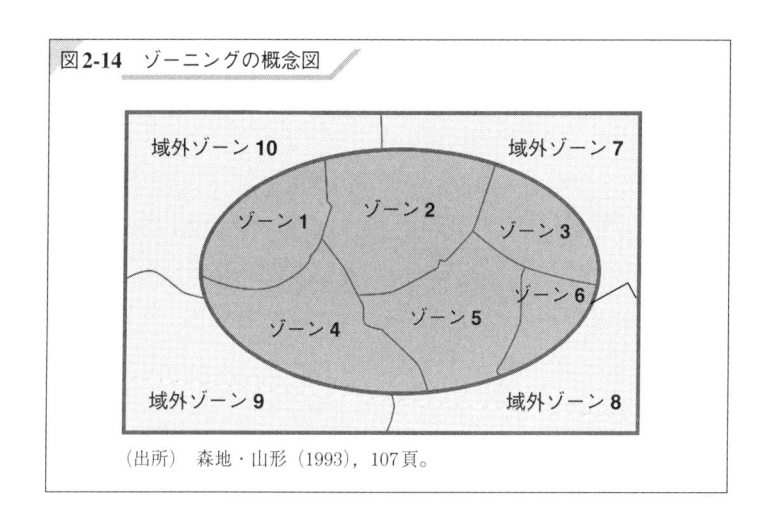

(出所) 森地・山形 (1993), 107頁。

トリップをするという事態は想像しがたい。そこで、生成交通量の予測は、年齢や職業等の属性別に求められた1人当たりのトリップ回数（生成原単位と呼ばれる）に将来人口を掛け合わせて合計することによって求められることが多い。

ゾーニングは、需要予測対象地域および関連する地域を分割することである。ゾーンとは、交通需要予測の基本単位となるもので、予測対象の地域および対象外でも予測対象の交通需要に影響を及ぼす地域について分割したものである。図2-14において、内側の楕円が需要予測対象地域だとすると、そこをいくつかのゾーンに分け、基本的にはこれらのゾーンに関して上述の①〜④までの段階で予測が行われる。ただし、予測対象ゾーンの外でも当該対象ゾーンの交通需要に影響を及ぼすものと思われる地域については、域外ゾーンとして作業の対象とする。

四段階推定法は生成交通量の推定とゾーニングをもとに行われる。以下、4つの段階について順を追って簡単に説明する。

(1) 発生・集中交通量 (Trip Generation, Trip Attraction)

発生・集中交通量とは,それぞれ,各ゾーンに出発点を有するトリップの数,および終着点を有するトリップの数である。四段階推定の第1段階としては,どの交通機関を使うか,トリップ目的は何か等については問わず,とにかく各ゾーンに出発点と終着点を有するトリップの数が予測される。

予測の方法は,原単位法とモデル法に分けられる。原単位法は,人口1人当たりや建物床面積1平方メートル当たりのトリップ数を現況のデータから算出してこれを原単位とし,ゾーン別の将来人口や建物床面積の将来値に原単位を掛けて交通量を予測する方法である。一方,モデル法では,トリップ数を被説明変数,人口(単なる人口だけでなく,夜間人口,昼間人口等の人口関連データも用いられる)や建物床面積等の値を説明変数とするモデルを構築し,過去のデータからパラメータを求めておき,同様に将来予測値を代入することによって交通量を予測する方法である。

発生・集中交通量の予測によって,各ゾーンから出発するトリップ数とそのゾーンを終点とするトリップ数が求められる。図2-13において,t_i, t_j と書かれている交通量がそれに当たる。

(2) 分布交通量 (Trip Distribution)

分布交通量とは,どのゾーンからどのゾーンへトリップが行われるか,すなわち2つのゾーン間の交通量である。図2-13では,t_{ij} と書かれているが,これはiゾーンからjゾーンへの交通量を表す。いま,図2-14のゾーニングの概念図では,域外を含めて10のゾーンが想定されていた。10のゾーン間のそれぞれについて分布交通量が求められると,表2-2に示されるような,OD表 (Origin-Destination Table) を構成することができる。表中のt_{ij} も

表2-2 OD表

	1	2	⋯	j	⋯	10	発生量
1	t_{11}	t_{12}	⋯	t_{1j}	⋯	t_{110}	$t_{1\cdot}$
2	t_{21}	t_{22}	⋯	t_{2j}	⋯	t_{210}	$t_{2\cdot}$
⋮	⋮	⋮		⋮		⋮	⋮
i	t_{i1}	t_{i2}	⋯	t_{ij}	⋯	t_{i10}	$t_{i\cdot}$
⋮	⋮	⋮		⋮		⋮	⋮
10	t_{101}	t_{102}	⋯	t_{10j}	⋯	t_{1010}	$t_{10\cdot}$
集中量	$t_{\cdot 1}$	$t_{\cdot 2}$	⋯	$t_{\cdot j}$	⋯	$t_{\cdot 10}$	$t_{\cdot\cdot}$

図2-13と同様にiゾーンからjゾーンへの交通量を表す。t_{11}, t_{22}など添え字が同一のゾーンを表す場合は，同一ゾーン内の交通量（内々交通）である。

表2-2において，第1ゾーンの行を横にたどると，それはすべて第1ゾーンから発生する交通量である。したがって，表の行の（横方向）合計は，そのゾーンから出発する交通量，すなわち発生交通量になる（表2-2では$t_{i\cdot}$で表されている）。あるゾーンからの発生交通量は前段階で推定されており，それがここで計算される発生交通量のコントロール・トータルとして用いられる。すなわち，OD表における各ゾーンの横の合計が前段階で推定した発生交通量に等しくならなくてはならない。同様のことは表の列（縦方向）についても言える。表頭に示される各ゾーンからt_{ij}を縦に足したものは，そのゾーンを終点とする交通量，すなわち集中交通量になる（表2-2では$t_{\cdot j}$で表されている）。この場合も前段階で求めた集中交通量がコントロール・トータルである。さらに，発生交通量あるいは集中交通量を合計したもの，OD表の右下端の

$t_{i.}$は，生成交通量である。

　では，分布交通量はどのようにして求められるのであろうか。四段階推定法では，大きく分けて現在パターン法と関数モデル法の2つの方法が用いられている。

　現在パターン法は，現況のデータから得られるODのパターンが将来も変化しないという前提のもとに分布交通量を求めるものである。もちろん，現況パターンを前提とするとしても，将来交通量が変化するのであるから，その分を考慮する必要がある。この段階で得られているゾーンごとの将来発生・集中交通量を現況と比較し，その伸び率を計算に入れて分布を求めるのが現在パターン法である。具体的には，最も単純に発生交通量と集中交通量の伸び率の平均（つまり両方の伸び率を足して2で割る）を現況分布交通量に掛けて将来分布交通量を求める平均成長率法，各ゾーンの発生集中に関する相対的な力の変化を考慮して将来分布交通量を求めるフレーター法等がある。なお，フレーター法では，単純計算しただけでは発生・集中交通量のコントロール・トータルの条件を満たさないため，条件を満たすよう収束計算が行われる。現在パターン法は，いうまでもなく現況の分布交通量の基本的構造が将来も変化しないと仮定しており，その構造が大きく変化することが明らかな場合（例えば，高速道路の建設などによってゾーン間の抵抗が大きく変化する場合等）には適さない。

　関数モデル法は，ゾーン間のトリップについてあらかじめモデルを推定しておき，そのモデルに従って分布交通量を求めるものである。このモデルとして最も一般的に用いられてきたのが重力モデル（Gravity Model）であり，その他エントロピー・モデル（Entropy Model），介在機会モデル（Opportunity Model）等がある。

重力モデルは，ニュートンの万有引力の法則の基本式をゾーン間のトリップ発生に適用するものであり，各ゾーンの質量に相当する変量と抵抗に相当する変量によって分布交通量を説明するものである。[20] 四段階推定法において吸引力としては一般に現況の発生・集中交通量が用いられるが，人口指標等が用いられることもある。また，距離抵抗についてはさまざまな関数型が用いられる。重力モデルは，比較的簡単にゾーン間の関数が推定可能である，ゾーン間のすべての現況ODが得られていなくとも分布交通量を求めることができる（これは他の関数モデル法にも当てはまる），等の利点を持っている。なお，関数モデル法の場合，モデルにあてはめて分布交通量を求めただけではコントロール・トータルの制約が満たされないため，フレーター法同様の収束計算が必要である。

(3) **交通機関分担交通量**（Modal Split）

前段階までで各ゾーン間の分布交通量が求められれば（すなわち将来時点でのOD表が推定されれば），次の作業は分布交通量の交通機関別の分担，すなわち各ODペアのトリップがどの交通機関を利用するかを推定することである。交通機関分担については，前節で詳しく述べたので詳細な記述は割愛するが，そこで紹介した犠牲量モデルや非集計交通行動モデルのほかに，最近では用いられることは少ないが，分担率曲線を用いる方法がある。これは，調査データから時間比や時間差に基づく交通機関間の分担率曲線を求めておき，これに従って機関分担を割り振るものである。

(4) **配分交通量**（Traffic Assignment）

配分交通量の推定とは，鉄道，バス，自動車等の交通機関ごとに割り当てられた交通機関分担交通量をそれぞれの交通機関のネ

ットワークに割り振る作業である。鉄道にしろ道路にしろ，ゾーン間を結ぶ経路は複数存在する。また，特定の経路は他のゾーン間のトリップにも利用される。配分交通量の推定はこれらの点を考慮し，経路を選択する行動をモデル化してネットワーク上の交通量を求めるものである。

配分交通量の推定方法は，公共用交通機関と道路交通では若干の違いがある。これは，ネットワーク上の交通量によって所要時間が変化するか否かによる。公共用交通の場合，需要量が増加しても一般に所要時間は増大しないと考えることができる。この場合，最も素直なトリップの配分は，最短時間の経路にすべてのトリップを割り当てることである。このような配分は需要配分法と呼ばれる。この手法では交通機関側の容量の限界が考慮されない。これとは別に経路選択をモデル化することもできる。経路選択は，原理として前節で述べた交通機関間の選択と同一であるから，非集計交通モデル等を用いてモデル化する手法である。

これに対し道路交通の場合には，需要が増加するに従って経路上の平均走行速度が低下する。道路交通量と平均走行速度の関係は，走行量（Q）と走行速度（V）の関係として，Q-V曲線として表される。図2-15では，例として，リンク走行量がQ_1までの場合に平均走行速度V_1で一定，Q_1からQ_2までは走行速度が低下し，Q_2に達するとV_2からV_3に低下する（その後は一定）という形のQ-V曲線が描かれている。ゾーン間に複数の経路が存在する場合，交通量が少ないうちは通常走行速度で所要時間が最も少ない経路が選択されるが，交通量の増加にともない走行時間が増加すれば，同様の条件で次に所要時間が少ない経路が選択されるようになる。理論的には，道路利用者が完全な情報を持っていれば，

図2-15　Q-V曲線の例

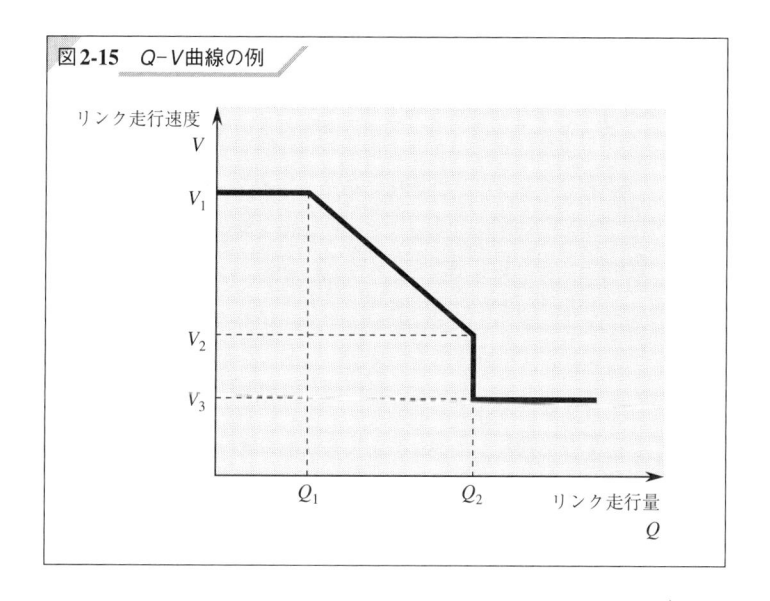

あるゾーン間に複数存在する経路の所要時間は最終的に等しくなると考えることができる（ワードロップの定理）。このようなプロセスを具体的にシミュレートして配分する方法は，ネットワーク上のトリップ数を段階的に配分することから，分割配分法と呼ばれる。なお，道路交通でも，高速道路の建設などの場合には転換率モデルが用いられる。これは，日本道路公団によって用いられているもので，その建設によって一般道路から高速道路へどの程度の転換が起こるかをモデル化し，現況データからパラメータを推定，配分交通量の推定に適用するものである。

交通需要予測の意義と留意点

交通の需要予測は，筆者らの知る限り，他の分野の需要予測と比べて理論上また実務上きわめて進んだ分野である。他分野の需要予測にも多大な業績があり詳細な分析が行われてはいる

が，需要予測手法を理論に基づいてシステマティックに，かつ実務的なレベルまで浸透させたという点において，交通需要予測に匹敵するものはないと考える。交通需要予測は投資の意思決定に不可欠のものであり，その交通投資は，上述のように，多くの場合純民間的な意思決定では社会的に見て適切な投資量が確保されない。当然，公的主体が意思決定の中心となるが，公的主体は自ずと最も適切な投資計画を策定する必要があり，また，公的資金を用いて投資を行う以上，投資効果に対する説明責任を負う。科学的で客観的な需要予測が要請されるのである。

交通需要予測の目的は，基本的に，交通計画の構築と評価に資することである。A都市からB都市へ道路を建設するとして，どのようなルートが望ましいか，何車線が必要か，これらの決定にはもちろん他の要素もあろうが，基本となるのは需要予測による将来交通量である。また，さらに重要なのは，交通需要予測によって複数の交通計画（代替案）が評価されることである。このような交通計画およびその評価における重要性を考えれば，交通需要予測を行う際に考慮すべき点として，次の2点が指摘できるであろう。

第1に，行われる需要予測が，代替案の評価のために適切なアウトプットをもたらすかどうかである。アウトプット自体の正確性は言うまでもなく重要であり，より正確な予測を目指す努力が必要であるが，それと同時に，代替案を評価するためにどのような指標が必要かを適切に把握することが肝要である。例えば，どのような交通需要量が求められているのか（目的別なのか性質別なのか等），予測の年次は目的に合致したものであるかなどの確認が不可欠である。

第2に,予測の前提とプロセスが明らかにされる必要がある。交通需要予測は公的意思決定の補助とされるケースが多いことから,どのような前提が置かれているのか,どのようなモデルで予測されているかなどについて詳細な説明責任があることが理解されるべきである。例えば,基礎となる将来人口のフレームワークはどのようなものか,所得の変化はどのように仮定されているか等々,予測の前提は基本的に予測値を決定する。また,推定にあたって,どのような理由でそのモデルが選択されたのかなど,合理的かつ客観的な説明がなされねばならないであろう。

　以上の2点はいわば当然のことと思われる。しかし,公的意思決定に用いられる需要予測の場合,過去において時として非科学的な種々の要因,例えば政治的圧力等が影響したことがあったことは否めない。交通投資は多大な財政負担をともなうケースが多い。21世紀における日本の財政状況,経済状況を勘案すれば,きわめて当然のこれらの留意点を再確認する必要があるように思われる。

　ところで,近年,わが国でも公的意思決定に際して,費用便益分析を行うことが義務づけられるようになった。詳細については第6章で述べるが,費用便益分析の目的は,投資によって得られる社会的便益が投資に必要とされる費用を上回るかどうか,複数の代替案がある場合にはどの代替案が費用との比較で最も大きな便益をもたらすかを示すことである。

　この場合,便益の発生は利用者の数と利用の状況に大きく依存するから,その大部分は将来交通量の推定に依拠していると言える。また,費用についても,投資規模,運用段階での維持補修の費用などの面で将来予測が大きな役割を果たす。費用便益分析の

採用は，いわば経済学の合理性を公的意思決定に取り込むという点で画期的な施策である。この経済合理性を正確に政策に反映させるためにも，透明かつ客観的な交通需要予測が行われなくてはならない。

----- notes ● ● ● ● ● ● -----

▼19　例えば，森地・山形（1993），第4章，新谷（1993），第6章，等。なお，以下で述べるモデルの具体的な形は，藤井・中条（1992），第2章第2節においても示されている。

▼20　関数型については注8を参照。

Column ② 需要予測の難しさ

　本文で述べたように，交通需要予測の手法は理論的にも実務的にも進んだものである。しかし，過去においてそれが常に正しい予測をしてきたかというと，必ずしもそうとはいえない。

　1970年頃に公的機関が行った需要予測がその典型例である。当時のGNPが約120兆円。それが85年には約200兆円になると予測されている。これにつれて85年の貨物輸送量の予測値は1兆6900億トンキロに増加するとされている。これはかなりの量で，この輸送量を担うためには成人男子の4人に1人がトラック運転手にならなければならないとの指摘もあったほどである。しかし予測は外れた。85年の実際のGNPは198兆円でほぼ予測どおりであったが，実際の輸送量は予測値の約25％，4200億トンキロに過ぎなかった。予測は1桁のずれを生じたのである。

　この誤りはなぜ生じたのであろうか。今となっては真実を知るすべはないが，30年前の予測技術の未熟さに加え，何らかの政治的意図が科学的な予測をゆがめたと言われている。当時は旧国鉄の赤字増大が批判を浴び始めた頃であり，その元凶の1つが貨物輸送であるとされた。政策決定者の意図は，貨物について将来

の明るい展望を描くことによってその批判をかわし,補助金を含む保護政策を引き出そうとするものであったと思われる。しかし,周知のように,旧国鉄は経営に行き詰まり,結局は分割民営化の道をたどったのである。

地方自治体が主体となる公共事業にも,需要予測の誤りとして多くの批判が集中することがある。「釣り堀港湾」,「狐と狸の道路」など,建設されたはよいがその利用率が極端に低く,税金の無駄遣いと揶揄されるケースがそれである。

実際の需要が当初予想を大幅に下回る原因は個々のケースで異なるが,多くの場合,建設優先の風潮が需要予測を誤らせているように思われる。ケインズ理論を借りるまでもなく,この種の公共事業は一定の波及効果を持ち,少なくとも建設期間中に支出される公的資金によって地域経済はある程度潤う。失業率も減少する。見かけ上,経済発展が実現したように思えるのである。しかし,建設が終われば「特需」はなくなる。地域経済には建設業主体のいびつな産業構造が残る。それを前提として雇用を維持しようとすれば,いわばカンフル剤的に公共事業を投与せざるをえなくなる。それが次の公共事業を求める誘因になる。

この種の予測は,その手法に誤りがあることは少ない。問題は,予測の前提となる各種の仮定である。典型的なケースは,自治体が持っている将来計画が実現することを前提として予測がなされることである。例えば,工業団地の造成によって多くの企業が立地する。住宅団地の開発によって住民が張り付く。大学や研究機関を誘致することによって,内外の各地と人的交流が生じる。これらは計画であって工業出荷額や人口の冷徹な予測値ではない。しかし,件の公共施設の建設も地域の将来計画も,同じ自治体が行うものであるから,整合がとれていなくてはならない。その結果,「見込み」の上に需要予測が行われ,過大な予測値がはじき出されるのである。

本文でも述べたように，国全体の効率性が問題となる中，多額の公的資金を使用する公共事業は無駄なものであってはならない。そのためには需要予測も，客観的かつ科学的なものでなくてはならないのである。

演習問題

1 A鉄道会社は平均10%の運賃引上げによって7%の収入の増加を見込んでいる。A鉄道会社が想定している需要の価格弾力性を計算せよ。

2 出発地を東京都国立市，目的地を広島県庁とする。

(1) 両地点間の利用可能な主たる交通機関を鉄道，航空として，それぞれの交通機関を利用する場合の①運賃，②所要時間，③乗換え回数を調べよ。なお，①，②には出発地から東京駅，羽田空港までの交通機関と乗換え時間（アクセス），広島駅，広島空港から目的地までの交通機関と乗換え時間（イグレス）を含む。

(2) 前記(1)であげた要因以外で鉄道と航空の機関間選択に影響を及ぼすと思われるものを考え，そのデータを集めよ。

(3) ゼミ等で議論が可能であれば，上で調べたデータをもとに，各自がどちらの交通機関を選択するかについてアンケートを取り，結果について議論せよ。

3 下表は，本文第4節で推定した国内航空マクロ需要関数のデータである。次の問いに答えよ。

(1) 次表のデータを用いて，本文 (2.11)式を再推定せよ。重大事故に関するダミー変数は読者の判断で挿入すること。重回帰分析のソフトは，マイクロソフト・エクセル等の表計算ソフトのツールを設定することで利用可能である。なお，(2.11)式は

下表に表示されていない小数点以下の数値を用いて推定されているので,読者のパラメータ推定値と一致しないことがある。

(2) 国内航空旅客需要に影響を与える変数として,実質平均運賃,実質国内総生産,重大事故ダミー以外の変数を考案せよ。また,その変数を用いて読者自身の需要関数を設定し推定せよ。

(3) (1)ないし(2)で推定された需要関数を用いて,平均運賃が10%下落した場合,実質国内総生産が5%増加した場合,その両方が生じた場合の国内旅客需要を計算せよ。

年	旅客キロ 人キロ	実質平均運賃 円/km	実質国内総生産 億円
1974	17,635,989,068	27.28	2,282,425
75	19,137,582,022	27.71	2,373,295
76	20,114,459,642	25.93	2,462,621
77	23,641,143,510	24.19	2,574,118
78	26,919,492,108	24.32	2,713,493
79	30,244,927,701	22.37	2,853,205
80	29,685,605,961	25.18	2,927,374
81	31,030,671,802	24.94	3,014,895
82	30,103,546,592	26.59	3,108,256
83	30,625,639,384	25.18	3,186,896
84	33,498,349,438	24.56	3,317,537
85	33,118,028,954	23.75	3,454,460
86	35,323,084,512	22.57	3,562,863
87	38,534,088,356	22.54	3,732,332
88	41,101,571,810	22.67	3,955,316
89	47,140,848,550	22.29	4,131,204
90	51,623,232,049	21.44	4,360,438
91	55,348,123,911	20.99	4,489,027
92	56,680,276,077	20.43	4,506,532
93	57,117,904,555	19.59	4,527,576
94	61,289,109,927	18.78	4,557,582
95	65,012,134,990	18.11	4,668,550

REFERENCE

新谷洋二 (1993),『都市交通計画』技報堂出版。

土木学会土木計画学研究委員会編 (1995),『非集計行動モデルの理論と実際』(社) 土木学会。

藤井彌太郎・中条潮編 (1992),『現代交通政策』東京大学出版会。

森地茂・山形耕一編著 (1993),『交通計画』新体系土木工学60, 技報堂出版。

Quandt, R. and W. Baumol (1966), "The Demand for Abstract Transport Modeles: Theory and Measurement," *Journal of Regional Science*, Vol. 6.

第3章 交通サービスの費用分析

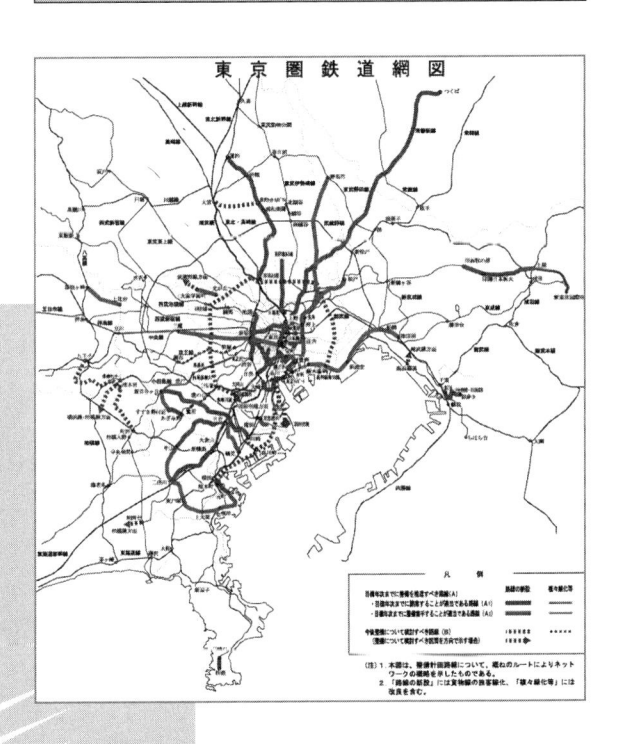

2000年，運輸政策審議会は，今後東京圏で整備する鉄道ネットワークについて図のような答申を発表した。実際の投資を決定するのは事業者だが，この路線整備によって鉄道の混雑は解消されるのか，また整備のための財源はどうするのかなど，課題は多い。

第1章，第2章では，交通サービスの特性および交通需要の分析手法について考えた。第3章では，交通サービスの供給サイドについて論じる。ただしそれは，例えばJR中央線に何本の列車を走らせるのがよいとか，東京－札幌間に飛行機を何便飛ばすべきかというような具体的なサービスの供給量の話ではない。ここで論じるのは，ミクロ経済学における生産者の理論を基本として，交通産業を分析する問題，すなわち生産関数や生産にかかる費用，費用関数という理論に関する事柄である。

　本章の構成は以下のとおりである。まず第1節では，交通経済学で用いる費用の概念を整理すると同時に，生産関数から費用関数を導く。第2節では，具体例を見ながら，生産関数や費用から規模の経済性を考える。第3節では，特に資本費の大きい鉄道を念頭において，1つの企業が複数のサービスを供給している場合に，個々のサービスにかかる費用をどのように把握するかについて検討する。最後に第4節では，複数のサービスに共通に発生する費用の配分について，簡単なゲーム理論の視点から考察する。

1　費用概念の整理

　われわれは日常，「費用」という言葉をよく使用するが，一口に費用と言ってもさまざまな観点がある。実際，経済学者と会計学者の間では費用の意味も違っている。そこで，まず費用の概念を整理し，その上で交通経済学における費用の分析について考える。

　いま，会計学と経済学では費用の概念が異なると述べたが，費

用は，その把握目的，把握範囲，生産設備に関する前提条件，市場の有無によって概念に相違が現れるのである。

費用把握の目的という観点からは，会計学的費用では発生した費用を記録することに主眼が置かれるのに対し，経済学的費用では実際に発生した費用だけでなく，もし別の目的にその資金を投じていたならば得られたであろう収益を考慮する。このような考慮を加えた費用概念は「機会費用」(opportunity cost) と呼ばれる。

また，費用把握の範囲の観点からは，私的費用と社会的費用の区別がある。前者は特定の立場の人にとって必要な費用を指しているのに対し，後者では特定の立場の人のみならず，その人を含む社会全体を考える。

次に，経済学における費用の概念は，生産設備の量を変化させることができるかどうかという前提条件から，短期費用と長期費用に分けられる。短期では生産設備の量を一定として考え，その他の生産要素を変化させることによって生産量を増減させる。長期では生産設備も可変的なものと考え，投入要素全体を変化させ生産量を調整する。それぞれに対応する費用が短期費用，長期費用である。

最後に，費用の概念は，市場の有無によって，貨幣的費用と非貨幣的費用に分けることがある。貨幣的費用は，市場によって決定される価格によって算出される。これに対し，非貨幣的費用とは，時間や苦痛などそれ自体では価格表示ができない概念を費用として扱おうとするものである。

以上のようにさまざまな費用の概念があるが，経済学における費用の概念としては，機会費用，私的・社会的費用，短期・長期費用，貨幣的費用がしばしば用いられる。また，交通経済学では，

私的費用と社会的費用の乖離や設備投資をめぐる短期費用と長期費用の扱いがよく問題になる。

経済学における費用概念

経済分析を行うためには企業の行動を理論的に把握することが要求される。そのため経済学では，生産の技術的関係や生産により生じる費用を関数によって表現し，分析の基礎としている。すなわち，生産関数と費用関数である。

生産関数は生産の技術的関係を示すものである。例えば，資本，労働，土地などの経済的資源をそれぞれどれだけ投入するか，その組合せによってどれだけの財が生産されるか，という関係の記述である。生産された財・サービスは市場に供給され，市場の需給関係で価格が決定され企業は収入を得る。

これに対し，費用関数は，何らかの量を生産するための費用を一義的に示すものではない。企業は財・サービスを生産し，市場に供給し，収入を得，最終的に利潤を極大にすることを目的にする。例えば，100トンの銑鉄を生産する場合，その生産のために資本，労働，あるいは鉄鉱石，石炭などの原材料をどのように組み合わせれば最低の費用で100トンの銑鉄を生産できるかを考える。ここで，最低の費用を求めるのは，100トンの銑鉄に対し市場で決定される価格（したがって収入）を前提とし，利潤を最大化するためである。

この過程は，企業は合理的に行動することを所与として，生産の技術的関係から利潤極大という1つの条件を付与することによって費用関数が導出されることを意味している。より具体的なプロセスは次のようになる。

STEP 1 ● 生産関数

生産関数は，生産要素の投入量と生産物の産出量の技術的関係を示したものである。いま，産出量をq，m種類の生産要素の投入量を$x_1, x_2, \cdots, x_m$とおくと，生産関数fは，

$$q = f(x_1, x_2, \cdots, x_m) \tag{3.1}$$

で示される。

STEP 2 ● 生産費用

このとき，生産要素の価格を$w_1, w_2, \cdots, w_m$，産出量に無関係に生ずる生産設備などの固定費をkとおくと，qを生産するのにかかる総費用Cは，

$$C = \sum_{i=1}^{m} w_i x_i + k \tag{3.2}$$

となる。これは，生産要素の投入量と生産費用の関係を示したものである。

STEP 3 ● 費用最小化

利潤最大化を目指す合理的な経済主体ならば，同じ量の産出量を得るために発生する費用を最小化しようと考えるはずである。このことを数式的に表現すれば，(3.1)式で表現される産出量が一定の値，例えばq^0になるという条件のもとに，(3.2)式の総費用を最小化することにほかならない。すなわち，

$$\min C = \sum_{i=1}^{m} w_i x_i + k$$
$$\text{subject to } q^0 = f(x_1, x_2, \cdots, x_m)$$

であり，これに対して，次のようなラグランジュ式が定義できる。

$$L = \sum_{i=1}^{m} w_i x_i + k + \lambda \{q^0 - f(x_1, x_2, \cdots, x_m)\} \tag{3.3}$$

ただし，λ はラグランジュ乗数と呼ばれるもので，制約なしに最小化された場合に比べ，制約がどの程度コストを引き上げるかを示すものである。上の問題は，(3.3)式を生産要素投入量（x_i）およびλで偏微分し，1階の条件を求めることによって解くことができる。条件式は，生産要素投入量に関するものm本およびラグランジュ乗数に関するもの1本の合計$m+1$本であり，変数も同様に$m+1$個であるから，この連立方程式を解くことによって最適な要素投入量が産出量qの関数として求めることができる。

STEP 4 ● 費用関数

STEP3で求めた最適な要素投入量を (3.2)式に代入すると，総費用Cをqの関数として表現することができる。これが費用関数，

$$C(q) = \phi(q) + k \tag{3.4}$$

であり，産出量qを得るのに要する最小の生産費用を表す。

産出量の関数として費用関数が導出されると，産出量（生産量）との対応で，さまざまな分析が可能になる。(3.4)式で表される総費用のうち，$\phi(q)$の部分は生産量qに応じて変化するから，変動費もしくは可変費（variable cost）と呼ばれる。一方，kは固定費（fixed cost）である。総費用を生産量で割れば，1単位当たりの費用すなわち平均総費用（total average cost：AC）となり，同様に変動費部分について生産量で割れば，平均可変費用（average variable cost：AVC）となる。総費用を生産量で微分すれば，追加的1単位の生産量に対する追加的費用，すなわち限界費用（marginal cost：MC）になる。以上をまとめると，

$$AC = \frac{C(q)}{q} = \frac{\phi(q)+k}{q}$$

図3-1 経済学における費用曲線

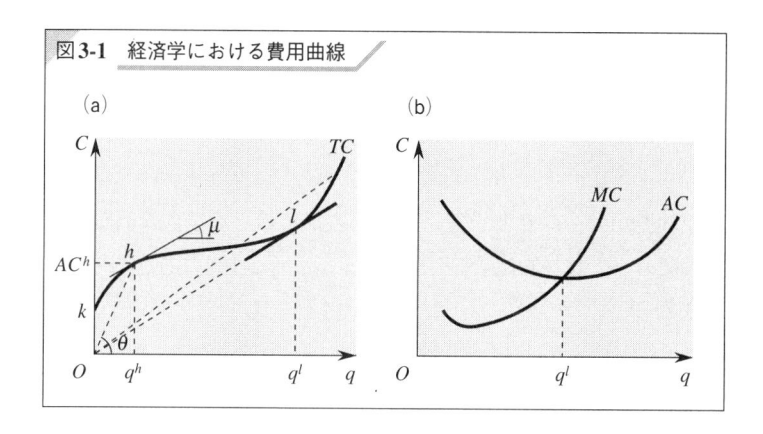

(a) (b)

$$AVC = \frac{\phi(q)}{q}$$

$$MC = \frac{dC(q)}{dq} = \frac{d\{\phi(q)+k\}}{dq}$$

となる。

　一般に，経済学では**図3-1**の (a)図に示すような総費用曲線 (total cost curve：TC) が想定される。(a)図において総費用曲線は，生産量ゼロであっても固定費が存在することから総費用はゼロでなく，図のk点から始まり，その後Sという文字を横にしたような形状になる。これは，生産関数の技術的特性として次のような関係があると考えられるからである。すなわち，各投入要素を比例的に増加させた場合，生産量が小さい間はその増加以上に生産量が増加するが（規模に関する収穫逓増），ある点を超えると投入要素を増加させてもその割合以下でしか生産量が増加しない（規模に関する収穫逓減）という想定である。例えば，あるプラントがあり，そこに労働力を投入する場合，最初は労働者を1人雇用するに従って生産量は急激に伸びるが，プラントの規模が一定

1 費用概念の整理　115

なら,あまり増やしすぎても生産量は増加しないと考えるのである。

総費用曲線が(a)図のように想定されると,それに対応する平均費用曲線,限界費用曲線は(b)図のようになる。(a)図において平均費用は,原点と総費用曲線上の任意の点を結んだ直線の傾き(図のθ)で表される。これは,例えば(a)図のh点における平均費用が$AC^h = C(q^h)/q^h = \tan\theta$になることによる。図から,$\tan\theta$の値は$h$点が総費用曲線上をゼロから右に移動する(生産量が増加する)に従って減少するが,ある点((a)図のl点)を超えると逆に増加に転ずることがわかる。したがって,平均費用は生産量q^lで最小となり,$\tan\theta$の値を結んだ平均費用曲線は,(b)図のACのようにU字型になる。なお,ACにおいて,最低点の左側は平均費用が逓減しているのであり,上述の規模の経済に対応する費用逓減の部分,右側は規模の不経済に対応する費用逓増の部分である。

一方,限界費用は,総費用を微分した概念であるから,総費用曲線の接線の傾きと理解できる。例えば,h点におけるその値はμであり,$MC^h = dC(q^h)/dq \fallingdotseq \tan\mu$と書ける。(a)図からわかるように,産出量がゼロに近い極端な場合を除いて,$\tan\theta$と$\tan\mu$の関係は,$\tan\theta$が減少傾向にあるとき$\tan\mu$は$\tan\theta$を下回り,$\tan\theta$が増加傾向にあるとき$\tan\mu$は$\tan\theta$を上回る。これは(b)図において,q^lの左では平均費用が限界費用を上回り,右側では限界費用が平均費用を上回ることを意味する。注目すべき点は,産出量がq^lである場合である。このケースでは,(a)図において総費用曲線の接線の傾きは平均費用曲線の傾きと同一であり,したがって,$AC^l = MC^l$が成立する。つまり,(b)図においてq^lで

平均費用曲線と限界費用曲線が交差するのである。

交通経済学における費用の考え方

以上，経済学ではきわめて抽象化されたレベルで費用が整理されているが，これに対し交通経済学では具体的な事例を考慮して費用がまとめられる場合がある。その代表的な例は，費用曲線の滑らかさに関するものである。

交通経済学では時として図3-2に示されるような滑らかではない総費用関数が想定されることがある。例えば鉄道の場合，輸送能力の大枠は線路の容量で決定される。まず単線から出発し，単線での輸送能力が限界に達すると（単線のもとで設定できる列車本数には限りがある），次の段階は複線の線路が必要になる。そしてその次は複々線である。当然ながら，単線と複線，複線と複々線では費用の構造が大きく異なる。各段階の限界点で費用に「飛び」が発生するわけである。

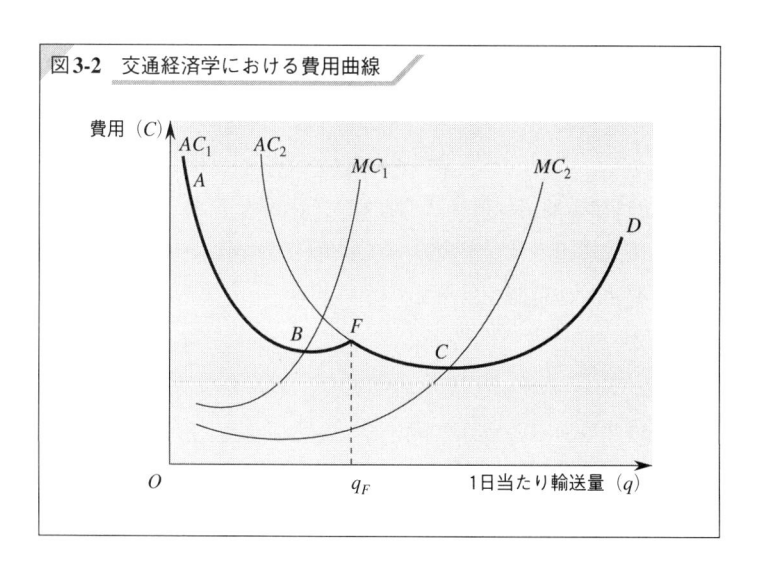

図3-2 交通経済学における費用曲線

1 費用概念の整理

図3-2では，単線の場合の平均費用曲線がAC_1，複線の場合の平均費用曲線がAC_2で示されている。それぞれに対応する限界費用曲線はMC_1, MC_2であり，平均費用曲線の最低点を通る。輸送量が少ない場合，単線のAC_1が最低の平均費用を示すが，輸送量がq_Fを超えると，複線の平均費用AC_2の方が小さい。平均費用が小さいという観点からすれば，この輸送量以上であれば複線が望ましいことになる。したがって，この鉄道の平均費用は，太線で示した曲線$ABFCD$で示される特殊な形状をしたものとなる。

鉄道の線増を念頭に置いた図3-2のような平均費用曲線は，本節の冒頭で述べた費用の長期と短期の区別からすれば長期費用曲線に分類される。これは，線路の本数という施設容量を可変として考慮していることから明らかである。前項で経済学における費用の概念を述べた際，施設容量は(3.2)式のkとして固定的に考えられていた。すなわち，図3-1(b)で示された費用曲線は短期費用曲線であり，ここでの線路容量を可変とするケースとは若干性格が異なっている。ただし，ミクロ経済学の代表的なテキストでは，長期において施設容量は連続的に変化させることができるととらえられ，そのために長期の総費用曲線，平均費用曲線も図3-1(b)と同様に形状の滑らかな曲線として描かれる。▼1 鉄道のケースは，施設規模の微少な調節が不可能なケースであり，その意味では，経済学の長期費用概念の若干特殊なケースとして扱うことができる。

図3-2のような形状の費用曲線の場合，規模の経済という概念は若干曖昧である。施設を固定して短期の規模に関する収穫を議論するならば，単線の場合AC_1とMC_1が交わるB点（すなわちAC_1の最低点）までは規模の経済が存在すると考えられ，その後F点

までは規模の不経済となる。しかし、Fより産出量が大きい段階では、平均費用曲線はAC_2上になるわけである。一方、長期費用に関する規模の経済を言う場合には、このような判断を下すことができない。平均費用曲線$ABFCD$は部分的に規模の経済を示し、部分的に規模の不経済を示す。その意味で、鉄道のような不分割性のある施設を使用した産業の場合、その施設の効果を念頭に置いた費用曲線についての規模の経済性は複雑になる。

また、交通経済学の費用分析においては、費用の帰属の決定可能性や生産量の追加・削減との対応にも注目することがある。費用の帰属の観点からは、総費用を直接費（direct cost）と間接費（indirect cost）に分けて考える。ここで、直接費とは、原材料費などサービスの生産に応じて投入された生産要素の費用を指し、経済学の概念では可変費に近い。これに対し、間接費は生産設備など特定のサービスの生産に直接結びつかない費用を指し、固定費に近い。また、共通費（common or overhead cost）と個別費（individual cost）という分類法も存在する。これについて詳しくは第3節で述べるが、1つの企業が複数のサービスを提供する場合、複数のサービスにまたがって発生する費用が共通費であり、逆に特定の1つのサービスでのみ発生する費用が個別費に分類される。

一方、特定の産出物について追加・削減という視点から費用を分類するものとして、増分費用（incremental cost）と埋没費用（sunk cost）、回避可能費用（avoidable or escapable cost）と回避不能費用（unavoidable or inescapable cost）がある。増分費用とは、現在何らかの財・サービスを生産している企業が、追加的な財・サービスの生産を行う際に発生する費用である。上で述べた直接

費・個別費は当然増分費用であり，それが増分費用の中心であるが，間接費の中にも新たなサービスの生産によって増加する部分があるかもしれず[2]，その場合，増分費用は直接費・個別の範囲を超えることになる。回避可能費用は，増分費用を反対からみた場合であり，現在生産している財・サービスの生産をやめた場合に削減できる費用である。これに対し，埋没費用・回避不能費用は，何らかの財・サービスの生産をやめてもなお発生し続ける費用を指している。なお，回避可能費用については，第3節で再度検討する。

このように交通経済学ではさまざまな費用概念があり，分析の内容に応じて使い分ける。この点には若干の注意が必要である。

費用概念の整理の最後にあたり，生産量と供給量の違いについて付言したい。一般の経済学では，ほとんどのケースで両者は同じものとして使われるが，交通経済学では異なっている。生産量は実際に生産した量を指すのに対し，供給量は提供したサービスの量を指す。具体的に言えば，520人乗りの飛行機に415人の乗客が搭乗している場合，520人は供給量であり，415人は生産量となる。520人分の415人，すなわち80％が，この飛行機の稼働率もしくは積載効率で，航空の場合にはこの値をロード・ファクター（load factor）と呼ぶ[3]。上述のように，供給にかかる費用は供給を行うために実際に投入した生産要素の量によって決定されるから，交通経済学においては，経済学における生産量の代わりに供給量をとるほうがより現実的ということができる。なお供給量を表す単位として，輸送した人数やトン数に代えて，列車キロ（1列車×1km），車両キロ（1車両×1km），台マイル（1台×1マイル），座席キロ（1座席×1km）といった供給単位と距離の積で表

したり，TEU（20フィートコンテナ1個）といった容積を考慮した数え方がある。

notes ●●●●●●●

▼1 より正確には，微少に調節可能な施設規模に応じた無数の短期費用曲線の包絡線が長期の費用曲線になる。
▼2 例えば管理部門の業務が手一杯で新たに1人の人を雇わなくてはならないが，その人間が新しいサービスのみの業務をするわけではない場合など。
▼3 同様の概念は輸送機関によって呼び名が異なる。例えば，鉄道やバスでは「乗車率」（乗車定員分の乗車人員）であり，特に鉄道の混雑を意識して表現する際には「混雑率」（定義は同じ）が用いられる。内航海運の場合には「消席率」（搭載可能トン数分の輸送トン数）であり，タクシーでは「実車率」（総走行距離分の乗客を乗せて走った距離）が近い概念である。

2 規模の経済

　前節では経済学の一般的な費用概念と交通経済学における費用概念を整理した。特に費用に注目して分析する目的は，それが公的政策の面で基礎的な情報を与えてくれるからにほかならない。第1章で示したように，交通部門は政府の公的規制が広範に行われてきたが，自然独占のように産業の費用特性が公的規制のあり方を決定するのである。

　産業規制政策において費用の情報が必須とされるのは，直接的には次章で検討する運賃・料金規制の側面であるが，これも第1章で示したように，そもそも公的主体が特定の産業に公的規制を加えるべきかどうかから考える必要がある。この公的規制の根拠が存在するのかどうかについては，対象となる企業ないし産業の

費用の構造が出発点である。

本節では、トラック輸送産業を例に引いて規模の経済の問題を考える。近年の経済理論において自然独占の問題はより一般的な概念である費用の劣加法性としてとらえられる（☞130ページ）が、規模の経済はその基礎となるものであり直感的な理解が可能である。

トラック事業の規模と費用水準

表3-1は「区域トラック」の、表3-2は「路線トラック」の1台キロ当たりの営業費用を事業者の規模別に示したものである。表3-1, 3-2のデータは古いものであるが、ここでは事例として用いる。

「区域トラック」，「路線トラック」という区別は、1990年に「貨物自動車運送事業法」と「貨物運送取扱事業法」の物流2法が施行される以前、トラック事業を規制していた「道路運送法」による事業区分である。区域トラックは、免許を受けた地域内発地・着地を持つ貨物を主として貸切りで輸送を行う事業者、路線トラックは、時刻表に従って定期的に路線運行する主として混載の輸送事業を指す。引越しの輸送は前者、宅配便は後者にあたる。

表3-1および表3-2に注目すると、若干の例外はあるが、ある種の傾向を読み取ることができる。両表で、太字で表されているのは各年の中で一番小さい数字、斜字は一番大きい数字である。この統計によれば、区域トラック事業では、おおむね1社当たり21台から50台のトラックを保有する事業者が1台キロ当たりの営業費用が最も安く、台数が増えるにつれて高くなる。逆に、路線トラック事業では、1社当たり21台未満の事業者で一番高く、台数が増えるにつれて安くなり、300台以上の事業者で一番安く

表3-1 旧区域トラックの1台キロ当たりの営業費用（円）

●事業者当たりの保有トラック数

	1台〜	21台〜	51台〜	101台〜	300台〜
1977年	207.3	**176.3**	179.7	199.5	*221.5*
1978年	186.5	**166.9**	197.8	207.2	*231.5*
1979年	201.6	**192.4**	209.9	228.4	*240.5*
1980年	**214.5**	229.6	227.8	243.6	*252.7*

表3-2 旧路線トラックの1台キロ当たりの営業費用（円）

●事業者当たりの保有トラック数

	1台〜	21台〜	51台〜	101台〜	300台〜
1977年	391.2	325.4	*434.1*	345.2	**313.5**
1978年	*419.5*	357.2	411.5	361.0	**331.1**
1979年	*443.2*	387.9	429.9	404.1	**366.5**
1980年	*474.7*	405.6	451.9	436.0	**384.4**

なっている。おおざっぱな言い方をすれば，区域事業では零細事業者が，路線事業では大規模事業者が効率的ということになるであろう。

いま，路線トラックに注目すると，この事業では「規模の経済性」が存在すると考えられる。「規模の経済」については前節でも簡単に述べたが，その厳密な定義は後ですることにして，まずはその理由を検討しよう。

路線トラックの典型的な運営形態は，宅配便のように，不特定多数の荷主から集荷して，ターミナルで目的地別に仕分けして大型トラックに混載，目的地のターミナルまで輸送し，不特定多数の荷受人に対して配達する事業である。したがって，この種の事業を営むには大きなトラック・ターミナルが必要であり，多くの顧客の要望に応えるためには，全国規模の大きなネットワークも

不可欠である。そのため資本力のある大企業が全国に自前のターミナルを建設して，多くのトラックを使って輸送しなければ非効率であると考えられる。もちろん数社で共同してターミナルを建設し，共同でネットワークを形成することも可能だが（宅配便事業者には実際にこの形式の営業を行っているものもある），一体的な組織による運行のメリットも大きく，単純に考えれば，ターミナルの許容量までトラックの台数が増えればターミナルが有効利用されると考えられる。

それに対し，区域事業では特定の発地から目的地までの直行の貸切輸送であり，ターミナルを必要としない。営業所にトラックを置き，荷主の求めに応じてサービスの提供がなされる。事務所機能を別として，極端に言えば，トラックが1台増えればトラック1台分の生産量が増えるだけである。要するに，ネットワークの必要性が路線トラックの規模の経済を支え，その必要がない区域トラックの場合には，規模の経済が生じる可能性は低いと言えるのである。

以上，トラック事業の生のデータから規模の経済の「輪郭」を検討した。以下では，若干分析的に規模の経済を考える。

収穫逓増と規模の経済

前節において，経済学で想定される標準的なU字型の平均費用曲線において，平均費用の最低点より左側（産出量が少ない部分）では規模の経済が働き，右側（産出量の多い部分）では規模の不経済が働いていると述べた。その根拠は，若干曖昧な表現であるが，例えば固定されたプラントに労働者を投入する場合，初期には投入量以上に生産量が増大するが，ある点（平均費用の最低点）以上になると生産量が伸びないという状況をあげた。このことをより一般的に

表現すると以下のようになる。

　まず，生産量をq，その生産のために投入される生産要素（労働，資本等）をx_iとする。ここで，生産要素は2種類だけである（したがって，$i=1, 2$）とする。この仮定によっても一般性は損なわれない。このとき，次のような生産関数が定義できる。

$$q = f(x_1, x_2) \tag{3.5}$$

この式は，前節の生産関数（(3.1)式）を簡単化したものである。生産に関する規模の経済を一般的に述べれば，生産要素を増大させたときに生産量がその増大の割合以上に増加するかどうかであるから，このことを明確にするために各生産要素をt倍すると想定し，次のような状態を考えよう。

$$t^\varepsilon q = f(tx_1, tx_2) \tag{3.6}$$

(3.6)式のように示される生産関数は，ε次同次の生産関数と呼ばれる。(3.6)式の左辺は，投入要素をt倍した場合，産出量がどのようになるかを示しており，εの値によりそれは（正の範囲内で）どのような値もとりうる。最も簡単なのは$\varepsilon=1$のケースであり，(3.6)式は生産要素をt倍すると産出量もt倍になることを示す。$\varepsilon>1$ならば$t^\varepsilon>t$であるから，産出量はt倍以上になる。つまり，規模に関して収穫は逓増するのである。これに対し，$0<\varepsilon<1$ならば$t^\varepsilon<t$であり，規模に関して収穫逓減，規模の不経済が生じていることになる。以上をまとめれば次のようになる。

　ε次同次の生産関数において，

　　　$\varepsilon=1$ならば，規模に関する収穫一定

　　　$\varepsilon>1$ならば，規模に関する収穫逓増

　　　$0<\varepsilon<1$ならば，規模に関する収穫逓減

である。[4]

規模に関する収穫逓増（逓減）は生産要素投入量と生産量との関係を述べたものであるが，この関係は産出量と費用との関係である「規模の経済」に直接結びつくことが知られている。これは，前節 (3.4)式で述べた総費用関数 $C(q) = \phi(q) + k$ において，「産出量に関する総費用の弾力性」を，

$$E_C = \left(\frac{dC}{C}\right) \bigg/ \left(\frac{dq}{q}\right) \tag{3.7}$$

と定義することによって示される[5]。つまり，(3.7)式において，$E_C = 1$ であれば費用は生産量と同じ割合で増加するのであり，平均費用は一定すなわち規模の経済はない。これに対し，$E_C < 1$ ならば生産量の伸びに比べ総費用の増加割合が小さいのであるから平均費用は逓減，すなわち規模の経済が存在し，$E_C > 1$ ならばその逆で規模の不経済が存在する。

　次に，前項でみたトラック輸送の規模の経済について以上の議論に即して検討する。そのために，特定化された費用関数，

$$C = a \times Y^b \tag{3.8}$$

を考える。(3.8)式において，C は総費用，Y は車両キロまたはトン数で測った生産量である。この形式の関数は対数線形と呼ばれ，右辺 Y の指数 b は生産量に関する総費用の弾力性（上の E_C）になる。このことは，第 2 章においてすでに示したが，再度示せば次のようになる。

(3.8)式の両辺の自然対数をとると，

$$\ln C = \ln(a \times Y^b)$$
$$= \ln a + b \ln Y$$
$$= A + b \ln Y$$

となる（ただし，$A = \ln a$）。いま，$\ln C$，$\ln Y$ をそれぞれ 1 つの変数と

表3-3　トラック事業における生産量に関する費用の弾力性

	区域トラック			路線トラック		
	bの値	t値	R^2	bの値	t値	R^2
車両キロ	1.1537	2.56	0.97	0.9349	2.25	0.97
トン数	1.0405	3.26	0.98	0.7779	2.27	0.97

考えて(例えば,$c = \ln C$,$y = \ln Y$),$\ln C$を$\ln Y$で微分すると,

$$\frac{dc}{dy} = \frac{d(\ln C)}{d(\ln Y)} = b$$

となる。ところで,対数関数の微分の公式より,$dc/dC = d(\ln C)/dC = 1/C$,$dy/dY = d(\ln Y)/dY = 1/Y$,であるから,$d(\ln C) = dC/C$,$d(\ln Y) = dY/Y$となる。この関係を上の式に代入すると,

$$\frac{d(\ln C)}{d(\ln Y)} = \left(\frac{dC}{C}\right) \bigg/ \left(\frac{dY}{Y}\right) = b$$

となり,bが生産量に関する総費用の弾力性であることがわかる。

さて,(3.8)式に対し実際のデータを当てはめ,最小二乗法によりbの値を求めた結果を**表3-3**に示す。ここでは,区域トラックと路線トラックが別々に推定されている。また,産出量について走行車両キロとトン数がとられている。

表3-3におけるbの値に注目すると,区域トラックでは,生産量の単位として車両キロをとった場合でもトン数をとった場合でも1を超えている。それに対し,路線トラックでは,どちらの値も1を下回っている。上述のように,bは生産量に対する総費用の弾力性を示すから,bの値が1を下回っていれば生産量が増えても費用は生産量ほどには増えないことを,上回っていれば費用は生産量の伸び以上に増えることを意味する。したがって,区域

トラックでは規模が拡大するにつれ費用が逓増するのに対し，路線トラックでは規模が拡大するにつれ，程度は小さいが費用が逓減していることがわかる。

過去の交通経済の研究事例によれば，区域トラック，バス，タクシーなどの道路交通では直感的に予測できるとおり，大きな規模の経済は観測されていない。ここで取り上げた旧路線トラック事業では規模の経済につながる傍証が示されたが，それは免許制による参入規制と運賃認可制による価格規制を正当化するほどのものではない。

規模の経済の存在について最も激しい議論があったのが，航空産業である。道路輸送と異なり航空産業は航空機という比較的資本集約的な装置を必要とする。そのために規模の経済の存在が主張されたことがある。これに対し，航空産業に産業組織論的分析を加えた古典的な R. ケイブスの研究は，アメリカの航空会社のクロスセクション・データから，航空会社の平均費用は生産量が小さい段階で最小最適規模に達し，その後は規模に関して収穫一定の傾向を示すと論じ，それが1960年代から70年代にかけての航空規制緩和論の台頭に結びついた。▼6

| 規模の経済，自然独占，コンテスタブル・マーケットの理論 |

繰り返し述べているように，ある産業において規模の経済が観測されるかどうかは，その産業に対する公的規制のあり方に影響する。交通産業における公的規制は鉄道事業における自然独占性から出発しており，規模の経済あるいはそのポーラー・ケースとして示される自然独占の可能性の有無が公的規制の必要性の根拠となると指摘されてきた。ただし，注意すべき点は，規模の経済と自然独占とは必ずしも一致する概念ではないことである。

図3-3 規模の経済と自然独占

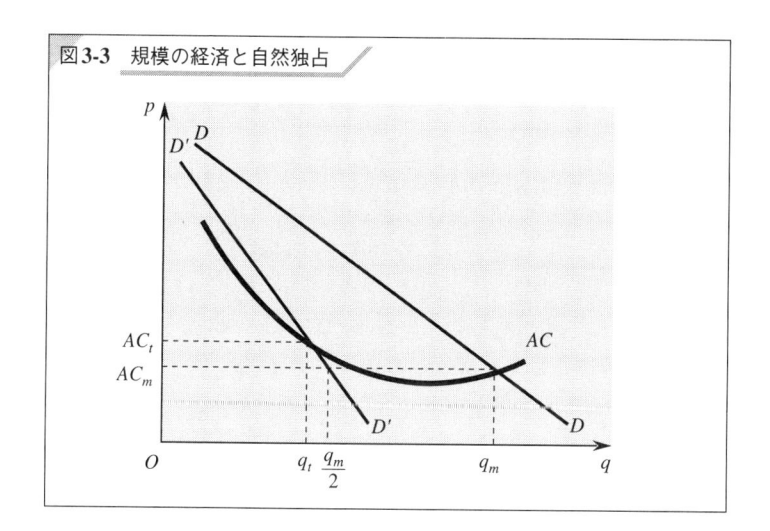

自然独占は市場全体の需要規模との関係で定義されるのであり、規模の経済は必ずしも自然独占には結びつかない。

図3-3では、市場全体の需要曲線がDD、その需要曲線を横軸方向に2分の1にした需要曲線が$D'D'$、企業の平均費用曲線がACによって示されている。$D'D'$がDDの横軸方向に2分の1とは、縦軸からの距離（生産量）が2分の1であるという意味であり、例えば、図のAC_mという水準では、DDとAC_mの交点の生産量がq_mであれば、$D'D'$とAC_mの交点の生産量は$q_m/2$になる。また、この市場では、企業はすべて同一の費用関数を持っており、財の質も同質であると仮定する。すなわち企業の平均費用曲線はすべてについて図のACであり、製品の差別化による顧客の囲い込みは存在しないのである。

以上のような仮定のもとでは、図3-3の市場は結果的に独占になる。なぜなら、かりに2社が価格競争をしたとしてもどちらか

1社が常に相手より低い価格を提示して顧客をすべて奪うことができるからである。いま，企業が2社あるとすると，各企業にとっての需要曲線は$D'D'$であり，かりに平均費用に等しい価格が付けられればその水準はAC_tである。しかし，2社のうちどちらか一方はAC_t以下の価格を提示して，顧客をすべて奪うことが可能である。結果的に，どちらか1社がq_mの需要量を獲得することができる，すなわち自然独占になるのである。第1章において「破滅的競争」として言及したプロセスである。

以上のケースの費用水準を比べてみよう。1社の場合の生産量と平均費用水準の組合せは（q_m, AC_m），これに対し2社が存立するとすれば（$q_t \times 2 < q_m$, AC_t）である。いま，平均費用に等しい価格が付けられると考えれば，独占のほうが生産量（すなわち消費量）は大きく，価格は低くなる。社会的に見ても，図3-3のようなケースでは1社に独占を許し適切な価格規制を行うことが望ましいことになる。第1章で述べた自然独占による公的規制の根拠である。

ところで，この際，生産量q_mは，独占企業にとって平均費用の逓減状態ではないことに注意されたい。図3-3では，生産量q_tを越えても平均費用は逓減しているが，やがて最低点を越えて平均費用は逓増状態になる。生産量q_mは平均費用が逓増状態で需要曲線と交わっている。つまり，図のようなケースでは，自然独占は規模の経済が働いていない状態でも生じうるのであり，重要な点は2社以上で生産するよりも1社で生産したほうが費用が小さいことである。このような点を考慮して，自然独占は一般に「費用関数の劣加法性」（sub-additivity of cost function）によって定義される。費用の劣加法性とは，ある市場全体の生産量をQとす

れば，この Q をいくつかに分けて生産するよりも一括して生産したほうが，総費用が低くなることである。いま，$Q = \sum_{i=1}^{n} q_i$，総費用関数を $C = C(\cdot)$ とするとき，

$$C\left(\sum_{i=1}^{n} q_i\right) \leq \sum_{i=1}^{n} C(q_i) \tag{3.9}$$

という式によって表される。ここで，n は2以上の正数である。(3.9)式が自然独占の基本的条件である。

自然独占が成立するケースでは，伝統的に政府は免許等の公的規制によって独占を保証する一方，価格を規制することによって独占者の超過利潤の抑制と消費者の保護を図ることが適切であるとされてきた。第1章で述べた自然独占を根拠とする公的規制の必要性である。政府による参入規制に加えてどのように価格規制を行うべきかが問題となるが，これについては第4章および第5章で実態面，理論面からの整理を行う。

次に，自然独占が成立している状態を前提として，独占者がどのような行動をするかを考えてみよう。ミクロ経済学の教科書では独占企業も当然利潤を極大にするよう行動すると考えられるから，価格についての何らの規制もなければ，独占者は市場の需要条件を考慮して利潤が極大になるように行動する。すなわち，限界費用と限界収入が一致するように生産量をコントロールし，それによって成立する独占価格によって独占利潤を得るのである。しかし，単純に考えれば，そのような超過利潤が発生している状態であれば，他の企業もその利潤を求めて参入しようとするかもしれない。そして，その新規参入の行動は独占企業にも当然影響を及ぼすはずである。

通常，自然独占が成立する事業は，鉄道や電気事業のように初期投資が大きく，需要規模との関係で見て大きな規模の経済が働

く産業であると考えられてきた。規模の経済と自然独占との関係が必ずしもイコールでないことはすでに見たとおりであるが、いずれにしても新規参入がかなりむずかしい産業ととらえられてきた。しかし、新規参入がむずかしいという条件をはずしてみると別の推論が成り立つ。かりに先発企業が自然独占を形成していても、別の企業の新規参入が比較的容易であれば、先発企業は限界収入＝限界費用という独占者の利潤極大条件を貫くことはできない。なぜなら、新規参入者が独占価格よりも低い価格で参入し需要をすべて奪ってしまうことになるからである。新規参入が自由に行われる状況において、先発企業が自らの独占状態を維持しようとすれば、独占価格を設定するのではなく、新規企業が参入できないような価格を付けざるをえない。それはどの水準か。答えは図3-3におけるAC_mの水準になる。これより低い価格では企業は赤字となり存立できず、また、これより高い価格なら超過利潤を得るが新規参入者に需要を奪われることになり、独占を維持できないからである。

　以上述べてきたように、たとえ自然独占が成立しても、新規参入がきわめて容易な状況では、独占者が独占という市場構造を維持しようとすれば、新規参入を阻止するために超過利潤を得ることができないような価格を付けざるをえなくなる。この場合、新規参入は実際に行われなくても、潜在的参入者が参入の脅威を与え続ければよい。これが1970年代末から主張されるようになった、「コンテスタブル・マーケットの理論」である。第1章では、コンテスタブル・マーケットの条件として、埋没費用がなく新規参入者がヒット・エンド・ラン戦略を採ることが可能なことを指摘した。この条件は、より詳しくは次のようになる。

①企業は同質な財を生産する。
②潜在的参入者が既存企業に対して可能な限り強力であり,既存企業に対して等しい制約となる。
③潜在的参入者の参入には,まったく不利が伴わず,参入・退出に関して完全に摩擦がない。
④埋没費用,先入者の利得,情報の非対称性,戦略的な行動等が役割を演じない。
⑤潜在的参入者は,既存企業の価格より少しだけ低い価格をつけることによって市場の需要量の範囲内で好きなだけ財を売ることができる。

多くの条件は説明を要さないと思われるが,④の先入者の利得とは,先発企業が先発であるがゆえに市場で形成しえた有利な条件であり,例えば顧客との間に特殊な取引関係を築くことなどが考えられる。また,戦略的な行動とは,新規参入を阻止するため,あるいは参入者を市場から排除するために,一時的に価格を引き下げたりするような行動である。

コンテスタブル・マーケットの理論は,ある意味でミクロ経済理論,とりわけ市場競争理論の拡張である。第1章でも述べたように,コンテスタビリティー理論は1970年代から80年代にかけて大胆な規制緩和が行われたアメリカの航空産業,電気通信産業をモデルとして構築されたものである。この理論に従えば,かりに市場がコンテスタブルであると認められれば,公的規制によって独占を許容し価格を規制するという手続きは必要がなくなる。規制緩和が正当化されるのである。ただし,上で列挙したようにそれが成立する条件は厳しく,現実の政策判断においてどのように判断すべきかは,客観的かつ科学的な分析と議論が必要である。▼7

規模の経済と範囲の経済

以上，規模の経済について論じた。伝統的な経済理論では，生産量と費用との関係，あるいは要素投入量と生産量との関係で規模の経済が論じられる。この際，産出量は1つの変数として扱われている。これに対し，現実の企業をみると，単一生産物のケースはむしろ稀で，多くの場合，複数の財・サービスを生産しているのが一般的である。交通産業においても，例えば鉄道は旅客輸送と貨物輸送という明らかに異なったサービスを同一の線路を用いて生産する場合が多い（わが国では，国鉄の分割民営にともなって旅客会社と貨物会社が分離されたが）。このような異なるサービスを生産するケースにおいて，規模の経済は何を意味するのだろうか。

この種の分析を行うのは主として産業組織論である。伝統的な産業組織論は1960年代に確立したが，70年代後半からはいわば「新産業組織論」が発展した。それまでの産業組織論が，市場構造，市場行動，市場成果というフレームワークを用いて，現実のデータを積み重ねて分析するという立場をとっていたのに対し，新産業組織論は，ミクロ経済学に基づいて産業分析をより理論的に行おうとする立場である。この新産業組織論の中で，大きく発展したのが複数生産物に関する理論であった。実は，上述のコンテスタブル・マーケットの理論も，このような研究から生まれたものである。

新産業組織論において規模の経済は，複数生産物について企業の費用の形状がどのようになるかの問題として扱われている。単一生産物の規模の経済に近い概念として，例えば生産される複数財の比率を一定とした場合に総費用はどのような形状になるかと

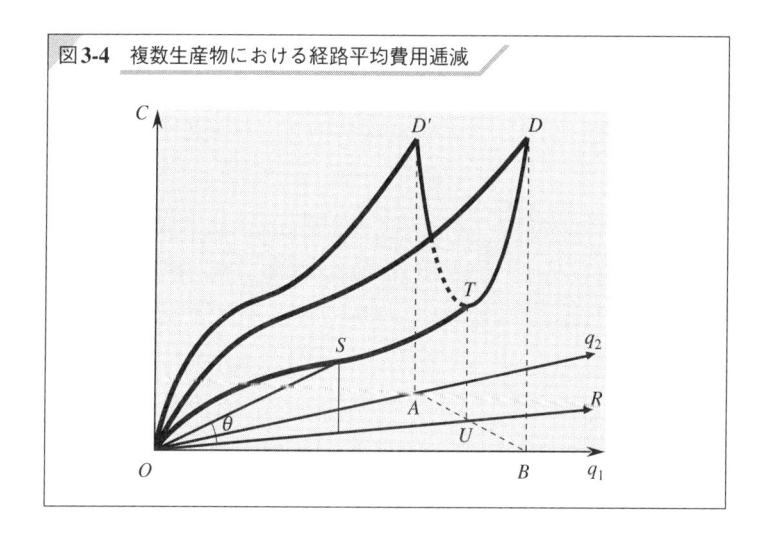

図3-4 複数生産物における経路平均費用逓減

いうとらえ方が可能である。図3-4では，底になる面に第1財（q_1）と第2財（q_2）が見積もられ，その面に垂直に総費用（C）が縦軸に見積もられている。複数生産物の生産量の比を一定に保つとは，それぞれの生産量を原点からq_1-q_2平面上に伸びた半直線にあるものと仮定することであり，図3-4では，半直線ORによって示される。一方，図において総費用は原点Oから右上に拡がる平面（ODD'）によって示される。総費用平面が図に示されている形状ならば，この半直線OR上で生産を拡大することによって，その生産比率での平均費用は逓減することになる。図3-4では，半直線OR上の1点から費用平面上のS点に垂線が立てられている。このS点と原点を結ぶ直線の角θは，通常の総費用で平均費用を求めるのと同じように，生産比率を固定した場合の平均費用ととらえられる。この図では，角θは半直線OR上で生産を拡大するほど小さくなることがわかる。総費用平面がこのような形状にあ

2 規模の経済

るとき,「経路平均費用逓減」(decreasing ray-average cost) と呼ばれる。これはある種の規模の経済と考えることもできる。もちろん,経路平均費用は,費用曲面の形状によって逓増することもありうる。

複数生産物の費用の形状としてより重要なのは,「範囲の経済」(economies of scope) と呼ばれるものである。範囲の経済の概念を簡単に述べれば,複数の財・サービスを一括して生産する場合に得られる経済性ということになる。式で表現すれば,もし,第1財と第2財の産出量の組合せ (q_1, q_2) に関する費用関数が次のような関係にあるとき,範囲の経済が存在すると言われる。

$$C(q_1, q_2) < C(0, q_2) + C(q_1, 0)$$

この式の不等号が反対の向きであれば,範囲の不経済である。

範囲の経済は,q_1,q_2 という産出量を1社で生産する場合と,複数社に分けて生産する場合の費用の属性を示すものである。交通産業の複数生産物として容易に思いつくのは,しばしば言及している鉄道の貨物輸送と旅客輸送であり,交通経済学の実証研究において,両者について範囲の経済が存在するか否かが研究されている。1980年代から90年代の研究によれば,両者の間に範囲の経済はほとんど存在しないか,逆に直感に反して,範囲の不経済が存在することが示されている。[8]

ネットワークにおける密度の経済とサイズの経済

交通産業の中にはネットワークで供給が行われるものが多い。鉄道,航空,路線トラック等がこれにあたる。ネットワークをどのように形成するかは,企業にとって重要な意思決定要因である。例えば,航空の場合,アメリカで1978年に規制緩和が実施されてから航空会社がとった戦略は,ハブ・アンド・スポー

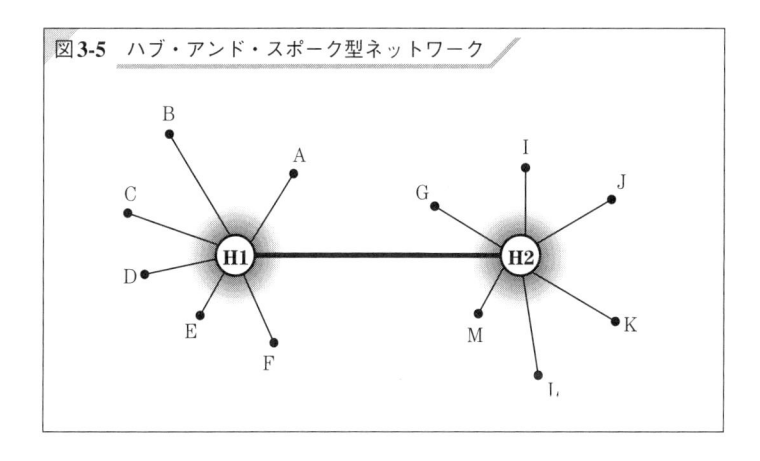

図3-5 ハブ・アンド・スポーク型ネットワーク

ク型のネットワークの形成であった。[9] ハブ・アンド・スポーク型ネットワークとは，車輪の中心にあたるハブに路線を集中する形式である。その概念図が図3-5に示されている。図3-5において，空港H1およびH2はハブ空港である。路線はハブ空港を中心に放射状に形成され，H1がA空港からF空港までを，H2がG空港およびI空港からM空港までを結んでおり（それぞれの路線がスポークである），H1とH2の間には幹線にあたる路線が設定されている。このようなネットワークでは，このネットワークに存在する14の都市すべてに路線が提供され，利用者は乗換えをいとわなければ，すべての都市からすべての都市にネットワーク上で移動が可能である。例えば，AからMまで移動しようとする利用者は，たとえA-M間に直行路線が設定されていなくとも，H1，H2で2度乗り換えることによって移動可能である。

ハブ・アンド・スポーク型ネットワークは，規制緩和後，アメリカの航空会社が全米をカバーするネットワークをできるだけ安価に構築するために急速に普及した。ネットワークの大きさ，つ

2 規模の経済

まり全米をいかにカバーしているかが顧客にとっての魅力になるからである。ところで、図3-5のH1, H2を含む14都市すべてに直行便でネットワークを張ろうとすると、全部で91路線が必要になる。これに対しハブ・アンド・スポークでは、13路線で全都市をカバーできることになる。航空会社にとってこの費用節減効果はきわめて大きい。顧客にとっては乗換えの増加というマイナスが存在するが、特定の都市から1つのネットワークによって到達可能な都市が飛躍的に増えるというメリットがある。また、航空会社がハブ・アンド・スポークにより費用を削減すれば、競争が有効な限り、それに合わせて運賃が低下するというメリットもある。

このように、ネットワークをどのように形成するかは事業者にとって大きな経営上の要因であるが、公共政策の面からも、ネットワークのあり方によって事業者の費用がどのような影響を受けるかについては大きな関心事となる。例えば、2つの航空会社が合併を申し出た場合、合併することによって市場競争はどのような影響を受けるのか、合併が費用削減効果を持つのか、その効果は消費者に還元されるのか、それとも市場支配力が高まって消費者は高運賃などの弊害を被るのか。このような問題の判断には多方面からの詳細な情報が必要であるが、とりわけネットワークが費用に及ぼす影響についての情報はその中核になるであろう。

近年の交通経済学の研究において、ネットワークが費用に及ぼす効果として、「密度の経済」と「ネットワーク・サイズの経済」（以下では、サイズの経済と略す）が議論されている。両方の概念ともに、基本的には産出量の増加にともなって総費用がどのように変化するかを考察するものであるが、密度の経済とは、ネット

ワークのサイズを一定として産出量の増加が費用に及ぼす経済性であり，サイズの経済とは，その名のごとくネットワークのサイズが変化することを前提として，それとともに変化する産出量と費用との間の経済性である。

図3-6 (a) には基準となるネットワークと利用者数の概念図が示されている。[10] いま，ある航空会社が初期状態としてA, B, C, Dの4地点にサービスを供給し，年間120万人キロを輸送している。この状態から産出量（＝輸送量）が30万人キロ（25％）増加することを考えよう。増加の仕方は2つある。第1は，ネットワークのサイズは一定で各路線の輸送人キロが25％増加するケース。これは同図の (b) に示されている。ここでは簡単のために各路線ともに25％増加すると想定されているが，路線間でどのような割合でもよい。このような増加によって，平均費用が低下するとすれば，それは密度の経済である。当然，輸送量が増加しても平均費用が一定ならば収穫不変，上昇すれば密度の不経済ということになる。

一方，輸送量の増加は当然ながら路線の拡大によっても達成される。図3-6 (c) に示されているように，この航空会社が新たに$A-E$間の路線を開設し，その輸送量が30万人キロであったとすれば，全体の輸送量はやはり25％増加したことになる。このようなネットワークの規模の変化をともなう輸送量の増大によって得られる費用への効果がサイズの経済であり，輸送量の増大によって平均費用が低下すればサイズの経済，一定であれば収穫不変，上昇すればサイズの不経済と呼ばれる。

密度の経済は直観的に理解しやすい。われわれが日常，満員電車で体験しているように，路線構成が不変で利用客が増加すれば，

図3-6 ネットワークにおける密度の経済とサイズの経済

(a) 初期状態

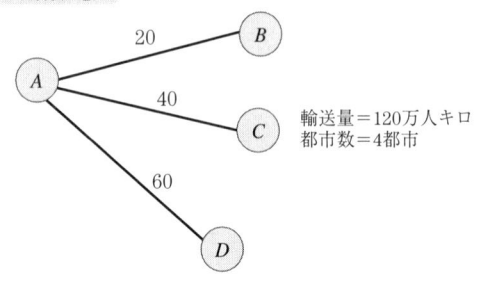

A—B 20
A—C 40
A—D 60

輸送量＝120万人キロ
都市数＝4都市

(b) ネットワーク・サイズを固定し密度が25％増加

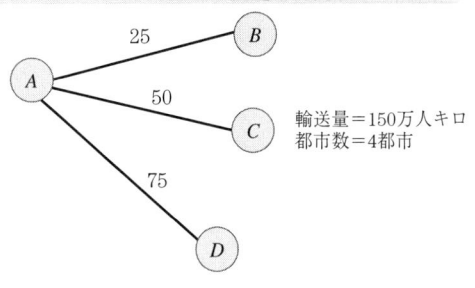

A—B 25
A—C 50
A—D 75

輸送量＝150万人キロ
都市数＝4都市

(c) ネットワーク・サイズが25％増加し，密度は一定

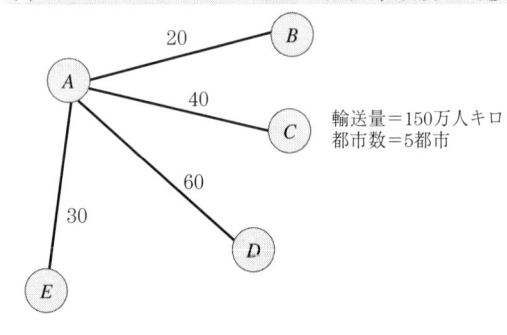

A—B 20
A—C 40
A—D 60
A—E 30

輸送量＝150万人キロ
都市数＝5都市

単位費用が低下することは容易にわかる。また，航空輸送では座席利用率の上昇は単位費用を低下させるであろう。ただし，利用客の増加にともなって，列車を増発したり航空機の便数を増加させたりしなければならないとすれば，それが単位費用の低下に結びつくかどうかは直観では判断しきれない。前節で紹介したように，交通の平均費用曲線は必ずしもなめらかではない。図3-2の平均費用曲線は単線から複線への線増のケースで説明したが，列車の増発・増便等についても同様の議論は可能である。したがって，全体としてどのような影響を受けるかは，計量経済学の手法を用いて判定する必要がある。

サイズの経済は密度の経済ほど予測が容易ではない。ネットワークが拡大すれば，当然それにともなって費用が増大することが考えられる。まず，鉄道の場合には路線の拡大は莫大な投資をともなう。航空輸送や旧路線トラックのように，空港や道路というインフラストラクチャーが公的に提供されていれば，新たに線路を引かなくてはならない鉄道とは違って，巨大な投資を必要とせずに新しい路線の開設が可能かもしれない。しかし，その場合でも密度の経済の場合と同様に，新しい機材やトラックを購入しなければならないかもしれないし，トラック輸送の場合には貨物取扱いターミナルの建設が必要になるかもしれない。一方，路線間にまたがって発生する共通の費用（共通費については後に詳しく述べる）が多く存在するなら，新しい路線の開設によって相応の輸送量が増加すれば，単位費用は低下する可能性が高い。

近年では，このような疑問に対して多くの研究が蓄積されている。その計量経済学による測定によれば，鉄道，道路貨物輸送，航空の大部分において，有意なサイズの経済は観測されないと結

論されている。一方，密度の経済については鉄道，航空において
その存在が指摘されるケースが多い。

----- notes -----

▼4 本文ではε次同次の関数を用いて説明したが，規模に関する収穫のあり方をより一般的に定義するには，「投入要素に関する生産量の弾力性」を用いる。この弾力性は

$$\eta \equiv \left(\frac{dq}{q}\right) \bigg/ \left(\frac{dx}{x}\right) \tag{N-1}$$

と定義される。ここで，dx/xは投入要素を増加させる比率であり，本文同様各生産要素が同じ割合で増加すると考えるから，$dx/x = dx_1/x_1 = dx_2/x_2 = (1-t)$である（$t$は本文で用いた$t$倍の意味である）。(N-1)式から直感的に理解できることは，$\eta = 1$なら規模に関する収穫一定，$\eta > 1$なら規模に関する収穫逓増，$\eta < 1$なら規模に関する収穫逓減である。

▼5 前節の(3.2)式において，投入要素を2種類とし，固定費kを無視すると，費用関数は次のように書ける。

$$C = w_1 x_1 + w_2 x_2 \tag{N-2}$$

(N-2)式の全導関数をとり変形すると，

$$dC = w_1 dx_1 + w_2 dx_2 = x_1 w_1 \frac{dx_1}{x_1} + x_2 w_2 \frac{dx_2}{x_2} \tag{N-3}$$

となる。前の注と同様に，$dx/x = dx_1/x_1 = dx_2/x_2 = (1-t)$とすると，(N-3)式は，

$$dC = \frac{dx}{x}(w_1 x_1 + w_2 x_2) = \frac{dx}{x} C \Rightarrow \frac{dC}{C} = \frac{dx}{x}$$

である。右端の式の両辺をdq/qで割ると，

$$\left(\frac{dC}{C}\right) \bigg/ \left(\frac{dq}{q}\right) = \left(\frac{dx}{x}\right) \bigg/ \left(\frac{dq}{q}\right) \Rightarrow E_C = \frac{1}{\eta}$$

が得られる。つまり，$E_C = 1$なら$\eta = 1$で平均費用一定ないし規模に関する収穫不変，$E_C < 1$なら$\eta > 1$で規模の経済ないし規模に関する収穫逓増，$E_C > 1$なら$\eta < 1$で規模の不経済ないし規模に関する収穫逓減である。

▼6 Caves（1962）．

▼7 航空産業におけるコンテスタブル・マーケットの理論については，増井・山内（1990）を参照されたい。

▼8 計量経済学の知識のある読者は，例えば，Kim（1987），pp. 733-

41，を参照。キムの研究では，規模の経済に関しては若干の経済性が認められるものの，旅客と貨物輸送の間には範囲の不経済が存在するとしている。なお，本節ではきわめて単純な費用関数を想定して議論してきたが，この種の費用分析にはトランスログ型の費用関数が用いられる。トランスログ型費用関数は，一般型の費用関数を2次の項まで対数の形でテイラー展開したものであり，高い柔軟性を示すことが知られている。詳しくは計量経済学の教科書を参照。ただし，範囲の経済についてはトランスログ型費用関数によって直接検証することはできない。

▼9　航空のハブ・アンド・スポーク型ネットワークは，規制緩和以前からデルタ航空がアトランタを中心に形成していたといわれる。また，物流のネットワークとしては，アメリカのUPS社が先駆である。しかし，ハブ・アンド・スポーク型ネットワークが大きな注目を浴びたのは航空規制緩和以降に全米のネットワーク形成のための戦略として採用されたことである。

▼10　以下の数値例は，Gómez-Ibáñez, Tye and Winston（1999），第3章からの引用である。

3 共通費の概念

結合費と共通費

　前節の最後に述べたように，1970年代後半以降，新産業組織論を中心に，応用ミクロ経済学の分野において複数生産物企業の分析が盛んになった。一方，交通の分野では，古くからこの問題が取り扱われてきた。これは，交通サービスの分析が鉄道を主たる対象としてきたことによるものである。

　鉄道はそれを1つの産業としてみた場合，いくつかの特徴をもっている。1つは資本設備が相対的に大きい巨大企業であるということであり，それが自然独占論に結びついたことも指摘したとおりである。経済学の観点からすれば，鉄道の独占という性格が

ミクロ経済分析の格好の対象となり,理論自体の発展に寄与した。また,経営の面からみれば,鉄道が産業として成立した1800年代の半ば(わが国では後半)当時,鉄道の資産規模は群を抜いており,その管理自体が株式会社経営の先駆となった。

鉄道のもう1つの特徴は,上述の旅客サービスと貨物サービスという明確に異なるサービスを一体的に供給していた点にある。もちろん,複数のサービスを提供していた産業は鉄道だけであったわけではないが,鉄道においてこの複数サービスが注目されたのは,そのコスト構造が比較的明確であったことによる。鉄道の旅客サービスと貨物サービスについてみると,両者は通路(具体的には線路とその下の用地等)を兼用するが,実際に利用者にサービスを提供するのは客車や貨車であり,旅客・貨物それぞれに固有の施設である。また,鉄道が自然独占の性格を備えていたことから,比較的早くから各国政府はその規制に乗り出した。公的規制の側面では,経済的な合理性だけでは割り切れない,例えば手続き的な公正や平等論議が必ず生じるのであり(旅客と貨物は時として利害対立を引き起こす),その観点からも複数のサービスの供給過程とその費用の帰着をどのようにとらえるかが重要なポイントになったものと思われる。

鉄道のケースのように,複数の財・サービスをとらえる古典的な分析で重要なのは,共通費と個別費の概念である。本章第1節で述べたように,ある企業が複数の財・サービスを提供する場合,複数の財・サービスにまたがって発生する費用が共通費であり,特定の財・サービスのみで発生するのが個別費である。鉄道の例では,線路やその基盤となる土地の費用などは共通費にあたり,旅客サービスと貨物サービスに分ければ,客車の費用は旅客サー

ビスの個別費，貨車の費用は貨物サービスの個別費になる。

　ところで，かつて，線路のように複数のサービスにまたがる費用は「共通費」ではなく，「結合費」であると主張した学者がいた。ハーバード大学の教授のタウシッグ (F. Taussig) であり，20世紀の初め，タウシッグとピグー (A. C. Pigou) の間で有名な論争が行われた。ここで，この論争の中身を簡単に振り返ってみる。

　タウシッグは1891年，*Quarterly Journal of Economics* という雑誌において，鉄道輸送の費用特性として，資本費も操業（営業）費も1つの企業が提供する質の異なる複数のサービス全体に不可分に発生しているのであり，全体で1つの生産をなしている，つまり結合生産 (joint production) であると主張した。ここで資本費とは，具体的には鉄道施設に関係する支払利子を指す。これらは，例えば旅客だけ，貨物だけにかかるものでも，石炭の輸送と銅の輸送のそれぞれにかかるものでもなく，すべての異質の輸送対象全体にかかっているのだというのが，彼の主張であり，したがって，それらは「共通費」ではなく「結合費」ということになる。さらに彼によれば，A地からB地を経てC地へ向かう荷物と，A地からB地へ向かう荷物が混載されるときの，A地からB地までも結合生産に当たる。このような議論の背景には，当時の鉄道運賃はサービスごとに運賃の幅が大きく，それをうまく説明する必要があったことがあげられる。タウシッグはその説明に「結合生産」の概念を持ち込んだのである。

　これに対し，厚生経済学者であったピグーは，その著『厚生経済学』(*Wealth and Welfare*, 1912) の中で，すべての費用を「結合費」にするのは適切でないと主張した。ピグーによれば，石炭と銅の輸送では，鉄道会社は輸送対象のいかんを問わずトンの輸

送のみを供給しているのであって，その1種類のサービスを銅の商人と石炭の商人に分割して1トン当たり違う運賃で売ったにすぎない。また，A地からB地までの輸送とA地からC地までの輸送は連動していない。さらに，昼間の旅客輸送と夜間の貨物輸送，A地からB地までとB地からC地までの輸送の需要は必然的に一緒に発生するものではないと述べている。したがって，すべてを「結合費」とするのは誤りであることになる。

それでは，「結合生産」とはいったい何だろうか。そこに2人の学者の解釈の差異がある。「結合生産」という言葉を経済学に初めて登場させたのは，19世紀イギリスの経済学者，ミル（J. S. Mill）である。ミルによれば，「結合生産」と言えるのは，Xの生産がYの生産を必然的にともなっており（したがって生産の比率は一定），かつ，XとYの需要は相互に独立している場合のみである。XとYの生産が固定的比率となる例として，羊毛と羊肉，小麦と麦わらが，可変的比率となる例として，ガスとコークス，ガソリンと灯油があげられている。この観点からすれば，結局，ピグーの主張はミルの主張により近いものであると考えられる。

その後，タウシッグとピグーの論争は次のように展開した。

まず，1913年にタウシッグは，同じ*Quarterly Journal of Economics*誌上で，ピグーに反論した。彼が「結合生産」と呼ぶのは，第1に，旅客と貨物など複数のサービスが経済的必然性に基づき不可分に結び付いていること，第2に，生産されるものが同一であっても，需要条件の違いから市場を分割することができること，に基づくものであると主張している。結合生産の第1の条件である経済的必然性は，しばしば「第二義的結合性」と呼ばれる。それは資本の有効活用という観点からの副産物であって，

原油からガソリンとアスファルトが取れるというような第一義的な，すなわち技術的・物理的必然性とは区別されるものだからである。第2の条件，需要条件の相違は主として運賃負担力と結び付く。例えば，同じ1トンの貨物を輸送するのでも，高価な家電製品と安価な新聞では負担できる運賃も違ってくるのである。

これに対し，ピグーは次のように述べている。「結合生産」は，本来，第一義的な意味での技術的・物理的必然性に由来するべきものであって，経済的必然性はあくまで二次的なもの，すなわち X の生産が Y の生産を「助成する」程度にすぎないとしている。一方，タウシッグの示した2番目の条件，すなわち需要条件の違いが「結合生産」であることを認める第2の条件になる点では，ピグーも同意している。

タウシッグとピグーの論争は，幾分ピグーに軍配が上がる形で終結したが，ここでは2人の意見の相違をはっきりと区別する意味で次のような言葉の使い分けを指摘しておく。すなわち，技術的必然性に基づき「結合生産」される場合に複数のサービスにまたがって発生する費用を「結合費」，それに対して経済的な合理的判断に基づいて「複合生産」される場合に発生する費用を「共通費」と呼ぶこととする。この考え方に従えば，鉄道産業における費用の多くは，旅客と貨物の関係のように経済的合理性に基づいて複数のサービスを提供していると考えられるので，タウシッグの指摘した「結合費」ではなく，「共通費」ということになる。

見かけ上の共通費と真の共通費

以上指摘したように，鉄道のように旅客と貨物というような第二義的結合のケースで発生する費用を「共通費」と呼ぶ。しかし，共通費の概念自体は，それほど単純なものではない。

図3-7では，ある鉄道会社が旅客と貨物の2つのサービスを提供していると考える。一番上の横棒は，この鉄道会社全体に発生する費用を表している。これは，旅客のみにかかる個別費と貨物のみにかかる個別費，および両方の部門にかかる共通費の総和である。

しかしながら，もしこの会社が貨物だけの営業に特化するか，あるいは旅客だけの営業に特化するとした場合，発生する費用は，それぞれの個別費と共通費の総和にはならない。旅客，貨物それぞれ単独で営業する場合に発生する費用は図の2番目と3番目のシャドーで示す部分となる可能性が大きい。このようなケースとして，次のような例が考えられる。

過去の鉄道では，旅客と貨物の混合列車が走っていた。いまかりに，機関車が客車と貨物車の両方を牽引し，そのために運転手と機関助手の2人が乗務していたとする。この場合，運転手と助手にかかる費用は旅客と貨物の共通費である。このようなケースで，もし貨物の営業をやめ，その場合運転手1人で旅客列車を運行できるとしたら，機関助手の費用は旅客の費用にすることはできない。ちょうどこの部分の費用が宙に浮いた形になる。この部分は共通費ではあるが，貨物の営業をやめたら回避できる費用と考えられる。そこで，この例で，貨物の個別費と機関助手の人件費のように，貨物の営業をやめたならば回避できる費用を合わせて，貨物の営業の「回避可能費用」と呼ぶこととする。同様に旅客営業についてもこのような回避可能費用の概念が存在する。したがって，旅客サービスだけを運行する場合の費用は，旅客部門の回避可能費用に，上の例の運転手の費用のようなどちらの部門にとっても回避することのできない回避不可能費用を合計したも

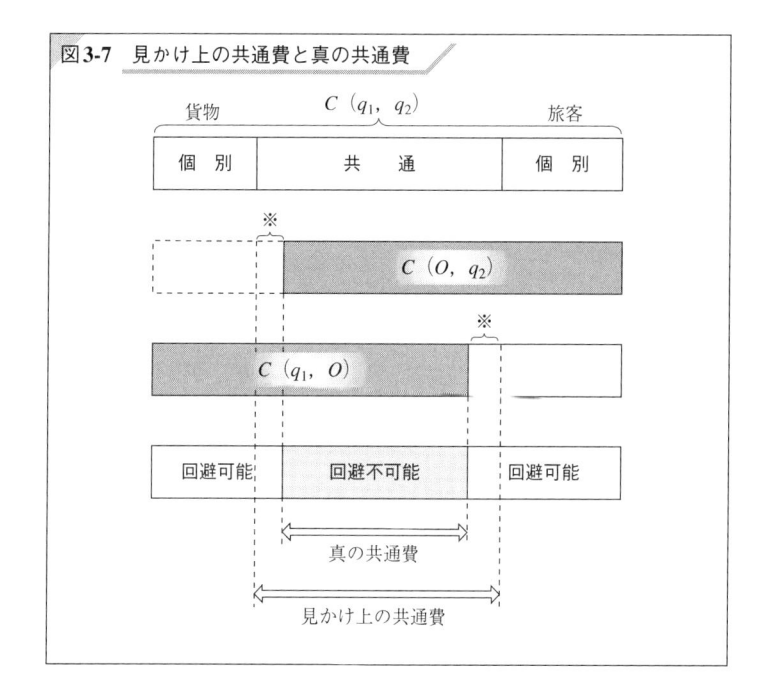

図3-7 見かけ上の共通費と真の共通費

貨物	$C(q_1, q_2)$	旅客
個 別	共　通	個 別

※　　　　　　　　　　　　　　　　　　　　　　　　　※

　　　　　$C(O, q_2)$

　　$C(q_1, O)$

| 回避可能 | 回避不可能 | 回避可能 |

　　　　　真の共通費
　　　見かけ上の共通費

のとなる。同様のことは貨物部門についても言える。このことを示したのが4番目の横棒である。

　以上より，会計学，特に原価計算において言われる「直課可能な」共通費が真の共通費であり，われわれがしばしば言う「共通費」は見かけ上の共通費ということになる。

　共通費の問題は，別の視点からもとらえられる。例えば，上の例で旅客営業だけに専念するならば機関車牽引の旅客列車を電車化して費用を削減できるとすればどうであろうか。この場合，短期的にはすぐに電車化できないので貨物部門の回避可能費用は上の例のとおりであるが，長期的に電車化によってさらに費用が低減されることから，貨物部門の回避可能費用はさらに大きいと考

えられる。つまり、短期と長期では回避可能費用は異なるのである。

最後に、共通費の会計処理方法の経済学的なまとめについて簡単に考察する。

会計的な視点から各部門の費用を見るためには、共通費をそのまま共通費としておくわけにはいかず、何らかの形で各部門に配賦する必要が生じる。このような共通費の配賦基準には、関係者を説得できるという意味で合理的な基準が望まれる。通常この種の配賦基準として、次の3つの方法が考えられる。

第1の方法は、共通費を各部門の生産量に比例して配賦する方法であり、これは「産出量比率方式」と呼ばれる。旅客と貨物では人キロ、トンキロと生産量の単位が異なるが、このようなケースでは換算数量を定めて実用される。第2の方法は、共通費を各部門の収入に比例して配賦する方法、すなわち「収入比率方式」である。第3の方法は、共通費を各部門の個別費に比例させて配賦する方法で、「固有費用比率方式」と呼ばれる。

これら、3つの配賦方法を簡単な算式で示せば、次のようになる。

①産出量比率方式

$$P_{it+1} = \left(AC_{it} + \frac{Q_{it}}{\sum_j Q_{jt}} F \right) \frac{1}{Q_{it}}$$

P_{it}：i 財 t 期の価格
Q_{it}：i 財 t 期の産出量
AC_{it}：i 財 t 期の固別費

②収入比率方式

$$P_{it+1} = \left(AC_{it} + \frac{RV_{it}}{TRV_t} F \right) \frac{1}{Q_{it}}$$

RV_{it}：i 財 t 期の収入
TRV_t：t 期の総収入

③固有費用比率方式

$$P_{it+1} = \left(AC_{it} + \frac{AC_{it}}{TAC_t}F\right)\frac{1}{Q_{it}}$$

F：固定費

TAC_t：t期の総固別費

いずれの方法であれ，各部門の費用は，当該部門の個別費と配賦された共通費の和によって算出される。各部門の費用の総和が総費用であり，個別費の和と共通費を合わせたものになる。さらに，会計学的な判断に従うとすれば，もしある部門の収入が配賦された費用を上回っていればその部門は黒字，等しければ収支均衡，下回っていれば赤字となる。

ただし，上述のように，共通費の配賦の方法にはいくつかあるので，ある配賦方法で赤字でも，同じ部門が別の配賦方法で黒字となることもありうる。極端な話，旅客と貨物の先の例で，この鉄道が貨物営業を主としており，旅客営業はあくまでも付加的なサービスにすぎないと考えるならば，共通費をすべて貨物部門に配賦し，旅客部門はその個別費もしくは回避可能費用のみを当該部門の費用と認識してもよいわけである。いずれにせよ何らかの方法で共通費を各部門に帰属させる必要が生じる。なお，各部門の収支が赤字か黒字かという点は，別の観点からすれば第1章で述べた内部補助の問題である。この点については，第4章で再度議論する。

4 費用配分ゲーム

前節で述べたように，鉄道など大規模な施設を利用して複数の生産物（サービス）を提供する産業では各財・サービスに共通費が存在するケースが多く，その費用をどのように配分するかが1

つの大きな課題となる。前節の最後に見たように、そのために実務的には完全配賦費用を求めることが行われる。この節では若干視点を変え、発生する共通費を複数の主体が交渉の結果協力して負担する方法およびそのあり方について考えよう。以下で述べるのは、簡単な費用配分ゲーム（cost share game）である。

費用配分ゲームとコアの概念

ここでは読者がイメージを描きやすいように、交通問題ではなく費用構造が単純なゴミ処理を共同で建設するケースを事例として考えよう。本質は鉄道等の運輸施設でも変わりはない。[▼11]

いま、隣接するA市とB市があり、両市はゴミ処理施設を建設しなければならない。A市が単独で必要な処理容量を持つゴミ処理施設を建設すると11億円かかり、B市単独では7億円がかかる。一方、両市が協力して共通のゴミ処理施設を建設すると、費用は15億円ですむ。したがって、共同することによりあわせて3億円の費用削減効果がある。もちろん、この共同施設は両市から出るゴミを処理する容量を備えている。ゴミ処理施設を作ったあとの毎年の処理費用（運営費）はそれぞれの市が負担することとする。A、B両市の人口はそれぞれ、36,000人および12,000人である。以上の想定をまとめれば、**表3-4**のようになる。

両市の市長が合理的であれば、共同でゴミ処理施設を建設する交渉に入るであろう。もちろん、現実には処理施設の場所をどちらの市にするか、それに対する住民の反対が生じる可能性があるなどの問題が生じるかもしれないが、ここではそれらは考慮しないこととする。交渉の結果として両市の費用配分はどのようになるかだけが問題である。まず、素朴な費用配分例を考えてみよう。

①素朴な費用配分例（1）

表3-4 ゴミ処理施設の建設例

	A市	B市
人 口	36,000人	12,000人
単独でのゴミ処理施設建設費	11億円	7億円
共同でのゴミ処理施設建設費	15億円	

A，B両市が7.5億円ずつ負担する。

②素朴な費用配分例（2）

人口比に従って，A市が4分の3，B市が4分の1負担する。この場合，A市の負担は11.25億円，B市は3.75億円になる。

①の提案は，市民感情からして受け入れられないであろう。人口規模が違い，作られるゴミ処理施設の利用の程度も異なる両市が，同一の費用負担というのは直感的におかしいと思われる。しかし，このような公平・不公平論だけでなく，合理的に見てもこの解は合意に達しない。なぜなら，①の場合B市は単独で施設を建設したほうが得だからである（単独費用は7億円）。これに対し②は一見合理的なように見える。人口1人当たりのゴミの量に大きな違いがなければ，作られる処理施設の利用割合も人口に比例するであろうから，建設費を人口比に従って配分する方法は感情的には納得できるであろう。しかし，実際にはこの案も合意に達することはない。容易にわかるように，この案ではA市は11億円をかけて単独で処理施設を建設したほうが得だからである。

合意に達するか達しないか，どこに違いがあるのだろうか。A，B両市が共同でゴミ処理施設を建設するのは，それによって費用の削減が可能だからである。つまり，共同することによる費用節

約分（この例では3億円）が重要なのであって，このメリットを両市がいかに配分するかがポイントになっているのである。上の2つの素朴な費用配分例では，両案とも3億円を一方だけがそのメリットを享受する案になっている。要するに問題は，共同で建設することによる3億円の費用節約分をどのように扱うかである。このことを考慮に入れて若干複雑な費用配分割合を考えてみよう。

③**若干複雑な費用配分例（1）**

費用節約の3億円を両市で均等に分け，単独で建設した場合の費用から各市の節約分を控除する。つまり，A市は11億円から1.5億円を差し引いて9.5億円の負担，B市は7億円から1.5億円を差し引いて5.5億円の負担になる。

④**若干複雑な費用配分例（2）**

費用節約の3億円を両市の人口に比例させて分け，単独で建設した場合の費用から各市の節約分を控除する。この場合，人口比は3：1であるから，A市，B市の控除分は2.25億円，0.75億円で，負担額はそれぞれ8.75億円，6.25億円になる。

⑤**若干複雑な費用配分例（3）**

各市が単独で建設した場合には，それぞれ11億円，7億円，合計18億円の費用がかかる。この場合，A市にとっての11億円は共同で建設する場合にとってのいわば機会費用であり，B市のそれは7億円である。そこで，この機会費用の比率によって費用節約分の3億円を分ける方法がある。つまり，A市の負担額は，$11-3\times(11/18)=9.17$億円，B市の負担額は$7-3\times(7/18)=5.83$億円になる。

以上述べた③から⑤までの費用配分方法は，A市，B市いずれにとっても単独で建設した場合の費用を下回るから，両市の市長

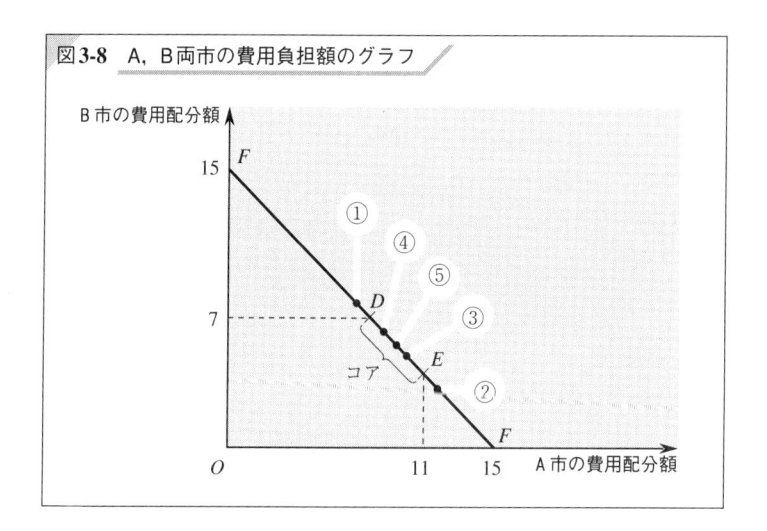

図3-8 A,B両市の費用負担額のグラフ

が交渉する結果として合意点となる可能性がある。もちろん，A市にとって③の負担額は大きいと感じられるから，感情的になったA市市長はこれを拒否するかもしれない。しかし，合理的に考えれば，単独での建設費を下回るわけであるから合意できないものではない。また，以上の議論ではまったく考慮されなかった別の要因があるかもしれない。例えば，A市は財政的にも市民個人も大変豊かだが，B市は両方とも貧しいかもしれない。その場合，財政力，所得の格差などが交渉過程で考慮される可能性がある。しかし，このような条件を捨象すれば，③から⑤までの費用配分方法が合意の候補になることは確かであろう。

図3-8には，以上の関係が記されている。同図の横軸はA市の費用配分額，縦軸はB市の費用配分額である。直線FFは縦軸，横軸ともに15億円の水準で交わっており，両市が負担しなければならない額（共同で作った場合の合計額15億円で一定）を示して

4 費用配分ゲーム 155

いる。①から⑤までの記号は、上述の費用配分の例に対応する。A市にとっては11億円以上の負担は単独建設費を上まわり、B市にとっては7億円以上がそれである。

合理的な交渉者であれば、A市にとっては11億円以下、B市にとっては7億円以下の負担額であれば合意は成立する。このような組合せはこの交渉ゲームの「コア」と呼ばれる。図3-8からわかるように、この交渉ゲームにおいてコアは無数に存在する。直線 FF 上の区間 DE はすべてコアであり、その中で現実の解としてどの点が選択されるかは、まさにさまざまな要因を考慮した結果として決定されることになる。

費用配分ルールとコアの存在

以上述べたA、B2市のケースでは、協力ゲームにおけるコアが存在した。これが3市以上になると話が複雑になる。A、B2市の交渉に第3のC市が加わる場合を考えてみよう。C市については、単独でゴミ処理施設を建設する場合の費用は8億円であると仮定する。前項同様、C市の市長も合理的に行動するので、A、B両市あるいはそのいずれかと協力することによって建設費が削減されれば、合意するものとする。また、毎年のゴミ処理の運営費はそれぞれの市が負担する。

このケースの建設費の仮定は、**表3-5**のとおりとする。同表では、協力関係にある市を ¦・, ・¦ という記号を使って表現している。すなわち、¦B, C¦ はB市とC市が協力しているのであり、A＋¦B, C¦ はA市が単独で建設しB市とC市のみが協力して建設することを意味する。¦A, B, C¦ は3市が協力する場合である。表では、A、B、C3市がそれぞれ単独で建設すると26億円かかるが、A単独とB、C協力では合計24億円等々であり、A、B、

表3-5 3市の協力ゲーム（コアがあるケース）

グループ	機会費用	合　計
A, B, C	11 + 7 + 8	26
A + {B, C}	11 + 13	24
{A, B} + C	15 + 8	23
{A, C} + B	14 + 7	21
{A, B, C}	20	20

C3市がすべて協力すると20億円ですべてのゴミが処理できる施設を建設できると仮定されている。したがって，社会全体で見れば3市が協力することは，費用が最低になるという意味で望ましいことになる。以上のような設定のもとで費用配分のコアはどのようになるであろうか。

試みに，20億円を機会費用に基づく費用配分で配分してみよう。この場合，3市の負担額は次のようになる。

A市： $20 \times \dfrac{11}{26} = 8.46$ 億円

B市： $20 \times \dfrac{7}{26} = 5.38$ 億円

C市： $20 \times \dfrac{8}{26} = 6.15$ 億円

前項の例では，機会費用に基づく費用配分割合はコアの中にあった。ところがここでのケースではコアの中にない。A市とC市の負担額の合計は14.6億円になるが，これは表3-5で，{A, C}のケースの14億円を上回る。A市とC市は，この費用配分割合であれば，3市の共同体から脱退して2市で協力してゴミ処理施設

4　費用配分ゲーム

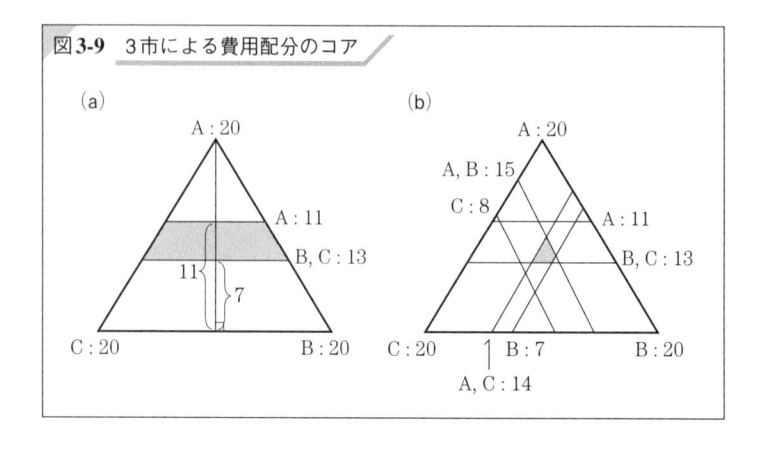

図3-9 3市による費用配分のコア

(a)
- A : 20
- A : 11
- B, C : 13
- C : 20
- B : 20
- 11
- 7

(b)
- A : 20
- A, B : 15
- C : 8
- A : 11
- B, C : 13
- C : 20
- B : 7
- A, C : 14
- B : 20

を建設したほうが得になる。つまり，社会的に望ましい協力は達成されないのである。

このゲームにコアは存在するのであろうか。**図3-9**には，3市の場合のコアの考え方が示されている。まず図3-9 (a) では，三角形ABCは高さが20（億円，以下省略）の正三角形を使って，A市にとっての許容できる費用配分額が示されている。底辺BCから頂点Aまでの距離は20であるが，その中間に引かれたA：11という線は，底辺から11の距離を示す。この底辺からの距離をA市の費用配分額と考えよう。A市は単独で建設した場合に11億円かかるのであるから，何らかの協力をするのであれば負担額は11億円以下，つまりA：11以下の額でないと合意しない。もちろん，A市にとって負担額は少なければ少ないほどよいのであるが，負担額があまりに少ないと残りの2市，B市とC市が協力して施設を建設することになり，A市は単独で11億円を負担しなければならなくなる。このことを考慮すると，A市はB市とC市の負担額の合計が13億円以上にならないように負担する必要がある

表3-6　3市の協力ゲーム（コアがないケース）

グループ	機会費用	合　計
A, B, C	11＋7＋8	26
A＋{B, C}	11＋10	21
{A, B}＋C	15＋8	23
{A, C}＋B	13＋7	20
{A, B, C}	20	20

（B, C両市の協力による施設建設額が13億円である）。このA市の費用配分額の最低限がB, C：13の線で示されている。結局，A市の負担分はB, C：13以上A：11以下の範囲であり，(a)図ではシャドーで示す部分と考えることができる。

図3-9 (b)には，(a)図と同様に考えた場合のB市，C市の負担の最低額と最高額が書き加えられている。B市にとっての負担額は対辺CAからの距離であり，B市の負担分は三角形ABCの中のB：7とA, C：14の範囲，C市はC：8とA, B：15に囲まれた範囲である。交渉のコアとは，3つの市が合意する点であるから，この協力ゲームのコアは3つの範囲が重なる部分であり，図でシャドーがなされた部分になる。

以上の事例ではコアが存在した。ゴミ処理施設建設費の関係が**表3-6**のようになったらどうであろうか。実はこのケースでは交渉のコアは存在しない。このケースでもA，B，Cの3市がそれぞれ別々に建設されれば26億円の費用がかかり，3つを一括して生産する費用（20億円）よりも大きくなるから，3市は協力したゴミ処理施設建設に合意するようにも見える。しかし，このゲームでは，いずれの費用配分も安定的でない。このことは，次のよう

に考えれば明白である。

まず，|A, C| = 13でかつ |A, B, C| = 20であるから，B市は7億円以上を負担しなくてはならない。同様に，|B, C| = 10であるからA市は10億円以上を負担しなくてはならない。この2つの条件から，A市とB市はあわせて17億円以上を負担しなくてはならないが，この負担額は |A, B| = 15を上回る。つまり，3つのサービスを一括して生産しようとすれば，どこかでより有利な条件で生産が成立するサブグループが存在するのであり，このことは表3-6で示した費用関係の費用配分ゲームにはコアが存在しないことを示している。

以上述べてきた費用配分ゲームをまとめれば以下のようになる。まず，費用配分のルールを定義する。

> ●費用配分ルール
> 費用配分ルールは，プロジェクトの総費用をすべての可能な費用関数の組合せについて，グループのメンバーの間で配分するルールである。

次に，コアの概念は次のようになる。

> ●コア
> ある費用配分は，次の条件が成立するとき，コアにあるといわれる。すなわち，どの参加者およびどの参加者の組合せも，その独立採算費用以上の支払いをしない場合である。言い換えれば，参加者のすべての部分集合の費用節約が非負であるとき，費用配分はコアにあるといわれる。

本節では共通費が存在する場合の費用配分について，簡単な交渉ゲームの視点から考察した。このような原則を考慮した分析の意味は，次のように要約できる。

第1に,以上の議論は2財,3財を例に直観的に理解できる範囲で述べたが,言うまでもなくここでの分析はn財のケースに応用可能である。前節の最後で述べた完全配賦費用の概念は,わかりやすくかつ合意形成の面で優位性を有しているが,すべての完全配賦費用がコアの中にあるとは限らない。この点で,共通費の配賦問題を扱う場合には費用配分ゲームの発想から検証する必要がある。分析がn財に応用できれば,実際の共通費配分について適用することができる(ただし,分析自体はかなり複雑になる)。

　第2に,第4章第5節で詳しく述べるが,費用配分ゲームは内部補助の存在に関するテストと密接に関わっている。内部補助は,参入・価格等に関する直接規制のない産業で企業が自発的に行う場合には大きな問題とならないが,公的規制の下では異なる消費者グループの間での費用負担の公正に関係する。費用配分ゲームの考え方を基礎とする内部補助テストはその意味で重要である。

notes ● ● ● ● ● ●

▼11　以下の数値例は,Young (1994) からの引用である。

Column ③　エアラインのコスト

　運輸業界の規制緩和は,アメリカ合衆国の国内航空の自由化を出発点としている。わが国でも1998年9月にスカイマークが東京－福岡線に,12月にエア・ドゥが東京－札幌線に参入し,航空業界の実質的な競争が始まった。低運賃を売り物にした新規参入に対し既存大手航空会社がとった策は,対抗運賃の設定であった。

　スカイマークは東京－福岡線に,当初13,700円の運賃を設定した。これに対し1998年12月に日本航空が普通運賃の半額の割引運賃 (19,200円) を導入したのをきっかけに,残りの2社もこれ

に追随した。さらに，翌年3月には3社そろってスカイマークと同額の特定便割引運賃を設定した。この効果は大きく，70%から80%台を維持していたスカイマークの座席利用率は4月，5月に50%台にまで落ち込んだ。

　一方，エア・ドゥの東京－札幌線は16,000円であった。既存3社は，99年6月になって同額の16,000円の特定便割引を導入した。エア・ドゥの座席利用率は，3月まで80%台を維持，4月に65%，5月に62%と辛うじて60%台にとどまっていたが，6月になると3社の運賃設定の影響で利用率が44%に急降下した。もともと，6月は連休がないなどの理由で需要の落ち込む時期ではあるが，エア・ドゥの利用率の低下は予想を上回るものであった。

　このような既存大手の運賃設定で問題となったのは，それが独占禁止法でいう「不公正な取引方法」に当たるかどうかであった。

　この種の行為について独占禁止法では，「略奪的価格設定による競争者の排除」として禁止されるが，その内容は公正取引委員会告示「不公正な取引方法」のうち「不当廉売」として規定されている。告示本文によれば，「正当な理由がないのに商品又は役務をその供給に要する費用を著しく下回る対価で継続して供給し，その他不当に商品又は役務を低い対価で供給し，他の事業者の事業活動を困難にさせるおそれがあること」となっている。すなわち，告示における前半部分の不当廉売の要件は，「費用を著しく下回る対価で」，「継続して」サービスが供給されることである。

　大手3社の行った対抗運賃が継続したものであったかどうか別にして，設定された運賃と費用との関係はきわめて議論の多いところである。つまり，大手3社の割引運賃が比較されるべき原価とは何かということである。

　単純に考えれば，例えばスカイマークが参入した東京－福岡のケースについて言えば，その費用との比較ということになるが，航空輸送の場合，既存航空会社は同路線以外にも多くの路線を運

航しており、全体の航空サービスを生産するための固定費（共通費）が存在する。この場合、何らかの基準によって共通費を配賦し、東京－福岡に固有の費用を計算することも可能であるが、本文で述べたように、費用配賦の方法が異なれば固有の費用も異なることになる。

また、共通費である固定費は、かりに東京－福岡線が存在しなくても発生するものであるから、同路線のサービスを生産する費用からそれを除外して考えるべきだとの主張もありうる。この説に従えば、比較されるべき原価の水準は燃料等の直接運航費、あるいは当該サービスが生産されなければ節約されたはずの費用、すなわち回避可能費用になる。

東京－福岡、東京－札幌の対抗運賃について、公正取引委員会は結果的に「黒」との判断を下さなかった。上述の告示の後半部分は、「他の事業者の事業活動を困難にさせる」という弊害要件であり、公正取引委員会の判断はこの点が斟酌されたのかもしれない。しかし、不当廉売の判断基準としての原価のとらえ方に、大きな困難があることもまた事実であろう。

演習問題

1 A航空会社の総費用関数が次式で与えられている。

$$TC = 1000 + 240Q - 4Q^2 + \frac{1}{3}Q^3$$

(1) この企業の、限界費用関数（MC）、平均可変費用関数（AVC）、平均総費用関数（ATC）を求めよ。

(2) MCが最小となる産出量を求めよ。

(3) AVCが最小となる産出量を求めよ。

2 次表は日本航空、全日本空輸、日本エアシステムの1975年から95年までの営業費（実質）と有効トンキロのデータである。

(1) 営業費を有効トンキロで除して単位営業費を求め，有効トンキロを横軸，縦軸を単位営業費としてグラフにプロットせよ。

(2) 単位営業費をAC，有効トンキロをQとして，次の費用関数を，事業者別，全体のデータそれぞれについて推定せよ。手法は第2節のトラック事業のケースと同様である。

$AC = A + \alpha \ln Q$

(3) (2)で得られた推定値を用いて，航空産業の規模の経済について論ぜよ。

年	日本航空		全日空		日本エアシステム	
	営業費 100万円	有効トンキロ 1000トンキロ	営業費 100万円	有効トンキロ 1000トンキロ	営業費 100万円	有効トンキロ 1000トンキロ
1975	353,942	4,769,277	177,707	1,888,785	36,874	255,314
76	381,588	5,021,905	189,621	1,953,571	41,946	282,483
77	415,309	5,429,624	221,585	2,080,456	52,087	333,372
78	448,174	6,064,052	256,409	2,316,927	64,725	402,087
79	568,746	6,817,652	317,469	2,738,680	82,543	447,816
80	644,904	7,439,510	376,383	3,076,472	96,380	477,717
81	711,513	8,020,537	400,952	3,284,035	111,928	627,180
82	752,736	8,224,823	412,153	3,249,706	121,027	733,839
83	735,030	8,262,525	410,460	3,331,073	124,186	840,193
84	789,043	9,171,237	434,021	3,772,621	134,223	915,383
85	804,725	9,747,196	449,386	3,900,295	141,731	977,902
86	750,344	10,236,234	453,374	4,268,640	143,263	1,053,166
87	794,388	10,936,220	494,648	4,692,101	159,515	1,098,320
88	862,982	11,731,176	546,652	5,158,080	175,586	1,221,825
89	986,313	12,123,118	633,561	5,628,733	203,380	1,376,425
90	1,091,562	12,130,551	708,069	6,160,936	232,274	1,545,216
91	1,127,567	12,757,824	759,975	7,158,700	256,078	1,845,345
92	1,082,092	13,003,426	790,288	7,692,962	273,705	2,116,603
93	1,011,592	13,152,209	769,169	7,934,358	275,654	2,368,732
94	1,045,224	14,543,315	786,542	8,496,152	281,310	2,532,961
95	1,100,528	15,895,388	818,664	9,341,440	297,935	2,774,082

3 第2節のコンテスタブル・マーケットの条件を踏まえた上で

次の文章を読み，航空輸送におけるコンテスタブル・マーケットの理論について論ぜよ。

「航空輸送の主たる生産要素である航空機は，中古機市場・リース制度によって調達と売却・処分が容易である。あるいはある路線で収益があがらなくとも他の路線への転用が可能である。つまり産業からの退出に際しても市場からの退出の際にも費用の多くは埋没しないと考えられる。また，チケット・カウンターとゲート・スペースもリースにより利用可能で機材の整備は整備専門事業者に委託することができる。つまり，これらの費用も埋没費用にはならないと考えられる」（増井・山内（1990），134～35ページ）。

なお，以上の文章はアメリカの航空市場を想定して書かれたものである。

REFERENCE

増井健一・山内弘隆（1990），『航空輸送』晃洋書房。

Caves, R. (1962), *Air Transport and Its Regulators*, Harvard University Press.

Gómez-Ibáñez, J., W. B. Tye and C. Winston (1999), *Essays in Transportation Economics and Policy*, Brookings Institution Press.

Kim, H. (1987), "Economies of Scale and Scope in Multiproduct Firm : Evidence from U. S. Railroads," *Applied Economics*, 19 (6, June).

Young, H. P. (1994), *Equity in Theory and Practice*, Princeton University Press.

第4章 規制緩和と運賃・料金設定

写真提供:日本航空,全日空

2000年2月に施行された新航空法は航空会社の運賃設定をほぼ自由化した。国内線では,大手事業者間の運賃競争が激化している。

運輸事業の運賃・料金設定は1980年代から90年代にかけて大きな変貌を遂げた。その発端は1978年にアメリカで成立した航空企業規制緩和法（Airline Deregulation Act）であり，航空以外の運輸分野でも欧米各国の運賃政策は，程度の差こそあれ，規制緩和，自由化の方向に向かった。わが国も例外でなく，1990年代末に典型的な参入規制であった需給調整規制が廃止されたのにともなって，運賃規制についても届出制や上限制が一般的となっている。

　本章では，このような近年の規制改革を踏まえつつ，運輸事業における運賃設定の実態とそのあるべき姿について検討する。なお，本章での議論の中心は運賃・料金設定の実態面からのアプローチであり，経済理論からの分析は次章において行う。

1　規制緩和の進展

　市場経済体制のもとで価格は，市場の需要と供給によって決定される。これに対し，交通・運輸部門の価格である運賃は，長い間政府の公的介入を広範に受けてきた。例えば，JRの運賃の場合，1999年に改正される以前の旧鉄道事業法は，第16条において運賃の認可制を規定していたし，さらにさかのぼって旧国鉄の時代には，国有鉄道運賃法という法律によってその運賃率が定められていた。運賃認可制のもとでは，原則として運賃から得られる収入が全体として運送サービスの生産に要した費用を償うことが求められ（第2節で検討する総括原価主義），さらに個別の運賃が利用者間で不当な差別的取扱いを行わないこと，利用者の負担

力を考慮すること，また場合によっては不当な競争を引き起こさないことが条件とされていた。国有鉄道運賃法のように法律によって運賃率等が定められていれば，その改正には国会の議決が必要になる。いうまでもなく，これはきわめて厳しい公的介入である。

市場競争の進展　　運賃規制の必要性は，第1章で論じたように，基本的には運輸部門において市場の失敗が存在するという認識から出発している。19世紀前半に登場した鉄道は，陸上交通の覇権を握った段階で典型的な自然独占産業とみなされるようになった。そして，鉄道会社に自由な運賃設定を許せば，独占による超過利潤の獲得と利用者に対する不当な差別がもたらされると主張された。実際，欧米においては，鉄道輸送の発展段階において，需要グループに応じて（例えば貨物の品目別に）運賃を変えるなどの方法（差別運賃）で鉄道事業者は利益の極大化を図った。わが国でも，旧国鉄時代に行われていた貨物等級別運賃はこれにあたると言われている。20世紀初頭の経済学，例えばA. C. ピグーの『厚生経済学』において鉄道運賃の分析が詳細に行われているのは，自然独占体として登場した鉄道が当時の研究者の注目を引いたからにほかならない。

しかし，交通技術の進歩は輸送市場の構造を変化させる。かつて独占を形成していた鉄道も，飛行機の登場によって長距離では航空輸送との競争にさらされるようになり，中・近距離では自家用車という代替的な交通手段が出現した。わが国の場合，欧米に比べ航空輸送と自動車輸送の発展は相対的に遅れたが，1950年代に国鉄と民鉄の合計で80％を超えるシェア（輸送人キロ）を持っていた鉄道輸送も，現在では競合交通機関の発達によりシェア

は30％弱にまで低下している（第2章参照）。

　このような市場構造の変化を受けて実施されたのが規制緩和である。鉄道の場合，競合輸送機関の発達によって長距離や近距離のように輸送機関の間の競争が顕著な市場と，大都市通勤・通学輸送市場のように独占力が残る市場が並存することとなり，これまでのような一律の運賃・料金規制の限界が見えるようになった。この種の現象が先行したイギリスでは，すでに1960年代から鉄道の運賃設定の弾力化・自由化が進められた。

　このような実態面での変化に加え，理論的な面からも公的規制が疑問視されるようになった。経済理論において公的規制の必要性は第1章で述べた市場の失敗，特に自然独占に主たる根拠が求められてきたが，自然独占論と運輸事業の関係にも疑問が投げかけられた。

　第1は実証の問題である。例えば航空輸送産業の場合，初期においては鉄道同様の規模の経済が主張され公的規制の必要性が強調されたが，1960年代から70年代にかけてその必要性が疑われるようになり，70年代，80年代の研究においては，少なくとも航空輸送サービスの生産については，規模の経済は存在しないとの指摘が一般的になった。その結果，市場競争によって消費者の利益が得られると主張されるようになったのである。

　第2に，純粋な理論面からも自然独占論について疑問が持たれるようになった。第1章でも指摘したが，1970年代末から80年にかけて展開されたコンテスタブル・マーケットの理論によれば，かりに自然独占が成立しても，一定の条件の下にその市場に対する競争（competition for the market），すなわちその市場への参入を目指す潜在的競争者による競争が存在すれば，企業の行動は望

ましい市場の成果をもたらすとされた。第3章で述べたように，コンテスタビリティ理論が妥当する市場は，理論的な前提条件が厳しいことから特定の市場に限られるとの見方もあるが，航空の場合，その理論自体が航空市場を前提に論じられたこともあり，規制緩和の有力な後ろ盾となった。

第3に，特定の運輸事業において公的規制の根拠に疑問がもたれるようになると，運輸の他の分野でも妥当な規制が行われているか，その根拠は何かという疑問が投げかけられるようになった。例えば，第2章で論じたように，道路貨物運送の場合，宅配便のように複数の荷主の貨物を積み合わせて運送する旧路線トラック(特別積合運送)には若干の規模の経済が存在することが指摘されているが，その程度は市場全体の需要との関係でみれば自然独占を成立させるものではなく，しかも荷主に対して貸切り輸送を提供する旧区域トラックでは，小規模事業者が事業を続けていることからも顕著な規模の経済が存在しないことは明らかである。このような市場で参入規制およびそれに付随する形での運賃規制が行われているとすれば，それは経済合理性以外の別の要因，例えば「『過当競争』を排除することによって輸送秩序を確立する」や「公共性を維持する」等の要因によるものと考えられるが，経済構造の変化と価値観の変化によって経済効率がより重視されるようになれば，この種の要因の説得性が低下することになる。

規制の失敗

規制緩和は1970年代のアメリカで始まった。その最も重要な要因は，前項で述べた交通技術の発展による市場構造の変化であるが，それと並んで主張されたのは，公的規制自身が望ましい結果をもたらさない事態を生じさせること，つまり「規制の失敗」である。運賃規制

に関する規制の失敗を述べれば,次のようになる。

第1に,運賃規制は,原則としてサービスの生産に要した費用を収入によって償うことを保証するから,事業者は費用引下げのインセンティブを持たず,経営面での非効率が生じる。さらに,詳しくは後に述べるが,運賃規制のやり方によっては,企業は必要以上に大きな設備を保有する可能性がある。

第2に,個別のサービスにつけられる運賃のあり方(例えば路線別の運賃などで運賃構成と呼ばれる)は,経済的にみて望ましくないものになることがある。この点については,第1章でも触れたが,規制者が特定のグループを優遇する目的で,あるサービスに費用以上の価格を課し,別のサービスには費用以下の価格しか課さないという行動がみられる。この種の価格設定は内部補助と呼ばれ資源配分の効率性の観点,また所得分配上の観点からは排除されるべきものではあるが,いくつかの条件の下では社会的に合意されるケースもあると考えられる(*Column*を参照)。しかし,それが度を越せば社会的な容認が薄れ,規制の失敗として認識されるようになる。なお,本章第**5**節において内部補助について若干理論的な考察を加える。

現実の運賃規制の問題点には,以上の2点以外にも多くの指摘がある。ただ,わが国の運輸部門において象徴的に構造改革が行われた旧国鉄の分割民営化(1987年)に際しては,以上の2点に対する考慮が大きかったことは事実であろう。つまり,運営上の非効率が(それだけではないが)巨額の累積赤字の原因となり,首都圏の国電区間や東海道新幹線の利用者は費用以上の支払いを強いられた。この種の認識が国鉄改革に結びついたのである。

ただし,規制の失敗は単純に規制緩和や競争導入の必要性に結

びつかないことに注意すべきである。経済学的にみれば規制の必要性はあくまでも市場の失敗要因から判断されるべきであり，規制の失敗が認められたからといって単純に競争政策が適切に機能するわけではない。理論上の判断は市場の失敗と規制の失敗の比較考量によるべきであり，後者の弊害が前者の弊害よりも大きいならば，市場の失敗による多少の弊害を認めつつも，競争市場への移行が望ましいことになる。

運賃規制の緩和　以上述べたような輸送市場の構造変化，規制と市場の弊害に対する考え方の変化を反映し，わが国でも1990年代以降，公的規制の見直し，規制緩和政策の進行によって政府介入の範囲は小さくなった。わが国における規制緩和の第1のステップは，1989年に制定，翌90年に施行された「貨物自動車運送事業法」および「貨物運送取扱事業法」のいわゆる物流2法であった。特に前者はトラック事業の参入に関し免許制から許可制への移行を規定し，運賃規制は幅運賃認可制から届出制となった。さらに，旧運輸省は1996年暮れに，港湾運送以外のすべての運輸事業において需給調整規制を廃止することを表明し（同様の内容は97年3月に閣議決定された），運輸政策審議会の審議を経て99年に関連事業法の一部が改定された。この99年の関連事業法の改正によって航空運賃は届出制に，鉄道の運賃も上限制に移行した。▼2 届出制の場合，届け出された運賃は予め定められた条件を満たす限りそのまま有効であり，上限制の場合も一定の条件のもとで計算された上限運賃を下回る限り同様である。

　規制緩和が進んでも，運賃に対する政府介入がすべてなくなったわけではない。例えば，鉄道運賃の上限の設定は厳然たる規制

1　規制緩和の進展

であり，1999年の法改正は運賃設定（特に運賃構成）に関する事業者の自由度を拡大したにすぎないとみることもできる。鉄道の場合には，自家用自動車と競合する中・近距離都市間輸送や航空輸送と競合する長距離都市間輸送など競争の要素が大きい輸送市場もあるが，一方，大都市部の通勤通学輸送など利用者の選択余地が限られる市場，つまり独占力が存在する市場もある。このような多様な市場に対し，一方で企業の自主的な運賃設定を許しながら，他方でそれらを統一的に監督する手法として上限運賃制が採用されたのである。

航空輸送では，1995年の割引運賃規制の弾力化，96年の幅運賃制の導入，98年の新規航空会社の参入とその低運賃政策によって，99年の航空法改正以前から実質的な運賃競争が始まっていた。2000年2月から施行された改正航空法においては，航空運賃の設定に関し，①不当に消費者が差別される場合，②独占力によって不当に高い運賃が課される場合，③競争者の排除のために不当に安い運賃が設定される場合においては，行政が届け出された運賃に対して変更命令を発出できることが規定されている。

鉄道のように一部に独占性が残る産業においては，企業自身の経営効率の向上が社会的課題とされており，そのために企業行動の自由を増大させるだけでなく，事業者が自らの目的に適う行動をとればそれが結果的に経営効率の向上という社会的目的に適うものになるという仕組み（インセンティブ・メカニズムと呼ばれる）が不可欠である。鉄道ではそのために，ヤードスティック型規制が明確に取り入れられた（詳細は第**3**節で検討する）。1990年代後半に実施された運輸事業における規制緩和ないし制度改革は，経営効率を向上させる側面も併せ持っていたのである。

> notes ●●●●●●
>
> ▼1　航空産業では，規制の根拠として，規模の経済以外に幼稚産業保護（需要が小さい時点では産業として成立しづらいが，公的な保護育成によって産業が独り立ちすれば，国民経済的に利益が得られるという考え方）の観点も主張された。
> ▼2　鉄道事業法による上限価格規制は英米で自然独占作業の規制緩和に際して導入されたプライス・キャップ規制とは異なっている。詳しくは第3節で論じる。

2 運輸事業における運賃水準決定
●総括原価主義

　第1節で述べたように，1990年代以降，わが国の運輸部門の価格形成は規制緩和，自由化の方向に進んでいる。しかし，例えば鉄道運賃の上限規制にみられるように，政府の規制が完全になくなったわけではない。上限規制の場合，上限の水準を決定するのは原則としてサービスの生産に要した費用つまり「総括原価」である。本節では，長い間運賃規制に用いられてきた総括原価主義について述べる。

総括原価

　運賃規制の大きな柱は「原価の補償」，すなわち費用を償うことであり，他方で過大な利潤の獲得が禁止される。つまり，運賃規制はいわゆる「ノーロス・ノープロフィット」が基本原則である。ただ，利潤の獲得が完全に排除されるわけではなく，多くの事業法において償うべき適切な原価には「適正な利潤を含むものであること」との記述がある（旧鉄道事業法第16条第2項，旧道路運送法第9条第2項，旧航空法第105条第2項等）。これは，適正な利潤を獲得できなければ，事業の開始・運営に必要な資本の調達ができないためで

ある。この場合,適正な利潤を含む原価を総括原価と呼び,この総括原価に基づいて運賃・料金を決定する方式は総括原価主義と呼ばれる。

　総括原価主義で問題になるのは,どのように総括原価を計算するかである。民間企業の費用は,大きく営業費用と営業外費用に分けられる。収入面では営業収入と営業外収入が区別され,営業収入・営業外収入,営業費用・営業外費用の総合的な損益が経常損益である[3]。経常損益において利益が計上されれば,その一部が自己資本に対する報酬(株式配当)となり,さらに一部は内部留保となる。総括原価の計算では,営業費用に適正利潤が加えられるが,この適正利潤の概念は損益計算書でみれば営業外費用のうちの支払利子の部分と株式配当という形での自己資本報酬との合計である。したがって,このほかに必要とされる諸税を加えれば,概念的には,次式のように総括原価が計算される。

```
●総括原価
　総括原価＝営業費＋諸税＋適正利潤
　　　　　　　　　　適正利潤＝営業外費用＋自己資本報酬
```

　このうち,営業費用は一応通常の損益計算書において明確にされる。すなわち,人件費,各種の物件費など財・サービスの生産にともなって直接に発生する費用がこれである。総括原価の計算では,減価償却費については,それを損金扱いとして営業費用の一部とする場合と別個に扱う場合が考えられるが,減価償却費を含んで営業費と考えるのが一般的である(これを広義の営業費と呼ぶことがある)。また,営業外の費用は借入金や発行した債券に対する利払い等が主たる内容であるが,これも実績ないし予想から明らかになる。したがって,上式において自己資本報酬が決定

されれば、これも予想される諸税と併せて総括原価を算出することができる。この際、適正利潤をどのようにとらえるかによって、総括原価方式は、費用積上方式とレート・ベース方式の2つに分けられる。

費用積上方式

上の式で定義した総括原価を最も簡単に計算しようとすれば、営業費、諸税、営業外費用に自己資本報酬を加えることが考えられるが、この計算方式が費用積上方式であり、次のように表現できる。

> ●費用積上方式
> 総括原価＝営業費（広義）＋諸税＋支払利子＋「ある一定の株式配当率のための予定利益」
> 　　　　＝必要収入

この式のように総括原価が計算されれば、企業が収支均衡を保つためにその分の収入が必要とされる。必要収入（収入要件revenue requirementと呼ばれることもある）が算出されれば、最も単純にいえばそれを予想される需要量で割算することによって1単位当たりの価格、運賃・料金が求められる。

費用積上方式が現実に適用されているのは、主として地方公営企業や中小私鉄、バス、タクシーなどの道路運送事業である（道路運送事業は、2000年の法改正により上限運賃認可制が中心になった）。地方公営企業には、バス、地下鉄などの運輸事業のほか、上下水道、都市ガス事業などがある。地方公営企業の場合、公的出資による事業体であることから、少なくとも形式的には株式配当のための予定利益は含まれないが、会計上「資産維持費」などの項目を立てて資金確保を行う場合がある。民営の中小私鉄やバス、タクシーの類は、大手の鉄道や航空輸送などと比べれば事業規模が

小さく，必要な固定資産も小さい（したがって予定利益も相対的に小さい）ことから，この方式が採用されているものと思われる。

費用積上方式の総括原価の計算によれば，特にそれが独占事業体に適用された場合には，事業者側はほとんどのリスクを回避することができる。このことは，事業体が経営効率を改善するインセンティブが小さいことを意味する。実際，費用積上方式では，営業費，営業外費用にかかわらず，発生した費用がそのまま収入要件の内容となるから，経営が放漫であっても（外部の適切なチェックがなければ）事業体は問題なく存続できることになる。そして，その分運賃・料金の上昇を招く。経営効率をいかに改善するかは，被規制産業に対する近年の政策課題とされており，規制制度を評価する上で重要なポイントとなっている。

レート・ベース方式　費用積上方式による総括原価の算定は，発生する（と予想される）費用と必要利潤をそのまま原価として算定する点で経営効率を向上させる誘因を持たない。この点を多少なりとも緩和し，企業の経営上の意思決定にウェイトをおいた方式がレート・ベース方式（公正報酬率規制とも呼ばれる）である。レート・ベース方式は，企業が保有する正味資産価値に対して一定の報酬を認めるものである。ここで正味資産価値とは，取得原価から減価償却累積額を控除したものであり，レート・ベースと呼ばれる。式で示せば次のようになる。

> ●レート・ベース方式
> 　総括原価＝営業費（広義）＋諸税＋レート・ベース×公正報酬率
> 　　　　　＝必要収入額
> 　ただし，
> 　レート・ベース＝正味資産価値＝取得原価－減価償却累積額

　レート・ベース方式が費用積上方式と異なる点は適正利潤のとらえ方である。費用積上方式では，銀行からの借入れなどの他人資本と株式などの自己資本とのそれぞれに支払利子，必要配当額を設定していたのに対し，レート・ベース方式ではそれらを区別せず，正味資産価値に規制当局が適正だと考える公正報酬率を乗じて公正報酬（適正利潤）と考える。

　レート・ベース方式の公正報酬の概念を会計的に示せば次のようになる。表4-1は，企業の貸借対照表を模式的に示したものである。レート・ベース方式において適正利潤の対象となるのは，貸方の固定負債における社債・長期借入に対する金利の支払いおよび資本金に対する配当であるが，この額が借方の有形固定資産の額にリンクさせて計算される。つまり，レート・ベースに公正報酬率を掛け合わせるわけであるが，この結果計算される額は必ずしも積み上げた適正利潤とは一致しない。このことが，レート・ベース方式が持っている1つの経営効率を目指すインセンティブになるわけである。

　レート・ベース方式は，かつてアメリカの公益事業において考案され，広く採用されてきた。[4] わが国では，1932（昭和7）年に旧電力事業法において導入されたのが最初であり，相対的に大きな資本を必要とする事業，すなわち運輸部門では大手私鉄，航空，一般公益事業では電気事業，ガス事業等で用いられている。大手

表4-1　貸借対照表

借方	貸方
資産の部	負債及び資本の部
流動資産 　現金及び預金 　受取手形及び売掛金 　有価証券 　棚卸資産 　その他資産 固定資産 　**有形固定資産** 　　建物 　　機械装置 　　その他 　**無形固定資産** 　**投資等** 　　子会社株式 　　投資有価証券 　　その他	流動負債 　支払手形及び売掛金 　短期借入金 　前受金 　その他 固定負債 　社債 　長期借入金 　退職金引当金 　その他
	負債合計
	資本金 法定準備金 剰余金 （うち当期利益）
	資本合計
資産合計	**負債及び資本合計**

私鉄の場合，レート・ベース方式にいくつかの工夫を加え，経営効率を高めるインセンティブとして行われてきた。このインセンティブとは，多くの場合大手私鉄が運賃改定を同時期に行うことに着目し，①各社に一律の公正報酬率を採用することで営業外費用の低減を促す，②各社の経営努力を比較し効率の劣っている事業者について営業費の査定という形で運賃算定の基準となるコストをカットする，等の措置であった。ただ，特に②については，事業者間の比較の基準が明確でないなどの批判があり，1997年に上限運賃制に移行した際，より明確な形でのヤードスティック型規制に改められた。この内容については，第 *3* 節において述べる。

レート・ベース規制実行上の問題

レート・ベース方式は概念的にきわめて明確であるが，実行上の問題がないわけではない。

第1に，レート・ベース方式では取得原価から原価償却累積額を控除したものをレート・ベースとして提示したが，資産価値を帳簿に記載された取得原価に基づくべきかどうかについては議論がある。取得原価はいわば過去の事実の記載としては正しいが，現実にその資産が企業収益の源泉となっているとすれば，資産の真の価値は収益力を基準に計られるべきではないかとの考え方がある。この考え方に従えば，資産は必ずしも一様に決定できないことになり，総括原価主義における適正利潤の算定には適さない。また，これに近い考え方として，ある資産が収益の源泉となっている以上，その価値は現在それを再取得した際の価格に基づくべきであるとの考え方がある。つまり，資産価値を取得原価（歴史的費用 historical cost と呼ばれることもある）に基づくか再取得原価（取替費用 replacement cost と呼ばれることもある）に基づくかは，レート・ベース方式による料金規制上の（さらには会計学の一部において）重大問題なのである。

アメリカではこの問題に関してはいくつかの訴訟が起こされている。最初の裁判は，1889年に判決が出たスミス対エイムス訴訟（Smyth vs. Ames Case）で，ネブラスカ州当局が運賃の上限を定めた際に鉄道会社側が起こした訴訟に対する判決である。争点になったのは資産の価値として何を採用するかであり，鉄道側は再取得原価が適切であると指摘し，規制当局は取得原価を主張した。鉄道側は，取得原価を採用すれば，特にインフレ時には，公正報酬率を大幅に引き上げない限り得られる利潤は借入金に対す

る利息を支払えばほとんどなくなってしまうとし、インフレ時には再取得原価をデフレ時には取得原価を採用することを主張した。これに対し州当局の主張は逆である。この訴訟に対する判決は、取得原価、再取得原価のどちらが正しいということは言えない、状況に応じて取得原価と再取得原価を組み合わせて決定するべきだという結論となった。

2つめの裁判は、スミス対エイムスの判決からおよそ半世紀後にホープ天然ガス（Hope Natural Gas）会社が起こした行政訴訟である。この判決（1944年）では、資産価値に取得原価をとるのか再取得原価をとるのかは問題ではなく、結果としての料金・運賃が社会的に見て適切か否かが問題であるという最終結果主義が示された。以後、アメリカでは最終結果主義が継承されることになり、取得原価、再取得原価の適切性には必ずしも一定の判断が示されているわけではない。

レート・ベース方式を採用する上での第2の問題は、公正報酬率をどのように決定するかである。公正報酬は支払利子の部分と株式配当の部分を含むいわば「資本コスト」と解釈されるが、それが固定資産に対しどの程度の割合であるべきかについては一概に決定できない。国土交通省により示されているJRおよび大手民鉄に対する公正報酬率の考え方は、次のようにまとめることができる。囲みの中に、自己資本報酬率および他人資本報酬率の算定方法について一応の目安が示されているが、特に自己資本報酬率については、配当所要率10％が前提とされ、各事業会社が持っている固有の事業リスクが反映されるわけではない。他人資本報酬率の計算にあたっては、鉄道建設公団線等に関する法定債務（これは鉄道建設公団に利子補給等が行われるため市場利子率を反映し

ない)が除かれ,債務実績利子率はグループごとに計算される。このグループとは,JR6社で1グループ,大手民鉄15社で1グループである。

> ●公正報酬率の計算 (JRおよび大手民鉄の例)
> 公正報酬率=自己資本比率×自己資本報酬率+他人資本比率
> 　　　　　×他人資本報酬率
> ・自己資本比率は,全産業平均に準じた30% (したがって,他人資本比率は70%)とする。
> ・自己資本報酬率については,公社債応募利回り,全産業平均自己資本利益率および配当所要率の3指針の単純平均の過去5年間の平均値。
> ・他人資本報酬率は,債務実績利子率の過去5年の平均値。

わが国の場合,資産価値の評価については,取得原価によることを原則とし,物価が大きく変動した際に資産の再評価を行い,それを考慮するのが慣例となっている。また,過去において公正報酬率は企業の財務内容から現状を追認する形で決定されてきたのが実状であり,運賃・料金の改定率を政治的に圧縮する必要性がある場合には,報酬率自体がその目的のために修正されたこともある。これは,アメリカにおいて一般に,相応収益主義(comparative return on comparative risk)と呼ばれる原則,すなわち同程度のリスクを持つ他の民間企業の収益率を参考にするという原則が用いられてきたこととは対照的である。さらに,近年,アメリカなど諸外国でレート・ベース規制が用いられる場合には,株式データから企業のリスクを推定する方法など,資本コストをできる限り正確に把握する研究が行われている。[5]

レート・ベース規制を行うことによる第3の問題は,それによって事業者の意思決定がゆがむ可能性があることである。前項の記述から明らかなように,レート・ベース方式において企業が得

られる適正利潤は正味資産の価値（レート・ベース）と公正報酬率に依存する。公正報酬率を一定とすれば、当然、レート・ベースが大きいほど適正利潤額は大きくなるから、企業は意思決定に際して投資を行うことによってレート・ベースを拡大しようとする誘因を持つ（レート・ベース・パディングと呼ばれる）。企業は結果的に過剰投資に陥るが、総括原価主義の場合、過剰な投資も利用者によって負担される。つまり、利用者は必要以上に高い運賃・料金を押しつけられることになる。

このような行動は、1960年代前半にH. アバーチとL. L. ジョンソンによってミクロ経済理論モデルによって示された。▼6 そのためにこのような行動はアバーチ゠ジョンソン効果と呼ばれる。経済学的に見れば、レート・ベース規制によって生産に投入される資源の相対的な割合が歪むことになる。例えば、企業の生産要素を単純に労働と資本のみとした場合、この企業にレート・ベース規制を課すと、理論的に最適なケース（最適資源配分）よりも、資本が過剰に投入されることが示される。なお、アバーチ゠ジョンソン効果の単純化されたモデルを次項で示す。

アバーチ゠ジョンソン効果▼7

アバーチ゠ジョンソン効果のエッセンスは次のように示すことができる。

いま、企業は単一の生産物を労働と資本を投入して生産するものと仮定する。企業の生産量をq、財の価格をp、労働投入量をL、資本投入量をK、利潤をπ、賃金率をw、利子率をiとすると、生産関数と逆需要関数は次のように定義される。

　　生産関数：$q = q(L, K)$
　　逆需要関数：$p = p(q)$

この企業の利潤は,

$$\pi = pq(L, K) - wL - iK$$

である。この企業が規制を受けることなく労働と資本の投入量を調節して利潤極大を行うと,1階の条件,

$$\frac{\partial \pi}{\partial L} = R_L - w = 0 \quad および \quad \frac{\partial \pi}{\partial K} = R_K - i = 0$$

から,

$$\frac{R_K}{R_L} = \frac{i}{w}$$

となる。ただし,R_LおよびR_Kは,それぞれ労働投入量の変化,資本投入量の変化に対する限界収入である。▼8

一方,この企業がレート・ベース規制を受けるとすると,その条件は,

$$\frac{pq(L, K) - wL}{K} \leq \varphi$$

となる。ただし,φは公正報酬率である。

企業がこの条件のもとに上記の利潤を極大化するとすれば,ラグランジュ関数は次のように定義される。

$$V = pq(L, K) - wL - iK - \lambda \{pq(L, K) - wL - \varphi K\}$$

この式に対する1階の条件から次のような関係が得られる。

$$(1-\lambda) R_L - (1-\lambda) w = 0$$

$$(1-\lambda) R_K - (1-\lambda) i - \lambda (i-\varphi) = 0$$

この2つの条件を整理すると,

$$\frac{R_K}{R_L} = \frac{i}{w} - \frac{\lambda}{1-\lambda} \cdot \frac{\varphi - i}{w}$$

となるが,$0 < \lambda < 1$,および$i < \varphi$であるから,この式の右辺第2

項は正である。したがって，次の関係が成立する。

$$\left.\frac{R_K}{R_L}\right|_{regulated} = \frac{i}{w} - \frac{\lambda}{1-\lambda} \cdot \frac{\varphi - i}{w} < \left.\frac{R_K}{R_L}\right|_{un-regulated} = \frac{i}{w}$$

つまり，企業は，規制下においては規制がない場合に比べて，資本投入による限界収入が小さくなるのであり，このことは逆に過大な資本投下が行われていることを意味するのである。

notes ● ● ● ● ● ●

▼3　会計の損益計算では，「収入」という用語は使われず「収益」と表現されるが，ここでは全体の記述との関係で「収入」を用いる。

▼4　ただし，アメリカの公益事業では1980年代から規制改革，規制緩和が進み，レート・ベース方式による価格規制から料金設定の自由化や（当然参入規制の緩和による競争促進を伴う），費用削減を促すインセンティブ規制（後述）に移行している。

▼5　必要報酬率を決定する手法としては，資本資産評価モデル（CAPM：Capital Asset Pricing Model），株式配当成長モデル（DGM：Dividend Growth Model）などがある。これらのモデルについて詳しくは，財務分析の教科書を参照。なお，わが国では，電気，ガス事業の公正報酬率算定において，資本資産評価モデルによるリスク評価が行われている。

▼6　Averch and Johonson (1962), pp. 1052-1069.

▼7　経済学の最適化に馴染みのない読者は，この項をスキップしても問題はない。

▼8　この財の市場が完全競争であれば，この企業の生産量の多寡によって価格は影響されないから，周知の限界生産力価値＝要素価格，および限界代替率の比＝要素価格の比という条件が得られる。ただし，ここでは被規制企業を想定しており，市場支配力を有することが前提となるから，限界収入比で表現される。

3 インセンティブ規制

　以上述べてきたように，運輸部門では運賃・料金の決定にあたって総括原価主義が採用され，政府はそれに従って厳格な規制を行ってきた。しかし，規制がもたらす非効率性，市場競争の有効性に対する再認識等の理由から，規制改革とりわけ規制緩和が実施されたことも指摘したとおりである。ただ，運輸部門は単純な規制緩和だけで望ましい結果が生まれるわけではない。大都市通勤輸送のように特定の市場では事業者側に独占的な地位が存在し，かりにそれが放置されれば，(現実にそうなるかどうか別にして)高運賃や差別運賃によって利用者が不当に搾取される可能性も存在する。このようなケースでは，運賃の高騰を抑えつつ事業者が効率性を追求するような仕組みが求められる。つまり，事業者が効率性を追求すればするほど自らも利得を得，しかも消費者もその恩恵に浴するような仕組みであり，インセンティブ規制と呼ばれるものである。

　本節では，インセンティブ規制の代表的な事例としてプライス・キャップ規制およびヤードスティック規制を取り上げる。▼9 どちらの規制も理論的に導き出されたというよりは，実務面からの提案によって採用されたものであるが，近年ではそれが経済学的にも望ましい結果を生むことが指摘されている。また，特にプライス・キャップ規制は，直接的な競争が機能しないと考えらえる市場において多く採用されており，電気事業，ガス事業，電気通信事業など公益事業においての採用例が多い。

> プライス・キャップ規制

プライス・キャップ規制は，運賃・料金の水準に上限を設け，この上限以下での運賃・料金の変更を自由化するものである。この規制方式は，主として1980年代のイギリスの公企業民営化において導入され，アメリカでは，AT & T（American Telephone and Telegraph）の分割に際し長距離通信事業の非対称規制（競争促進のためにAT & Tを規制し，他の事業者を規制外とする措置）で適用されたのを始め，公益事業の料金規制などでも選択的に用いられるようになった。わが国の実例では，1997年に改正された電気通信事業法において，地域電話サービス等にこの制度が導入された。運輸部門では鉄道事業の上限価格規制がこれに近い。しかし，鉄道の場合，後述するヤードスティック規制と組み合わせて，基本的には総括原価に基づいて上限が決定されるのに対し，本来の意味でのプライス・キャップ規制は企業の費用水準とは無関係に上限が決められるのであり，その点の違いがある。

(1) **プライス・キャップ規制の概要**

プライス・キャップ規制の原理は，総括原価主義のように費用項目を詳細に査定しそれを積み上げることによって料金を規制するのではなく，一般物価水準との比較で料金の上昇率を決定するというものである。この際，物価上昇率と同程度の料金上昇を認めれば費用削減のインセンティブが生まれないことから，料金の上昇率は物価上昇率以下に抑えられる。物価上昇率と許される料金上昇率との差が，この企業に求められる生産性の向上率である。企業は，決められた生産性の向上率以上に効率化を果たせば，その差にあたる分を自分の利益として得ることができる。

プライス・キャップ規制を簡単な式で表せば，次のようになる。

$$P_t = \left(1 + \frac{RPI_{t-1} - X}{100}\right) P_{t-1}$$

ここで，P_t および P_{t-1} はそれぞれ第 t 期および第 $t-1$ 期の価格，RPI_{t-1} は第 $t-1$ 期の物価上昇率，X は生産性向上期待値であり，RPI および X はパーセントで見積もられる。つまり，プライス・キャップ規制では，第 t 期の価格がその1期前の価格に対し，物価上昇率から X パーセントを差し引いた分だけ上回ることが認められるのである。

生産性の向上による経営効率の上昇を促すという基本的な目的に加え，プライス・キャップ規制のもう1つの重要な側面は，平均的な料金水準（その計算方法は規制される産業によって異なる）が規制される水準以下であれば，個別のサービスの料金（運賃構成）を自由に設定できることである。総括原価主義のもとでは，個別サービスの価格は会計上の手続きで決定される個別原価に応じて課されるのが一般的である。この個別原価は，共通費の配賦手続きに応じてさまざまでありうるから，真の意味での費用を反映しないという批判がある。[10]

これに対し，プライス・キャップ規制では，企業が主体的に個別サービスの価格設定を行うことから，各サービスに共通の固定費が存在する場合には，経済理論上望ましい価格体系により近い価格構成になることが知られている。[11] プライス・キャップ規制は，企業利潤を媒介として効率性を向上させるインセンティブ・システムである点，および結果的に実現される価格体系が経済理論上望ましいものになる可能性が大きいという2点から，英米の各種運輸事業・公益事業において採用されるに至った。特に経営効率が問題となったイギリスの公企業の民営化に際し，独占体の新し

い価格規制として採用されたのである。

(2) プライス・キャップ規制の利点と問題点

プライス・キャップ規制はイギリスにおける公企業の民営化にともなってさまざまな分野で採用された。最初に実施された電気通信事業のブリティッシュ・テレコム（British Telecom）のケースからすでに20年以上が経過している。ここでは，イギリスにおける経験とさまざまな文献での研究をもとに，プライス・キャップ規制の利点と問題点を簡単に整理する。

上で述べた点と若干重複するが，通常指摘されるプライス・キャップ規制の利点は次のとおりである。

①経営効率のインセンティブを与える。

②事業者に料金設定上のフレキシビリティが与えられ，事業者の適切な料金（運賃）体系を実現することができる（リバランシングと呼ばれる）。

③原則として（事業全体および個別サービスについて）費用算定および監視の必要がなく，運用が簡素化できる。

④前記③から，規制当局および被規制企業の双方において規制コストを削減することができる。

⑤アバーチ＝ジョンソン効果を回避することができる。

このうち①の効率性向上は，プライス・キャップ規制のそもそもの目的であり，最も重視されるべき点である。②は，公的規制の下での運賃・料金体系の歪みを是正するといわれる。しばしば指摘しているように，認可運賃の場合，本来の費用とは乖離した価格設定がなされる場合がある。例えば，かつての航空運賃や電気通信料金のように，長距離の利用者に割高に短距離の利用者に割安に運賃・料金が設定される場合などがこれにあたり，このよ

うなケースでは利用者間の内部補助が行われていると指摘される。運賃・料金体系が自由に設定できれば，それらは発生した費用に近づくものと期待される。さらに，理論的には，各種サービスの間に共通費が存在すれば，その配分方法は望ましいものになるといわれている。ただ，このような運賃・料金のリバランスは，これまで相対的に安い価格を享受していたものは値上げを意味し，不満の種になる可能性がある。それでも，費用引下げのインセンティブが十分に働くならば，社会全体としての利益が増大することは明らかである。

　③と④も，①と同様プライス・キャップ規制導入に際して最も重視された点であるが，イギリスの経験からすれば，必ずしも現実的ではないという見解もある。これは，イギリスのプライス・キャップ規制では，利用者への影響を抑えるためにこの方式にしては過度の規制介入が行われたためと思われる。⑤については，そもそもアバーチ゠ジョンソン効果はレート・ベース規制を前提として行われる行為であるから，レート・ベースとつながりをもたない形のプライス・キャップ規制では，企業はそのような行動をとる合理性が存在しないことになる。

　一方，プライス・キャップ規制のデメリットは以下のとおりである。

①価格が上限に張り付き，場合によっては安易な価格引上げにつながるおそれがある。

②サービスの質が低下する。

③効率的な価格水準を反映した価格上限の基礎となる指数の妥当性評価が困難となる。

これらは，プライス・キャップ規制にまつわる必然的なデメリ

ットであり，システム上の問題である。さらに，イギリスの経験からプライス・キャップ規制の運用段階で生じる問題点は以下のとおりである。

④マイナスX項（効率化要因）の見直しが頻繁に行われ，逆に効率化のインセンティブが削がれる可能性がある。

⑤マイナスX項の設定に多大な費用情報（特に報酬率）を必要とし，公正報酬率規制との差異が明確でなくなる。

⑥公式に多様なファクターを導入せざるをえなくなり，逆に複雑になる可能性がある。

⑦前記⑥から，したがって規制のコストは低下しない。

以上の問題は，規制執行段階のものであり，このような弊害が出るのは純粋に運用の仕方に関わるものである。

わが国におけるプライス・キャップ規制は，正式な形では市内電話料金等で行われている。ただ，この電気通信事業法に基づくプライス・キャップ規制は，Xファクターの算定にあたって物理的に（費用情報とは別に）期待される生産性の向上率に基づくのではなく，需要量，営業費用等の予測をもとに計算される収益率を勘案して決定される（読者は，本章の第*2*節で述べたレート・ベース規制をヒントに，Xファクターを決定すれば公正報酬率が計算できることを確認されたい）。したがって，実質的にはレート・ベースに基づく総括原価主義と大差がないという批判が成り立つ。ただし，これまでの総括原価主義が，過去の実績に基づいて原価が計算される（将来需要に対する予測は当然必要になるが）のに対し，電気通信の方式は費用等についても効率性改善を含む将来推計が用いられる点（このような費用は，フォワード・ルッキング・コスト forward looking cost と呼ばれる）で優れているとの指摘もある。

ヤードスティック規制　ヤードスティック規制は，直接競合関係にない事業者の間で，一定の比較対照となる指標（Yardstick）を設け，その指標を基準として経営を間接的に競わせるものである。自然独占を基本とする公益事業において直接競合関係にない事業者の比較を行うという点では，地域別の事業体を比較することが多くみられる。最近の例では，わが国で1995年度から採用された都市ガスの料金認可におけるヤードスティック規制は，需要条件，自然的条件等により類似事業者をグループ分けした上で，各グループ内で費用水準を比較するものである。都市ガス事業者は地域的な免許を与えられていることから，当然その比較は地域間のものになる。

わが国においてヤードスティック規制が明示的に，しかも比較的早い段階から利用されてきたのは，道路旅客運送事業の分野である。例えば，乗合バスについては，1972年の運賃改定から標準原価方式と呼ばれる，ある種のヤードスティック規制が採用されている。乗合バスの運賃は，1県1ブロックを基本とする運賃改定ブロックごとに決められてきたが，この際，認可の基準となる原価は，ブロックごとの標準原価という形で計算される。標準原価は，各ブロックの事業者のうち，一般的に高費用であると考えられる公営の事業者および小規模事業者（通常保有車両数30両未満）を除いた事業者を標準原価計算対象事業者とし，対象事業者の実績値を路線距離等により加重平均することによって求められる。旧運輸省の説明によれば，このような標準原価方式による運賃改定を導入した目的は，「低能率・高コストの経営に対してはその改善を求める一方，高能率・低コストの経営に対しては，その経営努力にインセンティブを与えることにより，より適正な

コストによる輸送サービスの提供を期待」することとされている。[12]

1997年の上限運賃制導入以降，わが国の鉄道部門（大手民鉄）では定式化されたヤードスティック規制が用いられるようになった。鉄道でヤードスティック規制が可能なのは，わが国には比較可能なほどの事業者が存在しているからにほかならない。97年の運賃改定の際に行われた算定方法は以下のとおりである。[13]

大手民鉄の軌道部門営業費用のうちで，各社間で比較可能な原価項目として，次の5つを取り出す。

①線路費（線路や路盤の維持・補修，作業管理に要する経費）

②電路費（電車線や信号設備等の維持・補修，作業管理に要する経費）

③車両費（車両の整備・補修，作業管理に要する経費）

④列車運転費（列車の運転や作業管理に要する経費，動力費を含まない）

⑤駅務費（駅の維持や乗車券の発行等に要する経費）

これらについて各施設の単位当たりの経費を計算，さらにそれらの費用に影響すると思われる変数のデータを基礎データとし，次のような単純な回帰式を計算し，その計算値を基準単価とする。

$$y = a + bx_1 + cx_2 (+ dx_3)$$

当然ながら，上の回帰式の被説明変数および説明変数は原価項目によって異なる。1997年に行われた運賃改定の際の変数が**表4-2**に示されている。

以上のようにして計算された基準単価に実際の施設量を乗じ基準コストとする。この基準コストがヤードスティックとなり，実績コストの差が事業者の経営状況を示すことになる。いうまでも

表4-2　大手民鉄のヤードスティック規制に用いられる回帰式変数

費　目	y	x_1	x_2	x_3
線路費	路線延長1キロ当たり基準単価	トンネル・橋梁比率	車両密度（対数）	
電路費	電車線延長1キロ当たり基準単価	トンネル比率	電車密度（対数）	電車線割合（対数）
車両費	車両1両当たり基準単価	1両当たり輸送人キロ（対数）	編成車両数	
列車運転費	営業キロ当たり基準単価	1列車キロ当たり乗車人員	列車密度（対数）	
駅務費	1駅当たり基準単価	エレベータ，エスカレータ設置比率	1駅当たり乗車人員	

なく，実績が基準を下回っていれば効率的，逆であれば非効率である。非効率な事業者は実績コストを認められないわけであり，経営上のインセンティブが与えられる。

　大手民鉄のヤードスティック規制では，回帰式によって得られた結果をヤードスティックとするという客観的な方法を導入した点が注目される。大手民鉄の運賃改定に際しては，過去にも比較査定と呼ばれる効率性の比較が行政によって行われてきた。この方式は，項目や方法等に基準が示されているものの，細部が明確にされておらず裁量的な行政手法との批判があった。その点でヤードスティック規制の導入は決定プロセスの透明化という点で大きく前進した。ただ，上であげた5つの原価項目は，合計で営業費用全体の60％弱を占めるにすぎず，ヤードスティックによる

インセンティブの大きさについては未知数な面があることも事実であろう。

notes ●●●●●●

▼9　なお、このほかのインセンティブ規制としては、成果基準料金規制（PBR：Performance Based Rate Making）やフランチャイズ入札規制などがある。前者は、事業者が一定の効率性の上昇を規制者と約束した上で、それを上回る効率性向上について自らの利益とすることができるもの、後者はフランチャイズの運営権を入札にかけ、最も効率的な提案をしたものに運営権を付与するものである。

▼10　第3章および本章第5節を参照。ただし、これは経済学者の見解であり、会計学からの賛同を得られているわけではない。管理会計の発想からすれば、費用配賦の公正は原則として手続き的公正であり、合意のもとに定められた手続きの遵守こそその本質である。

▼11　経済理論上望ましい価格体系はラムゼイ価格と呼ばれる。ラムゼイ価格については、次章で述べる。

▼12　運輸省運輸政策局監修（1990），p.38。

▼13　対象となった大手民鉄は、東武鉄道株式会社、西武鉄道株式会社、京成電鉄株式会社、京王帝都電鉄株式会社、小田急電鉄株式会社、東京急行電鉄株式会社、京浜急行電鉄株式会社、相模鉄道株式会社、名古屋鉄道株式会社、近畿日本鉄道株式会社、南海電気鉄道株式会社、京阪電気鉄道株式会社、阪急電鉄株式会社、阪神電気鉄道株式会社および西日本鉄道株式会社の15社である。

4　有料道路の料金設定

●償還制

わが国において道路は、道路法によって「無料開放原則」とされている。つまり、利用者は道路の通行に際して「原則として」料金を課されないことになっている。実際問題として、一般の道路において、その利用者は歩行者、自転車そして自動車とさまざまであり、すべての道路において、すべての利用者から通行料金

を徴収することは現実的でない(原則として,道路は純粋公共財である)。ただ,自動車が専用に利用する道路については,料金所を設け1台1台の車から料金を徴収することが容易であり,実際に行われている。この措置は,基本的には道路整備の促進を目的として道路利用者の直接的な負担を求めるものであり,道路整備特別措置法によって法的に位置付けられている。

有料道路の会計方式,料金設定は第2節で述べた総括原価方式とは異なるものである。総括原価方式は,原則として企業会計を基本として原価を求め,それを償う運賃・料金の設定が行われる。これに対し,有料道路制度は「償還制」と呼ばれる会計方式がとられている。その違いについては以下で述べるが,この点を考慮し,本節では有料道路の料金がいかに決定されるかを検討する。

有料道路

わが国の有料道路はいくつかに分類することができる。図4-1に示されているように,われわれが有料道路と認識しているのは,高速自動車国道,都市高速道路,本州四国連絡道路,一般有料道路の4種類が一般的である。道路法上は「無料開放原則」の例外として,このほか有料橋・有料渡船施設が含まれる。[14]事業主体は公団が中心であるが,地方有料道路の場合には公社によって運営される。ただし,2001年成立の小泉内閣による特殊法人改革において,道路関係公団の改革が検討され,日本道路公団,首都高速道路公団,阪神高速道路公団,本州四国連絡橋公団については将来的に民営化することが決定された。[*]

わが国において有料道路制が採用された直接の要因は,第2次大戦後の経済復興時において,道路整備が欧米先進国に比べ著しく立ち後れていたことである。わが国最初の高速自動車国道は,

図4-1 有料道路の分類

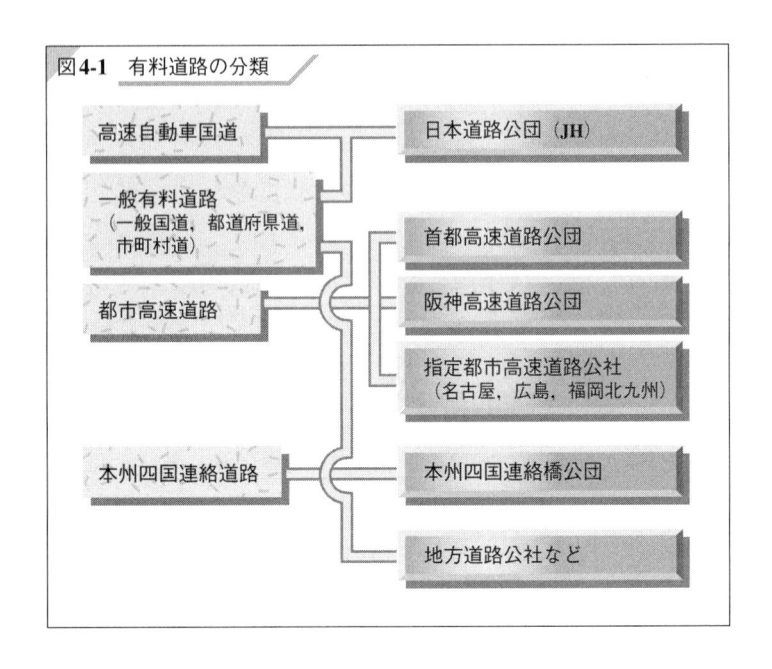

- 高速自動車国道 → 日本道路公団（JH）
- 一般有料道路（一般国道，都道府県道，市町村道）
- 都市高速道路 → 首都高速道路公団／阪神高速道路公団／指定都市高速道路公社（名古屋，広島，福岡北九州）
- 本州四国連絡道路 → 本州四国連絡橋公団
- 地方道路公社など

1965年に開通した愛知県小牧市と兵庫県尼崎市を結ぶ名神高速道路であるが（部分開通は1963年），わが国はこの道路の建設にあたって世界銀行から資金を借り入れた。その際，世界銀行の調査団がわが国を視察し，先進国の中でも道路整備水準が著しく劣っていることが指摘された。

有料道路制は，原則として建設に関わる資金を借入れによって調達し，開通後に発生する収入でそれを返済する仕組みである。したがって，財政的には逼迫しているが，道路を建設すれば高い確率で利用者が増加し必要な収入の確保が期待されるケースでは，建設促進に及ぼす効果は大きい。昭和30年代半ばからの高度成長期のわが国は，まさにこの条件に合致していた。行政は，1952年に道路法を全面的に改定するとともに道路整備特別措置

法を制定し，有料道路制に法的裏付けを与えた。この道路整備特別措置法は56年の大幅改正を経て，21世紀の今日まで存続している。この間，有料道路制度の果たした役割は大きい。とりわけ高速自動車国道は整備延長6861km（2001年3月末時点）に達し，日本経済の物流に欠くことのできない存在となった。

しかし，1990年代以降，産業構造の変化（重厚長大産業中心からサービス産業中心への移行），路線整備の進展にともなう新規路線における低需要，都市部における交通渋滞の慢性化，既存利用者の負担の増大等の理由から，これまでの有料道路による（とりわけ後述する全国プール制による）道路建設に疑問や批判が多く寄せられるようになった。その現れが21世紀初頭に行われることとなった4公団の組織改革である。ただ，有料道路制が成熟期を迎えたかどうかとは別に，それが日本の経済成長を支えたことは事実であり，以下では，その中心的役割を果たした，有料道路における「償還制」と高速自動車国道における「プール制」について，交通事業における料金決定の視点から考察することとしよう。

償還制による料金決定

日本道路公団をはじめとするわが国の有料道路の基本的な枠組みは，償還制と呼ばれる費用負担システムである。償還制は，道路建設を出資金および借入れによって行い，その建設費と供用開始以後に発生する維持管理費および借入金への支払利子を，一定期間（通常30年から50年）の料金収入およびそれにともなって発生する受取利子によって返済するシステムである。償還制の概念を示したのが図**4-2**である。図に示されているように，償還制では，建設費（出資金および借入金，図のAの部分）およびその後発生する支払利子と維持管理費の部分（Cの部分）との合計が，料金収入とその受

図4-2 有料道路償還制の概念図

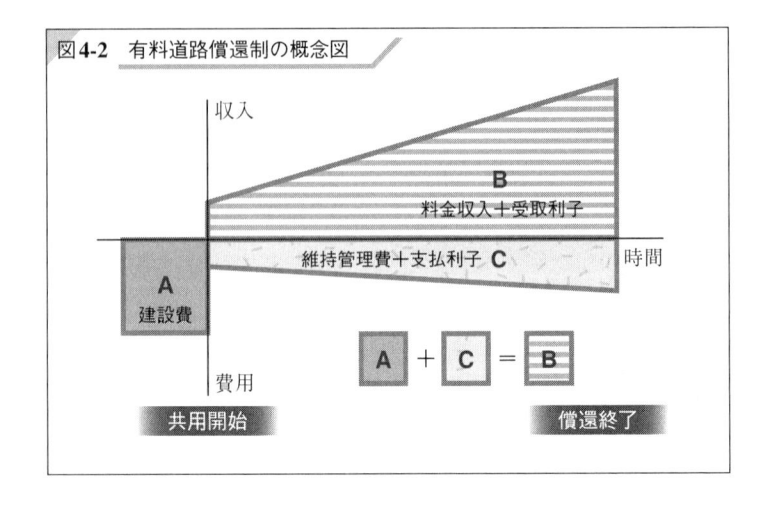

取利子の合計（Bの部分）と等しくなればよい。つまり，面積についてA＋C＝Bになることが要求される。

料金については，費用側では建設費と毎年の維持管理が想定され，利子率等に一定の仮定をおくことによって毎年の償還額全体が計算でき，需要側では各年の需要予測値が計算できるわけであるから，需要量に料率（1台キロ当たり料金）をかけた予想収入が一定期間内に償還額に等しくなるように計算すればよいことになる。この関係を式で表せば次のようになる。

$$\sum_{t=1}^{T} PD_t(P)(1+r)^{T-t} = K(1+r)^t + \sum_{t=1}^{T} O_t(1+r)^{t-y}$$

ただし，t：年次（$t=1$は供用年次）

T：償還期間

P：料率（1台キロ当たり料金）

$D_t(P)$：第t年の需要関数（料率の関数）

r：利子率

K：建設費

O_t：第t年の維持管理費

である。

　償還制の第1の特徴は，利益概念が存在しないことである。そもそも有料道路は，上述のように，道路法上無料であるべき道路という施設について，特別の措置によって有料とするものである。償還制では，償還期間が終了すれば，その道路は原則として無料開放されることになっている。その際，道路という資産は本来それを管理すべき主体（例えば高速自動車国道であれば国，地方道であれば該当する地方自治体で，「本来管理者」と呼ばれることがある）に無償で移管されることになる。公団や公社は，理屈の上ではその期間のみ存在する限定された主体である。道路という社会資本の建設維持管理についてこのような考え方が適切なのかどうかは別として，制度上はそのように規定されており，公的主体の出資金に対して経済的リターンは考慮されないのである。

　第2に，利益概念が存在しないことから，企業会計でいうところの収支が明らかにされない。いうまでもなく通常の企業は継続的に事業を営むことが前提とされており（going concern），そのために減価償却費等概念上の費用が計上され，利益が計算される。償還制では，利益の確定という企業会計本来の目的が必要とされないことから，ある意味ではそのような必要がないことになる。上の式を通常の企業の財務的な分析になぞらえれば，投資に関する収益率を単なる資金の流れとしてのキャッシュフローから計算する方法に類似する。ただし，償還制では投資に関する収益率がゼロになるように料金（料率）が計算されるのである。

　第3に，出資金の扱いも通常の企業とは異なっている。出資金

は通常の企業でいえば資本金にあたるが、上述のように償還制では配当となるべき利益が存在しない。一方、償還制においては償還対象額の中に出資金が含まれる。つまり、政府ないし地方自治体は、理論上は出資金を回収できるわけだが、無利子で融資をしたケースと同様、出資してから回収するまでの間そのお金に対する配当（利子）を放棄していることになる。逆に見れば、配当（利子）分だけ補助金を与えていることと同じである。▼15

　償還制は、財政が逼迫している状態において、建設に要する資金を借入金と出資金で賄い後年度の利用者がそれを支払うという方法で、早期道路整備に向けた資金調達上の効力を発揮してきた。▼16 しかし、償還期間が30〜50年以上という長期にわたることから、需要をはじめとする将来推計の精度がきわめて重要である。特に、東名・名神高速道路のように供用時点での需要量の存在が確実で、将来的な増大も高い確率で見込まれる道路建設から、開発が遅れた地域での先行投資型の事業に道路整備の軸足が移れば、道路投資の効率性の確認はさらに重要になる。そのためには第6章で述べる費用便益分析の導入、さらには企業会計で見た場合の財務分析などが導入されるべきであろう。

料金プール制

わが国の有料道路制度において償還制と並ぶもう1つの柱は、料金プール制である。料金プール制は、複数の路線の料金を合計し、そのネットワーク全体に償還制を適用する制度である。ただし、料金プール制が適用されるのは本節冒頭で述べた有料道路のうち、原則として日本道路公団が担当する高速自動車国道のみである。▼17

　料金プール制は、1972年の旧道路審議会有料道路部会の答申を受けて、同年に導入された。72年の答申は、プール制の根拠

を次のように指摘している。「高速自動車国道は，本来各路線が，連結して全国的な枢要交通網を形成すべきものであって，各路線が必ずしもそれぞれ独立的なものとはいい難い」こと，「建設時期のちがいに起因する用地費，工事費等の単価の差異によって建設費も影響を受け……，路線ごとに費用を償うように別々な料金を設定するならば，……料金に差異が生じることになる」こと，そして「借入金の償還を円滑に行う」ことである。

プール制は，全路線を一体として償還することにより，比較的需要の少ない路線，したがって採算性の思わしくない路線についても，東名高速道路や名神高速道路のような通行量が多く採算のよい路線の稼ぎにより建設が可能になるという特徴を持っている。また，高速道路ネットワーク全体について前項で述べた償還制が適用されるわけであるから，料金水準も全国均一になる。もちろん，このことは場合によっては採算性のよい路線から不採算路線への路線間内部補助が行われることを意味し，その論拠と範囲の妥当性について近年盛んに議論が行われている。

プール制を是認する観点からは，上の1972年の答申における指摘のほか，次のような主張がある。建設費を含む高速道路の費用は各路線で大きく異なっている。逆に，それを平準化する全国均一料金制は先に建設された費用の低い路線から後発の費用の高い路線への内部補助となるが，先発の路線は高速道路の存在によって地域開発等の便益を享受してきたことから，それを後発の路線に還元することが望ましい（先発者の利益の還元）。一方，路線間内部補助については，①資源の配分をゆがめるという経済学上の批判があるほか，②内部補助は高需要路線の利用者から低需要路線の利用者への所得の移転である，③「借入金の円滑な償還」

という目的から，需要が少ない地方路線等や採算性の思わしくない路線のプールへの組入れが，償還全体の負担となる可能性があること等が指摘されている。

ただし，プール制については，当初から一定の限度が必要と考えられていた。1972年の道路審議会答申では，①対象は全国的な高速自動車国道の一環であるものに限り，②採用・編入路線は，単独でおおむね30年以内に償還可能と推定されるものであるか，あるいはプール全体に余裕のある場合に限り，おおよそ35年以内に償還可能なものに限る，との制約が課されている。1985年の道路審議会答申では次のように指摘されている。「高速自動車国道における国費投入の意義も踏まえ，例えば，内部補助の額は料金収入と国費等を合わせた額程度までとする，といった方法が適切であろう」。さらに，単独でみればすでに償還しているとみられるような路線については，将来適切な時期に再生産コストに基づく料率を斟酌し，料金改定に適切な歯止めを設ける，とされている。

有料道路とりわけ高速道路は，償還制とプール制に支えられて全国ネットワークが形成され，わが国の経済発展に寄与してきた。しかし，経済構造の変化，それにともなう輸送構造の変化により，21世紀初頭の今日，その整備計画，整備手法も転換期に来ているように思われる。わが国の将来を考えるうえで，道路整備の重要性は変わるものではないが，社会経済の変化に合わせた柔軟な道路政策が求められている。

notes ● ● ● ● ● ● ●

▼14 さらに，道路運送法に基づいて民間事業者が運営する「一般自動車道」という範疇の「有料道路」がある。一般自動車道事業は大正末期からバス事業者等が自らのバス専用道路を敷設し，それを自社以外の自

動車にも開放したことにより始まった。制度として現在も引き継がれているが，近年では新設のものはほとんどない。

▼15 さらに，償還後道路資産は本来管理者に無償で移管されるが，本来管理者と出資主体が同一であると考えれば，出資者は，配当（利子）を放棄する一方で，出資額が返済され，さらに無償で資産を手に入れることになる。道路の耐用年数は償還期間よりも長く，また土地のように減価償却対象でない資産を含んでいることを考えれば，本来管理者への移管時点で道路資産が企業会計でいう簿価ゼロと考えることには無理がある。

▼16 さらに，その具体的な下支えとなったのはわが国特有の財政投融資制度であった。

▼17 高速自動車国道以外の有料道路でも，一部例外的に地域的なプール制が採用されているケースがある。例としては，首都高速道路，阪神高速道路，第3京浜と横浜横須賀道路および京葉道路と千葉東金道路，東京湾横断道路がある。

＊ 道路公団については，2004年6月公布の高速道路株式会社法によって民営化されることとなった。しかし，2004年度末の時点で，料金決定詳細等については未確定なため，ここでは道路公団における料金決定方式を解説する。

5 運賃・料金設定の公正と内部補助

公正な価格　価格規制の緩和は事業者に運賃・料金決定の自由を与えるものである。例えば，総括原価主義からプライス・キャップ制への移行は，事業者が期待以上の効率性の向上を達成することによって自らも一定の利得を得るだけでなく，運賃・料金体系（個別サービスの価格）の設定をこれまでとは違った視点から行えるようになることを意味する。その際，消費者の側で問題となるのは，自分に課されている価格が適正なものかどうか，他の消費者に比べて損をするもので

はないのか，つまり消費者間の運賃・料金設定の公正性である。

すでに述べたが，総括原価主義のもとでは，サービス別の運賃・料金は個別原価主義を基本として設定されてきた。つまり，共通費を含む総費用を各財・サービスごとに配分してそれを個別原価（別の言い方をすれば完全配賦費用）とし，それに基づいて運賃・料金体系が決定されるのである。公的規制が厳格に行われていた時代は個別原価主義が消費者の納得を得られたのかもしれない。しかし，多大な共通費が存在する産業においては，これもすでに述べたように，原価配賦の方法は必ずしも一様ではなく，個別原価自体が複数存在する。その中でどれを選択するか，どれが公正な配賦方法であるかは原則として決定できない。公的規制のもとでは，運賃・料金規制によってその公正性が担保されているとの前提のもとに，個別原価主義が是認されてきたと考えることもできる。しかし，少なくとも経済学的な視点からは個別原価に絶対的な基準が存在するわけではない。

公正な価格とは何かについて厳格な定義を与えることはむずかしい。そもそも何をもって公正かということ自体，100人の論者は100通りの解答を出すかもしれない。本書では詳細な議論を行わないが，経済学においても経済上の公正ないし所得分配の公正について多種多様，多大な研究が存在しているのも事実である。ここでは運賃・料金構成における公正性を人びとの納得性という観点から考えてみよう。納得性という言葉自体曖昧さを含んでいるが，さしあたり「合理的に考えた場合に合意できる基準」と解釈しておく。

この種の判断基準として，実務的にもしばしば用いられるものに，純収入テスト（Net Revenue Test）がある。例えば，1999年

に改正される以前の旧航空法第105条第4項には次のような規定があった。「定期航空運送事業者は，……，当該定期航空運送事業に係る総収入を減少させないと見込まれる範囲内で，運輸省令で定めるところにより，適用する期間又は区間その他の条件を定めて，……運賃又は料金……の割引を行うことができる。(後略)」。つまり，ある事業者（ここでは当時の定期航空運送事業者）がある路線に割引運賃を設定しようとする場合，その設定によって全体の収入がプラスになればよいという基準である。

このような基準は納得できるであろうか。割引運賃が設定されると同じ飛行機に値段の異なる航空券を買った人が乗る。普通航空券を買った人にとっては割り引かれた安い航空券はねたましく思われ，納得できないかもしれない。しかし，合理的に考えればこの種の割引運賃は普通運賃の顧客にもプラスの効果があるはずである。なぜなら，割引運賃によって本来空席であった席が埋まる。つまり搭乗率が上昇する。搭乗率が上昇すれば全体で見た1人キロ当たりのコストが低下する。もし，航空各社が競争していれば，このコスト低下は普通運賃の水準にも反映されるはずである（あるいは，運賃規制の下では普通運賃の引上げの抑制につながる）。このケースでは割引運賃によって埋まった席は，それがなければ空席であった。言い換えれば，割引運賃で乗り込んだ乗客について追加的にかかる費用はほとんどゼロに近い。であれば，その乗客からなにがしかの料金が収受できれば，それは航空会社にとってだけでなく普通運賃を支払う乗客にとっても有利なはずである。つまり，この航空運賃のケースでは割引運賃の設定によって全体の収入が減少しなければ利用者全体にとってプラスになるのである。

内部補助とその判定基準

第1章において指摘したように，内部補助は一般に，ある企業が経営する2つ以上の供給部門のうち，黒字部門の収入によって赤字部門の損失を補塡するという形態とされ，資源配分上の効率性を損なったり，所得分配上の問題を含んだりする。しかし，経済学的な観点から見て，どのような状態が内部補助でどのような状態が内部補助でないのか，これについては必ずしも即座に明確な解答が得られるわけではない。なぜなら，前述のように，交通分野のように共通費が多く発生する場合には，個別のサービスの費用を確定することがむずかしいからである。また，交通の場合にはネットワーク上でサービスが供給される。例えば鉄道会社がある路線を新たに建設したとして，その路線単独では収支を償わなくとも，その路線のおかげで既存路線の利用者が増加し，その増収分を加えたら新しい路線の収支が均衡する（あるいは余剰が出る）場合はどうであろうか。

共通費が存在する場合については，個別原価あるいは完全配賦費用に基づいて内部補助を判定することも可能であろう。上の内部補助の一般的な定義はそれを念頭に置いてなされているといえる。しかし，完全配賦費用は必ずしも一様に決まるものではないという立場に立てば，内部補助の判定基準として決定的なものにはなりえない。共通費の配賦の仕方によって判定基準が異なってしまうからである。

交通分野（あるいは公益事業分野も同様である）において，納得性のもとに内部補助を判定する基準として，①単独採算費用テスト（増分費用テスト），②純便益テスト，③システム・テスト，が提案されている。以下では，これらについて簡単に考察しよう。

(1) 単独採算費用テスト（増分費用テスト）

単独採算費用テストは，複数のサービスが提供される場合，あるサービスからの収入が，それが独自に供給された場合の費用（単独採算費用）を上回るかどうかを基準とするものである。当然，収入が上回ればそのサービスは他のいずれかのサービスに対して内部補助をしていることになる。逆に，収入が単独採算費用を下回れば内部補助なしと判断される。サービスが3種類以上であるときには，単独を含むすべてのサービスの組合せについて，このテストが行われなりればならない。

本書でもしばしば登場する鉄道事業者の旅客輸送と貨物輸送の例を考えよう。いま，その会社が全体として収支均衡を達成しているとして，旅客輸送からの収入が，旅客輸送に必要な運行費と運行に必要な諸施設の費用を上回っているとすれば，旅客輸送から貨物輸送に対し内部補助が行われていることになる。

鉄道事業において単独採算のための費用を算定することは，共通費を配賦する作業に比べれば曖昧さが少ない。JRは旅客会社と貨物会社に分割され，貨物会社は旅客会社の線路施設を使用してサービスを提供している。旅客輸送と貨物輸送が別会社によって行われているのであるから，両者はここでいう内部補助の関係にないが，貨物会社が旅客会社の線路を使用する際の対価は旅客会社の単独採算費用テストに近い概念に基づいている。貨物会社の線路使用料は，原則として回避可能費用を基本として決定される。この回避可能費用とは，第3章第3節で述べたように，かりに貨物会社の輸送がなかったとした場合に節減できるであろう費用を意味する。つまり，旅客会社にとっては総費用からこの回避可能費用を差し引いた分が単独採算費用であり，それ以上に収入

を上げているとすれば旅客は払い過ぎをしていることになる。▼18

　回避可能費用の概念は，単独採算費用テストに重要な要素を提供してくれる。JRの例では，旅客会社と貨物会社が別々であったが，第3章の例のように，これが一体で行われていたとすると，この旅客貨物総合会社の貨物輸送の回避可能費用は，JRの線路使用料でいう回避可能費用と貨物会社の総費用を合計したものになる。この費用は，逆に考えれば，いま旅客会社が貨物輸送を始めることによって生じる費用であり，別のサービスが加わることによる増分費用（incremental cost）と呼ばれる。新たに誕生した旅客貨物総合会社の内部補助問題は，旅客部門に関する単独採算費用テストでみれば，現在のJRのケースと変わりはない。一方，貨物部門から見れば，そのサービス開始の増分費用を上回る貨物収入が上げられれば，旅客部門からの内部補助は受けていないことになる。このテストは増分費用テストと呼ばれ，単独採算費用テストは，全体の収支均衡が達成されている限り，増分費用テストと等しいことが理論的に示されている。

　ところで，ここまで読み進められた読者は，単独採算費用テスト（増分費用テスト）と第3章第4節で検討した費用配分ゲームとの関係に気づかれたと思う。実際のところ，両者は本質的に同じことを述べている。第3章の例では，A，B両市が共通に使用するゴミ処理施設を建設することが想定され，施設建設以外に発生するトラックによる収集等の運営費は各市が負担することとしたが，要は各市が単独で処理施設を建設し，ゴミ処理を行う費用よりも共同化した場合の費用が小さいのであれば，両市の合意（結託）が成立するというのが条件であり，これはここでいう単独採算費用テストにほかならないのである。したがって，単独採

算費用テストがクリアされれば、第3章で述べたコアが存在することになる。この際重要な点は、第3章の数値例で示したように、サービスが3種類以上であれば費用構造のあり方によってはコアが存在しない、すなわち単独採算費用テストが必ずしもクリアされないケースがありうるということである。

(2) 純便益テスト

純便益テストはサービスを受ける側の便益を考慮し、サービスの対価との関係で内部補助の有無をテストしようとするものである。単独採算費用テストは、もしそれが満足されないのであれば、内部補助を出す側の部門は独立して生産したほうが有利になる。顧客にとっては、それによって内部補助のない価格が課されることになる。複数のサービス供給に関わる一般的な状況では、このテストが1つのメルクマールとなろう。ただ、このテストには便益を考慮していないという批判がなされるかもしれない。この点を考慮したのが純便益テストである。

純便益テストを理解するために、次のような例を考えよう。この例は、第3章第4節で考えたゴミ処理施設の例で、3市のケースを単純化したものである。いま、3つの離島（A、B、C）があり、それぞれ航空会社を設立して本土の中核都市（D市）に1日1往復の航空輸送を提供しようと考えている。この離島路線は乗客数が少なく赤字であるため、既存の航空会社ではサービスが提供されない。簡単化のために、運賃は無料であり費用は島が財政負担するとしよう。3島は同じような航空サービスを提供するのであるから、当然共同して行ったほうがコスト節約になる。いま、コストの想定を1島単独では年間30億円、2島の共同では年間55億円、3島の共同では75億円であるとしよう。これに対し便益を

次のように仮定する。3つの島はD市からの距離，気象条件等がほぼ等しいが，住民の数の違い等によりこの航空サービスによって得られる島全体の便益が異なる。この便益は，A島が年間23億円，B島が年間30億円，C島が年間40億円である。さて，費用負担として，A，B，C3島に同水準の航空サービスが提供されることから，それぞれ25億円が求められたとしよう。どのような結果になるであろうか。

一見して明らかなように，A島はこの航空サービス連合から脱退する。25億円の支払いは便益（23億円）を超えており，A島にはこの話に乗る理由はない。また，A島の便益は，単独で航空サービスを提供する費用（30億円）を下回るから，結局A島は航空をあきらめることになる。B島とC島はどうであろうか。彼らは2者連合により55億円の費用でサービスを提供することになる。しかし，前と同じ理由でこの費用を折半すると，27.5億円ずつとなり，幻の3社連合の場合の費用負担を上回る。B島とC島は当然A島に費用負担を23億円まで減額することを申し出，自らの負担も26億円ずつにすることを提案するであろう（もちろん，3島の負担割合はこの例に限られない）。

以上では共同して事業を行うかどうかという観点から便益と負担額との差（純便益）を考えた。現実の公共用交通等における内部補助テストとしては，提供されているサービスから得られる便益とその対価とを比較してテストとすることが考えられる。実際，道路整備特別措置法において，一般有料道路に関する料金原則は，「公正妥当なものでなければならない」（同法第11条第1項）とされているが（「公正妥当主義」と呼ばれる），その内容は「道路の通行又は利用により通常受ける利益の限度をこえないもの」と規定

されている（同法第11条第2項）。この原則が個別サービスごとの料金，例えば車種間比率（普通車，大型車，特大車等の台キロ当たり料金の比率）に適用されるとすれば，ここで述べた純便益テストに近い概念となる[19]。一方，そもそも消費者が財を購入するのは，彼が価格以上の価値をそれに認めているからにほかならず，その意味では，利用者の負担と便益比較では消費しているものの便益は常に対価を上回ると指摘することもできる。ただ，交通の場合には派生需要という性格から，トリップを行うものの本来の目的との関係において，交通のみの便益が考えられねばならないかもしれない。

(3) システム・テスト

(1)で述べた増分費用テストは，あるサービスを新たに導入した場合に追加的に発生する費用と，そのサービスから得られる収入を比較するものであった。旅客輸送と貨物輸送という単純な例の場合にはこのテストが大きな意味を持つ。しかし，新たに導入されるサービスと既存のサービスとの間に補完関係や代替関係があったならば，この単純な比較は適切なものではないかもしれない。新しいサービスがもたらす収入は，既存サービスへの効果を含むべきであると考えることもできるからである。このように，新しいサービスについて，その増分費用とそれがもたらす会社全体の増分収入とを比較するテストをシステム・テストと呼ぶこととする[20]。

運輸事業の場合には，ネットワークでサービスが供給されるケースが多いために，システム・テストが現実味を帯びている。鉄道において新線の追加が既存線の乗客を増加させる事態はしばしば見られる。鉄道では，このような効果は培養効果（フィーダ

5 運賃・料金設定の公正と内部補助 213

ー・サービス）と呼ばれる。このようなケースで，新線の追加が既存線の乗客に負担をかけるかどうかは，既存線への増収分を考慮して行われるべきであろう。逆に，新線が既存線の代替路線であれば既存線の需要量は減少するのであり（整備新幹線のケース），新線の収入はその分が相殺されねばならない。また，システム・テストはサービス追加のケースに限られない。既存サービスからの撤退，既存線の廃止のケースでは廃止によって節約される費用（回避可能費用）とシステム全体にもたらされる減収が考慮されねばならない。

　本節の冒頭で述べた旧航空法における純収入テストは，このシステム・テストの特殊型と考えることができる。特殊な点は，割引航空運賃のケースでは，割引運賃によって新たに埋まる座席の供給費用はほぼゼロであると考えたことであり，これは割引運賃が空席を満たすために導入されるという実態から理解したものである。ある便において空席数が経験的にわかっており，事業者はこれを新たに（これまでよりは安い）別の料金で販売すると解釈すれば，ここでいうシステム・テストにあたる。割引運賃の導入によって新たな需要が誘発されるとともに，普通運賃で利用していた乗客の一部はこの新しいサービスに移行すると考えられるから，両者は代替関係にあるのである。

　以上で論じた内部補助テストは，次のようにまとめることができる。

●単独採算費用テスト
　各サービス・グループからの収入≦そのサービスの単独採算費用

- ●増分費用テスト
  各サービス・グループからの収入≧そのサービスの増分費用
- ●純便益テスト
  いずれかのサービス・グループに対する純便益≧単独採算の場合の純便益
- ●システム・テスト
  システム全体の増収（減収）≧ (≦) そのサービスの増分費用（回避可能費用）

※単独採算費用テストと増分費用テストは収支均衡下で同値であり，システム・テストは両者の一般型である。

___notes___ ●●●●●●

▼18　以上の議論は旅客会社が公正報酬を含む費用に対して収支均衡であることを前提としている。

▼19　道路利用がもたらす便益については，道路投資を決定するための費用便益分析において詳細な研究が行われ，また実際に用いられている。費用便益分析については第6章で検討する。

▼20　システム・テストという呼び名は筆者らの命名である。このテストはゼイジャックによって負担テスト（Burden Test）として紹介されている。しかし，ゼイジャックはテストの一面（サービスが廃止されるケース）しか扱っておらず，それが負担テストという呼称に結びついている。しかし，このテストをより一般的に表現すれば，特に運輸の場合にはシステム全体への効果を考慮するという意味で，システム・テストと呼ぶことが適切であると考える。

Column ④　内部補助の限界

　第1章では内部補助の問題点を論じ，第4章では単独採算費用テスト，純便益テスト，システム・テストなどの分析的な見方を検討した。しかし，現実には，このような種々のテストで内部補助にあたると判断される場合にも，内部補助が実行されるケースはありうる。そして，内部補助は資源配分効率を損なう，所得分

配の面から不適切であるという経済学者の批判に対して，次のような反論がなされることがある。

① 鉄道や航空などの産業において内部補助が望ましくないとされるが，現実には一般企業も赤字部門を抱えている。通常の企業も内部補助を行っているわけで，なぜ，運輸事業における内部補助が批判されるのか。

② たとえ明らかな内部補助とわかっていても，例えば赤字ローカル線の維持のために大都市圏の利益が用いられるケースのように，社会的に容認されるケースもありうるのではないか。

①の反論については次のように考えることができる。確かに，企業が新製品を開発して，販売し始めたときなど，赤字であってもその生産は続けられる。しかし，これはその製品が将来的に企業に利益をもたらすという判断からなされるのであって，意思決定を行うのは企業である。企業は長期的な利潤最大化から赤字の部門を一時的に抱えるのである。

これに対し，運輸分野の内部補助は，少なくとも過去において，公的規制のもとで継続的に一部の利用者の負担によってなされてきた。その場合，意思決定は企業独自に行われるのではなく，政策問題である。政策目的から富の移転が必要とされるならば，その手段は一部利用者の負担に基づく内部補助に限られず，一般財政からの補助金の交付もありうる。このような点からすれば，企業的な判断と政策による内部補助は分けて考えるべきなのである。

②については，内部補助に対する社会的な受容性からのアプローチが可能である。かつて，イギリスのバスを規制する法律には，内部補助によって赤字サービスを維持するために，免許制を用いて競争を制限することが規定されていた。おそらく，社会的合意が得られるならば，この種の政策も安定的に行われるかもしれない。しかし，補助を出す側の負担が極端に増加したり，自分たちの地域とはまったく関係のない地域に補助がもたらされていたり

したら，必ずしも合意が得られるとは限らない。

②の問題について旧国鉄の例で考えてみよう。かつて，国鉄は，全国一律の運賃体系で運営されていた。1960年代の半ばまでは利益を上げ，国民の足として使われていた。70年代になって赤字が急増，80年代の大議論を経て87年の分割民営化に至った。その際に問題とされたのが，まさに今述べた内部補助問題であった。山手線や東海道新幹線の黒字が北海道のローカル線の赤字に用いられているが，ローカル赤字線の維持が沿線住民の生活のために必要ならば，国民全体の負担で行うべきであって，一部の利用者の負担であるべきではない。これがその主張である。

このような内部補助は，国鉄が黒字を計上していた時代にも当然行われていたわけで，それが問題視されるようになった背景にはそれなりの要因がある。もちろん，赤字の拡大が最大の理由であることは確かであろう。しかし，それだけではなく，輸送構造の変化が内部補助への国民の態度の変化に結びついたと考えることもできる。

1960年代まで国鉄は陸上交通をほぼ独占していた。自家用自動車交通はそれほど普及しておらず，国民の移動は多くが国鉄によって行われていた。そのような輸送構造のもとでは，利益を上げる部門の運賃，つまり費用以上の負担をしている運賃は，ほとんどの国民が負担するという意味で租税的な性格を持っていたと考えられる。一方，補助を受ける側は，一部のローカル線であった。つまり，負担は広く薄く行われており，一部の発展の遅れた地域が便益を得ていたのである。

モータリゼーションの進展，航空輸送の増大によって国鉄の独占体制は崩壊した。もちろんそれによって経営全体で見れば赤字が拡大したのだが，それとともに，内部補助のための補助を出す側の構造が変わった。独占体制のもとで広く薄く負担されていた内部補助の原資は，独占が崩壊することによって一部の利用者の

負担に変わったのである。費用負担者が明確になれば，その集団が自らの不利益に不満を持ち，政治的なアクションを起こすことは十分に予想される。つまり，国鉄は，独占の崩壊とともに内部補助による利害対立が先鋭化し，内部補助を前提とした全国一律の運営体制の限界が見られたのである。

以上の例からすれば，政策的な意味での内部補助も社会的な合意として存在しうるのかもしれない。しかしそれは，市場の条件に規定される危うい合意である。経済学の基本からすれば，弱者への所得の移転は直接的な方法によることが望ましいとされる。かつてアメリカの法律学者R. ポズナーは，この種の政策を「規制による課税」（Taxation by Regulation）と名付けた。内部補助が隠れた課税である限り，自己崩壊の可能性を秘めているのである。

演習問題

1 次の文章を読み，規制緩和後の運賃変化について諸君の意見を述べよ。

「航空規制緩和後，運賃は，平均すれば実質で低下するとともに，需要セグメントに応じたものになった。つまり，季節，時間帯，利用目的によって細かく運賃設定され，多種多様なものとなった。利用者は，自らの需要条件に基づいてもっとも望ましい運賃を選択できるようになった。これは，たとえ企業が利潤を最大化する目的であったとしても，消費者の選択の範囲を広げるという意味で経済学上望ましい価格設定である。一方，運賃設定が細分されたことによって，利用者の側では，自分の選好に合致する運賃を選択しなければならず，取引のための費用（手間）が増加した。また，同じ飛行機にまったく違った運賃の顧客が乗り合わせることになり，消費者の不公平感が生ま

れた」。

2 総括原価方式（レート・ベース方式）による運賃・料金規制とプライス・キャップ規制の利点および欠点を一覧表にまとめ，鉄道の場合に両者の規制を当てはめる場合の留意点について論ぜよ。

3 高速道路における償還主義の考え方と企業会計との違いをまとめ，経営上の観点からみた償還方式の問題点について論ぜよ。

4 高速道路の路線間内部補助について，政府の方針では次のような考え方が示されている（ただし，以下の記述は原文を単純化したものである）。

「路線間の過大な内部補助が生じないよう，採算性の低い路線の建設にあたっては，その路線から得られる収入がその路線の償還対象額の2分の1を超えることが条件である」。

(1) このような考え方で内部補助に上限を設定することに意味があるだろうか。

(2) 独自の収入が償還対象額の2分の1を超えるという条件は理論的に望ましいものだろうか。3分の2という条件ではどうだろうか。

REFERENCE

運輸省運輸政策局監修（1990），『運輸産業の運賃料金制度』(財)運輸経済研究センター。

Averch, H. and L. L. Johnson (1962), "Behavior of the Firm under Regulatory Constraint," *American Economic Review*, Vol. 52.

第5章 経済理論からみた運賃・料金設定

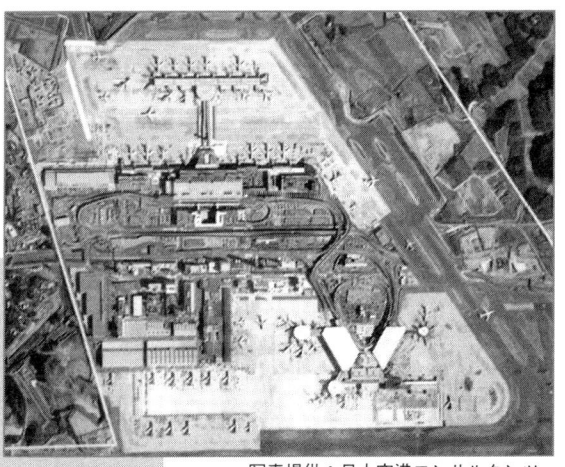

写真提供:日本空港コンサルタンツ

空港は国民生活に欠かせない「空の駅」になった。その利用の対価(空港使用料)はいかにあるべきなのだろうか。

前章でみた総括原価主義は，実務的，会計的に社会に受け入れられると思われる運賃・料金の規制原則を示すものであり，現実に多くの被規制事業分野で採用されてきた。この規制方式の限界と最近の規制改革の動向についてもすでに見たところである。本章では経済理論から見た運賃・料金設定について考える。

1 限界費用価格形成

　ミクロ経済学の基本的目的は，市場機構の働きによって資源配分効率がいかに達成されるかを示すことである。本節では，市場機構の働きを簡単に振り返り，運賃・料金決定の原則にそれがどのように適用できるかを検討する。本節の目的は，限界費用価格形成を理解することである。

資源配分効率　「資源配分上の効率」とは，簡単に言ってしまえば，ある与えられた条件のもとで，社会全体の経済的満足度を最大化することである。社会の構成員は原則として消費者と生産者からなる。いま，生産者をひとまずおくとすると，社会の構成員の満足度を経済的側面にのみ限ってみれば，それは財・サービスの消費によって与えられる。一方，消費者が消費する財・サービスの生産には，何らかの経済的資源つまりお金や労働力や土地などが投入される。これらの資源は，いうまでもなく，無尽蔵にこの世に存在しているわけではないから，適切に組み合わせて生産を行い，その財を消費者が消費した場合に結果的に消費者の満足度が最大になっていることがもっとも望ましい状態である。

生産者の側では財・サービスを生産・販売することによって最大の利潤が得られることが望ましい。この際，消費者に受け入れられないものを生産しても需要がなく，結局利潤をあげられないから，生産者も消費者の好み（選好）を意識せざるをえない。生産者は需要を考慮して財・サービスを生産し市場に供給する。市場が競争的であれば生産者間の競争が存在し，生産者は結果的に適正利潤以上の利潤を得ることはできない。経済学では，消費者が自分の満足度（効用）を最大にしようと行動し，生産者が利潤を最大化しようと行動すれば，両者の思惑が市場でちょうどよく合致すると考えるのである。

　その時シグナルになるのが価格である。需要と供給の関係にみられるように，消費者の需要が供給を上回れば価格が上昇し，供給を拡大すべきであるとのシグナルとなる。生産者は価格の上昇を受けて，自らの生産を拡大したり，あるいは価格の上昇をかぎつけて新規に生産を始める企業が登場したりする。供給が増加し，人びとの需要が満足されるのである。第1章では，完全競争市場における需要と供給の均衡が資源配分上の効率を達成すると述べたが，この背景にあるのは，以上のような需要と供給のメカニズムである。

　ただし，交通市場，特に交通経済学の出発点である鉄道は，自然独占的な性格を備えると考えられてきた。その際，放置すれば企業は正常以上の利益を獲得する。そのために公的規制が導入された。その規制の望ましいあり方は，上で述べた資源配分上の効率を考慮した場合どのようにあるべきなのだろうか。

1 　限界費用価格形成

> 限界費用価格形成の考え方

完全競争市場の均衡が1つの望ましい結果を示しているとして、それは具体的にはどのような意味を持つのであろうか。そのために、需要曲線と供給曲線が持っている意味を再確認してみよう。

図5-1において、直線ADは需要曲線を直線BSは供給曲線を表している。需要曲線の通常の解釈は、ある価格水準が与えられたとき、その価格でどれだけの需要量が存在するかを示す、というものである。例えば、p^1の価格にはq^1の需要量が、p^4の価格にはq^4の需要量が対応する。このことは、逆に、市場にある数量の財・サービスが供給されるとした場合、それに対して人びとはどれだけの価格を支払ってもよいかを示しているとも考えられる。つまり、q^1の数量にはp^1の価格が支払われ、q^4にはp^4が支払われるという具合である。この解釈に従えば、需要曲線の高さは、各消費量に応じて消費者が支払ってもよいと考える「支払意思額」(willingness to pay) ないしは満足度を示すと考えられる。ちなみに、第1の解釈に従えば、需要関数は$q = q(p)$だが、第2の解釈に従えば、$p = p(q)$ということになる。

一方、供給曲線も同様に、ある価格水準が与えられたとき、その価格で生産者はどれだけの量を供給するかを示すと考えられる。図5-1でMC_1の水準（これを価格の水準と見なす）ではq^1が、MC_4ではq^4が供給される。ここで、生産者はどのように供給量を決定しているのであろうか。1つの考え方は、生産者は生産物1単位を生産して市場に出した場合に得られる収入（追加的な収入）とその1単位の生産に要する追加的な費用を比較して、追加的に入ってくる収入が価格に等しいかそれを上回れば生産を拡大する

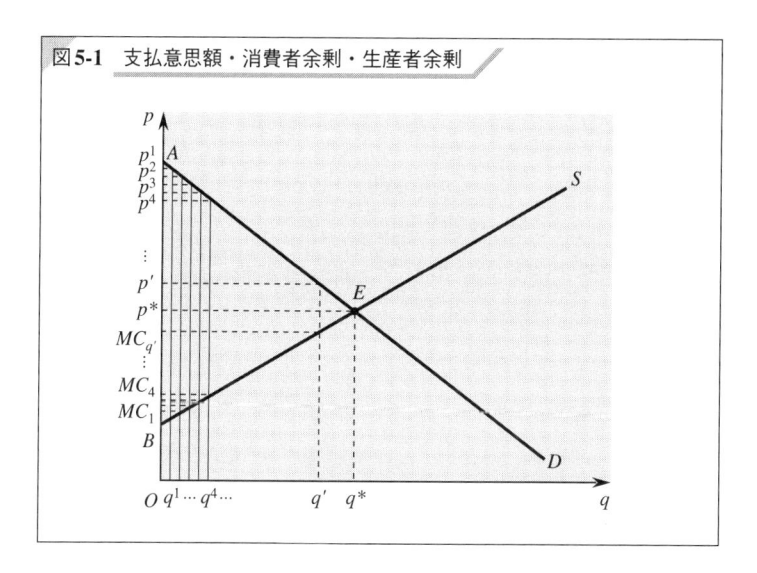

図5-1 支払意思額・消費者余剰・生産者余剰

(図：縦軸 p、横軸 q。点 A から始まり右下がりの需要曲線 D、点 B から始まり右上がりの供給曲線 S。両曲線は点 E で交わり、そこでの価格は p^*、数量は q^*。縦軸には $p^1, p^2, p^3, p^4, \ldots, p', p^*, MC_{q'}, \ldots, MC_4, MC_1$ が示され、横軸には $q^1 \cdots q^4 \cdots q' \; q^*$ が示されている。)

ことが有利になるというものである。

　このプロセスを上で述べた需要曲線の第2の解釈と同じように考えれば，供給者が一定の数量を供給するとき，その供給量の最後の1単位で得られる収入は最低でもその1単位を生産することによって追加的に発生する費用に等しくならなければならない。つまり，供給曲線は価格に応じた供給量を示すものだが，ある任意の供給量から（つまり横軸のどこかに点を固定して）みれば，供給曲線の縦軸方向の高さは，追加的な1単位を生産することによって生じる追加的費用（＝追加的に得られる最低の収入）の大きさを示すことになる。この追加的費用こそ，経済学でいう「限界費用」にほかならない。

　完全競争市場においては，需要曲線と供給曲線が交わる点で価格と需要量（＝供給量）が決定される（図5-1のE点）。上で述べた需要曲線と供給曲線の含意からすれば，このとき，価格は限界費

用に等しくなっていることになる。実際，最後の1単位の財・サービスが生産され，そして消費されることが望ましいかどうかは，その単位の生産によって追加的に生じる費用とその単位の財・サービスに消費者が抱く支払意思額を比較し，支払意思額が限界費用を上回っている限り生産を続け，両者が等しくなったときに生産を打ち切ればよい。このとき，需要と供給を決定する価格は，限界費用に等しくなるのである。

市場において限界費用に等しい価格が設定され，需要と供給の関係から消費量が決定されれば資源配分効率が最適化される。このことを示すには，図5-1において価格がp^*以外に設定された場合を考えればよい。いま，何らかの理由で規制当局が価格を同図のp'に設定し，その需要量に合わせて供給量をq'に規制したとすると，最終単位に対して消費者はp'だけの支払意思を持っており，費用はこれを下回る$MC_{q'}$しか発生しない。しかしながら，生産は打ち切られていることになる。▼1 この場合，最終単位では$p'MC_{q'}$だけ人びとの価値が費用を上回っているのにもかかわらず生産されないことになり，これは明らかに社会全体の満足度を最大化するという意味での資源配分効率に反するのである。そして，以上の議論は，限界費用以下に価格が設定された場合にも当てはまる。

図5-1において，例えばq^1単位について消費者はp^1の支払意思を持つと述べた。しかし，かりに価格がp^*に設定されれば，消費者はこのq^1単位にもp^*の価格を支払うことになる。とすれば，彼は自分の本来の支払意思額以下しか支払いをしないわけである。この支払意思額と実際に支払った額との差（q^1単位の場合はp^1p^*）は，いわば消費者の「もうけ」であり，「消費者余剰」(consumers' surplus：CS）と呼ばれる。図5-1の場合，価格がp^*であれば，消費者余剰は全体で三角形AEp^*の面積になる。

　生産者についても同様の議論が成り立つ。生産者は最初のq^1に対してp^*の収入を得るが，そのときの限界費用はMC_1である。その差，p^*MC_1は「生産者余剰」（producers' surplus）であり，価格がp^*であれば，生産者余剰は全体で三角形p^*EBになる。ただし，生産者には，生産設備のために支出した費用（固定費）が存在するから，利益は生産者余剰から固定費を控除した額である。

　本章の冒頭で述べた最適な資源配分効率の達成とは，消費者余剰と生産者余剰の総和（これを社会的余剰と呼ぶ）が最大化されることを意味する。図5-1では，これを達成する点はE点以外にはなく，E点において最大の社会的余剰である三角形AEBが実現するのである。そしてそれは，図5-1の市場が完全競争市場であった場合の帰結である。つまり，経済理論に基づく限り，完全競争市場は最適な資源配分を達成する（「厚生経済学の第1定理」と呼ばれる）のであり，交通における運賃形成もその結果を模倣することが推奨されるのである。

　以上をまとめれば次のようになる。完全競争市場の結果が社会的に望ましいとすれば，交通・公益事業のように市場競争が十分に機能しないケースでの価格設定（規制）のあるべき姿も，完全競争市場の結論を模倣することが考えられる。つまり，運賃・料金も限界費用に等しくつけられるべきであるとの結論である。

●限界費用価格形成
運賃・料金＝限界費用

簡単なモデル分析 ▼2

以上述べたように，完全競争市場の帰結を模倣することによって，交通・公益事業の運賃・料金設定も限界費用に等しく設定することが理論的には望ましい。このことを若干フォーマルに確認すれば次のようになる。

いま，独占企業がn種類の複数の財を生産しているとする。各市場において図5-1でみたような市場が存在している。各市場で供給される財・サービスの需要は互いに独立であると仮定すれば，各市場の逆需要曲線は次のように定義される。

$p_i = p_i(q_i)$

ただし，　p_i：第i市場の価格

　　　　　q_i：第i市場の数量

　　　　　i：市場を示すインデックス。$i = 1, 2, \cdots, n$

一方，企業にとっての費用関数は，次のようになる。

$C = C(\boldsymbol{q})$

ただし，　C：費用関数

　　　　　$\boldsymbol{q}$：生産量を示すベクトルで，$\boldsymbol{q} = (q_1, q_2, \cdots, q_n)$

上で，需要曲線は消費者の支払意思額を示すと述べたが，この支払意思額の総和は消費者余剰（CS）と呼ばれる。これは，具体的には，需要曲線と縦軸・横軸に囲まれた部分の面積である。実際には消費者は購入に際して価格を支払わなくてはならないから，支払意思額が価格を下回る場合には財を購入しない。図5-1では，市場均衡価格p^*に対して，q^*の需要となり，四角形AEq^*Oの部分が消費者余剰となるが，消費者はp^*Eq^*Oの部分だけ支払いをするから，三角形AEp^*の面積に相当する部分が，純消費者余剰として与えられる。

消費者余剰が消費者の満足度を表す指標であると考えれば、経済理論からみて社会的に最適な価格とは、各市場において得られる消費者余剰を集計し、それを最大にすることと理解される。単純にこれを行おうとすれば、すべての市場において価格をゼロにすればよいが、生産には費用がかかる（希少な経済的資源を投入しなければならない）から、社会的な最適点を求めるためには、消費者余剰の合計から生産のために生じる費用（上述の$C(\bm{q})$）を差し引かなくてはならない。これは、社会的純便益（net social benefit：NSB）とも呼ばれ、NSBを最大化することが必要である。以上の手続きを式で表せば、次のようになる。

$NSB = CS - C(\bm{q})$

ただし、$CS = \sum_{i=1}^{n} \int_{0}^{q_i} p_i(q_i) dq_i$ である。

したがって、問題は、

$$\max_{\bm{q}} NSB = \sum_{i=1}^{n} \int_{0}^{q_i} p_i(q_i) dq_i - C(\bm{q}) \qquad (\bm{5.1})$$

となる。(5.1)式の最大化の条件を求めれば、

$$\frac{\partial NSB}{\partial q_i} = p_i - \frac{\partial C(\bm{q})}{\partial q_i} = 0 \Rightarrow p_i = MC_i \quad i = 1, 2, \cdots, n \quad (\bm{5.2})$$

という条件が得られる。つまり、限界費用に等しい価格が求められるのである。

限界費用原理の限界と政策上の示唆

限界費用価格形成は経済理論の視点から、運賃・料金のあるべき姿を示すものである。それを現実に当てはめる場合には、いくつかの問題点が指摘されている。それらを列挙すれば次のようになる。[3]

1 限界費用価格形成

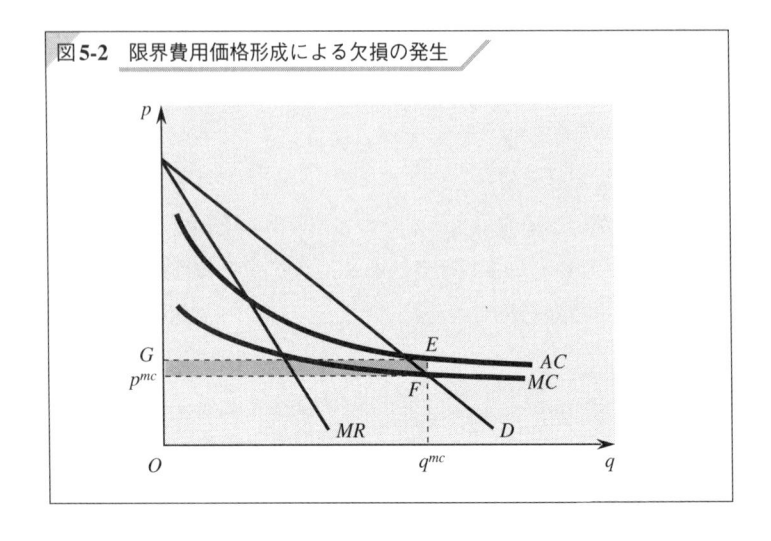

図5-2 限界費用価格形成による欠損の発生

① この原理により最適な資源配分が達成されるのは，他の部門においても限界費用に等しい価格が実現している場合のみである。他のいずれかの部門で価格が限界費用に等しくなければ，特定の産業において価格規制によって$p = MC$を実現しても社会全体の資源配分効率が達成されるとは限らない。経済の他の分野で価格が限界費用から乖離していれば，それを考慮したプライシングが必要である。

② 価格規制が必要とされるのは，多くの場合自然独占産業である。自然独占産業では，平均費用が逓減しているケースが多いが[4]，この場合，限界費用は平均費用以下であるから，限界費用価格形成によって必然的に欠損が生じることになる。図5-2において，限界費用価格形成は需要曲線と限界費用が交わる点（F）で決定されるが（価格はp^{mc}），このときの平均費用はGOの大きさであり，単位当たり$Gp^{mc} = EF$の赤字が生

じる。生産量はq^{mc}であるから，全体では四角形$GEFp^{mc}$の欠損となる。この欠損を補助金によって賄おうとすれば，赤字を前提として企業運営がなされるという意味で，企業の生産効率性のインセンティブが損なわれる可能性が大きい。

③前記②において，かりに企業の生産効率へのインセンティブが損なわれないとしても，欠損のための補助金をどのように調達するかという問題が残る。例えば所得税を増税してこれを埋めることも考えられるが，所得課税の変化は人びとの労働と余暇との間の選好をゆがめることから，資源配分上中立ではありえない。また，資源配分に影響を及ぼさないとされる人頭税は，1980年代の一時期イギリスで導入されたが，所得分配上の逆進性が強いことから，一般に受け入れられるものではない。

④この問題と関連するが，限界費用価格形成は資源配分上の効率から導かれるものであり，所得分配の問題を考慮していない。この価格形成原理を採用することによって，所得分配上の不公平が助長されるかもしれない。

以上のように，限界費用価格形成原理は，理論上の問題を抱えていることは事実であるが，それが現実的な意味を持たないかといえば，必ずしもそれは正しくない。

限界費用価格形成を考える場合，そもそも現実的に限界費用をどのようにとらえるかという問題がある。これについては，例えば費用関数を適切に特定化することによって計量経済学的に接近することも可能であろう。▼5 それが現実的にあるいは実務上の問題を含むのであれば，きわめて粗い近似ではあるが，単位当たりの運営費（例えば，旅客サービスを提供するために直接に発生する費用）

や単位当たりの増分費用（第4章209ページを参照）をもって限界費用とすることも許されるであろう。単位当たりの運営費は，経済学の費用概念では平均可変費用にあたると考えられる。平均可変費用はそれが規模によって大きく変動する場合には限界費用と乖離するが，規模に応じてほぼ一定の状態であれば限界費用に一致する。また，単位当たりの増分費用は，現在供給されているサービスとは別に新たなサービスの提供が開始されるケースで定義されるが▼6，増分費用が新しいサービスを始めることで増加する費用であると考えれば，それを単位当たりに割り振ったものは，やはり限界費用の1つの近似と考えられる。さらに，第4章の第4節で述べた有料道路のケースでは，毎年発生する維持管理費を走行された台キロで割ることによって，きわめて粗い限界費用とみなすことも可能であろう。

いずれにしても，限界費用価格形成を現実政策上意味のあるものととらえることは可能であり，この点を精査して政策的意味を探ることが重要である。

---

notes ● ● ● ● ● ●

▼1　自由な市場ならば価格 p' に対してより多くの（q'以上の）生産がなされ，供給過剰になる。そして，価格が下落し，需要曲線と供給曲線の形状に関する必要な条件が満たされていれば，最終的に価格は E 点に収斂する。しかし，このケースでは価格と供給量が規制されている市場を想定しているため，このような自律的プロセスが機能しない。

▼2　経済学の最適化問題になじみのない読者は，この項をスキップしても問題はない。

▼3　以下の問題点は，岡野・山田（1974），第7章（144ページ以下）に従っている。また，熊谷（1964）も参照。

▼4　第3章で述べたように，自然独占の正確な定義は費用の劣加法性に求められる。費用の劣加法性は，費用曲線と需要曲線との関係で，必ずしも費用逓減状態に限られない。

▼5　1980年代以来，多くの研究で用いられているトランスログ型の費用関数は，原理的にいえば費用関数の一般型を2次形式で特定化したものであるから，限界費用の計測が可能である。
▼6　例えば，旅客のみを営業している鉄道会社が新たに貨物の営業を始めるケースでは，それによって増加する費用は貨物の増分費用である。

2 次善の価格決定

　前項で述べた限界費用価格形成の最大の問題点は，費用逓減状態の企業にこの原則を適用すれば必然的に欠損が生じることである。その欠損部分を補填するために補助金を用いることも可能だが，補助金の財源を課税により調達すれば，税の種類によってその課税自体が資源配分を歪めることになる。かりに，補助金のための課税にともなう資源配分上の問題を無視することができるとしても，経営効率上のインセンティブの問題が残る。

　費用逓減産業に限界費用価格形成を適用して欠損を補助金で賄うことは，私企業による供給体制を前提とする限り，ある意味で自己矛盾ともいえる。補助金は公企業の場合には容認されないわけではないが，資本主義体制下での私企業は，原則として独立して継続的に運営されることが基本だからである。さらに，かりに補助金が許されるとしても，赤字が前提とされるわけであるから，費用削減努力を怠る可能性は高い。このことは，事業運営の目的意識が明確でない公企業や特殊法人の場合はさらに問題になる。

　限界費用価格形成のこのような問題点を回避するための1つの考え方は，企業の収支均衡を制約としたうえで，資源配分の効率を求めることである。この場合の解は，理論上の資源配分の最適

点から乖離する。したがって資源配分の観点からはロスが生じる。しかし，それは企業の収支制約という1つの目的を達成するための1つのコストと理解される。つまり，収支均衡を達成することは，ある程度の犠牲を払っても必要なことという理解のもとに立っている。制約なしに資源配分を最適化する解（限界費用価格形成）が「最善の解」(first best)とすれば，制約付きの最適化は「次善の解」(second best)あるいは「次善の価格決定」と呼ばれるものである。

ラムゼイ価格

費用逓減下にある独占企業が収支制約を満たした上で，資源配分効率の歪みを最も小さくする「価格体系」は「ラムゼイ価格」として知られている。ここで，「価格体系」といったのは，ラムゼイ価格はある企業が複数の生産物を生産する場合（例えば，鉄道が旅客輸送と貨物輸送を行っていれば，それぞれが別の生産物であり，複数の路線を運行していれば，各路線のサービスは別々の生産物とみなすことができる等）に，各生産物に対して設定される価格の有様を指すからである。企業が1つの生産物しか生産しないならば，収支均衡を達成する価格は平均費用に等しい価格である（ただし，これもラムゼイ価格の一種とみなすこともできる）。

「ラムゼイ価格」は，1927年にF.ラムゼイが*Economic Journal*誌に発表した論文にちなんだ呼び名である。ラムゼイはもともと財政学者であり，この論文は，資源配分が最適な状態にある経済において，一定額の税収を上げるために個別消費税（物品税）を課す場合，最も資源配分の歪みが小さくなる税体系（以下，これを最適物品税と呼ぶ）を求めるものであった。この問題は，われわれが論じている最適な運賃決定の問題と同じである。なぜなら，

資源配分上最適な状態の経済では各財の価格はすべて限界費用に等しい、つまり限界費用価格形成が行われている。そして、各財に個別の消費税を課し一定額の税収を上げることは、費用逓減のもとで限界費用価格形成から生じる赤字を埋め合わせるために（収支均衡を達成するために）、限界費用に等しい価格を放棄してそれを上回る価格を課すことを意味するからである。▼8

ラムゼイが最適物品税について得た結論を先に述べれば、次のようになる。いま、社会全体でn種類の財があるとして、それらがすべて完全競争市場で取引されており、その結果、価格は限界費用に等しくなっていたとする。この市場均衡のもとでの消費量（＝供給量）をq_i^fで表し、物品税が課された後の消費量をq_i^rで表す。このとき、ラムゼイは、物品税が最適であるためには、n種類の財から任意の異なる2財を選んだ場合、

$$\frac{q_i^f}{q_j^f} = \frac{q_i^r}{q_j^r} \quad i, j = 1, 2, \cdots, n, \quad i \neq j \tag{5.3}$$

という関係が成立していなければならないことを示したのである。つまり、任意に選んだ2財について、課税後の消費量の比率が課税前の（最適な）消費量の比率に等しくなくてはならない、それがすべての財の組合せについて成り立つ、というのである。具体的には、例えば課税前のリンゴの消費量が年間15万個、腕時計の消費量が30万個であれば両者の比率は1：2であるから、課税後も例えば13万個と26万個というように、この比率が守られる税率が選択されねばならないのである。もちろん、リンゴと腕時計は価格に対する反応（需要の弾力性）が異なるから、最適物品税の計算に当たっては需要側の要因が重要になる。

さて、上の関係が運輸部門の運賃規制においてはどのような意

図5-3 ラムゼイ価格の導出

旅客輸送の市場

縦軸 p、横軸 q。需要曲線 $D_1 E_1$、限界費用 MC_1。点 A_1、B_1、C_1。価格 p_1^r、数量 q_1^r、q_1^f。

貨物輸送の市場

縦軸 p、横軸 q。需要曲線 $D_2 E_2$、限界費用 MC_2。点 A_2、B_2、C_2。価格 p_2^r、数量 q_2^r、q_2^f。

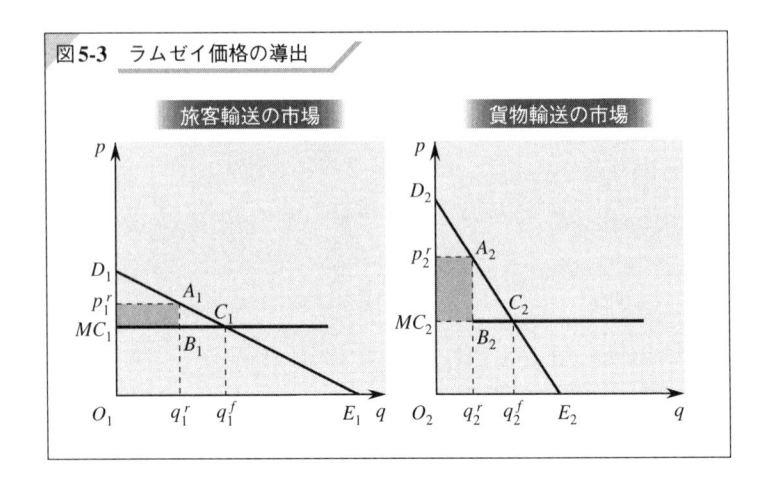

味を持つかを解釈するために、鉄道の旅客と貨物という2つの市場で考えよう。旅客の市場を第1市場、貨物の市場を第2市場とする。それぞれの需要曲線 ($D_1 E_1$, $D_2 E_2$) が図5-3に示されている。ここで、旅客サービスの限界費用（前項で述べたように、例えば単位当たりの運営費として大まかにとらえる）は MC_1、貨物サービスのそれは MC_2 である。鉄道の場合、運営費のほかに施設の費用がかかる。施設の費用とは、線路やトンネルの費用と考えればよい。これは、限界費用とは関係なく発生する。図5-3では、議論を簡単にするために、需要曲線は直線であり、限界費用は一定であると考えている。このケースで、社会的に最適な運賃は、旅客、貨物の両部門で限界費用に等しい価格を課すことであるが、それだけでは施設の費用を回収できないから、鉄道会社はそのほかにその分の収入を得なければならない。つまり、その収入を上げるために限界費用を上回る運賃を、資源配分の歪みが最小となる形で設定するのである。

ラムゼイが提示した条件が (5.3) 式のとおりであるとすれば，鉄道運賃の構成は具体的にどのように求められるであろうか。図5-3において，かりに料金が $p_1{}^r$, $p_2{}^r$ の水準につけられたとすると，消費量は $q_1{}^r$, $q_2{}^r$ で，鉄道会社が収受する運賃収入は四角形 $p_1{}^r A_1 q_1{}^r O_1$ ＋四角形 $p_2{}^r A_2 q_2{}^r O_2$ である。鉄道会社は収支を均衡させねばならないから，この面積がちょうど総費用に等しくなることになる。このうち運営費部分（各単位の限界費用の総計）はそれぞれの市場において四角形 $MC_i B_i q_i{}^r O_i$ （$i = 1, 2$）であり，運賃収入のうちのこれに相当する額は運営費の回収にあてられると考えられる。運賃収入の残りの部分，四角形 $p_i{}^r A_i B_i MC_i$（$i = 1, 2$）が施設費の回収にあてられる部分である（図では濃いシャドーで示されている）。

　上で述べたラムゼイのルールを図5-3で示せば，$\overline{O_1 q_1{}^f} / \overline{O_2 q_2{}^f} = \overline{O_1 q_1{}^r} / \overline{O_2 q_2{}^r}$ となるが，この関係は，簡単な幾何学によって，

$$\frac{\overline{D_1 A_1}}{A_1 C_1} = \frac{\overline{D_2 A_2}}{A_2 C_2} \tag{5.4}$$

と同値であることがわかる。[▼9] ここで，点 A_i（$i = 1, 2$, 以下同じ）における需要の価格弾力性（ε_i）に注目すると，

$$\varepsilon_i = \frac{\overline{A_i E_i}}{D_i A_i} \tag{5.5}$$

となる。[▼10] (5.5)式を (5.4)式に代入して逆数をとれば，

$$\frac{\overline{A_1 C_1}}{A_1 E_1} \varepsilon_1 = \frac{\overline{A_2 C_2}}{A_2 E_2} \varepsilon_2 \tag{5.6}$$

を得る。(5.6)式を図5-3の運賃のスケールに置き換えることができ（三角形 $D_i E_i O_i$ は直角三角形である），より一般的に表現すれば，

$$\frac{p_1^r - MC_1}{p_1^r}\varepsilon_1 = \frac{p_2^r - MC_2}{p_2^r}\varepsilon_2 = K \tag{5.7}$$

となる。(5.7)の条件は，価格と限界費用の差（$p_i^r - MC_i$）と価格（p_i^r）の比（乖離率と呼ばれる）に需要の価格弾力性をかけた値が，すべての市場において等しくなることを意味している。

鉄道会社は，収支均衡を達成するために運賃を限界費用から乖離させなくてはならない。そのための最適運賃構成が上の条件である。しかし，(5.7)式だけに限れば，これを満たす運賃の組合せは無限に存在する。したがって，重要なのは，鉄道会社が収支均衡に従うことであり，この条件によって(5.7)式のKの値が決定される。Kはすべての市場において等しくなければならず，ラムゼイ・ナンバーと呼ばれる。また，(5.7)式は

$$\frac{p_1^r - MC_1}{p_1^r} = K\frac{1}{\varepsilon_i} \quad i = 1, 2 \tag{5.8}$$

と変形できる。一般にラムゼイ価格の条件として用いられるのは(5.8)式である。この式の意味するところは，ラムゼイ価格において限界費用からの乖離率は，その価格の価格弾力性に反比例するべきであるということである（これをラムゼイ・ルールと呼ぶ）。つまり，大まかにいえば，（限界費用に大差がない場合は）各財の価格（以上の例では2財となっているが，議論は容易にn財に拡張できる）は，その財の価格弾力性に反比例するように設定されるべきことが示される。

ラムゼイ・ルールは，複数の財に対しその弾力性に応じて価格を設定することを意味するが，これは，具体的には，弾力性が大きく価格の変化によって需要の変動が大きいものには相対的に安い価格を，弾力性が小さく価格にあまり反応しない財に対しては

相対的に高い価格を設定すべきことになる。つまり，「逃げる顧客には安く，逃げない顧客には高く」というわけである。

> ● ラムゼイ価格
>
> $$\frac{p_i^r - MC_i}{p_i^r} = K \frac{1}{\varepsilon_i} \quad i = 1, 2, \cdots, n$$
>
> ただし，p_i：i 財の価格，MC_i：i 財の限界費用，ε_i：i 財の価格弾力性
> ・限界費用からの乖離率が，その価格の価格弾力性に反比例する。

簡単なモデル分析[11] 　ラムゼイ価格を導出するには，第 1 節の社会的純便益の最大化において，収支制約を付せばよい。ミクロ経済学では，例えば家計が各財の消費量をコントロールして効用を最大化する際，支出可能な額として所得制約が考えられ，ラグランジュの未定乗数法によって最適解の条件が導かれる。同様に手法を収支制約下の社会的余剰最大化にも適用すれば，問題は次のようになる。

$$\max_{\boldsymbol{q}} NSB = \sum_{i=1}^{n} \int_0^{q_i} p_i(q_i) dq_i - C(\boldsymbol{q})$$

$$\text{subject to} \quad \sum_{i=1}^{n} p_i q_i - C(\boldsymbol{q}) = A \tag{5.9}$$

ただし，収支制約の右辺 A は，利潤目標値である。収支均衡であれば A はゼロであり，一定の利潤をあげることが目標の場合にはプラス，補助金が与えられる場合にはマイナスである（補助金を想定することは前述の理由で意味がない）。(5.9)式からラグランジュ関数が以下のように定義される。

$$L = \sum_{i=1}^{n}\int_0^{q_i} p_i(q_i)dq_i - C(\boldsymbol{q}) + \lambda\left(\sum_{i=1}^{n} p_i q_i - C(\boldsymbol{q}) - A\right) \quad (5.10)$$

ラグランジュの未定乗数法では，定義されたラグランジュ関数について最適化を行うことによって解が得られる。(5.10)式の最大化の必要条件は，

$$\frac{\partial L}{\partial q_1} = p_i - \frac{\partial C}{\partial q_i} + \lambda\left(\frac{dp_i}{dq_i}q_i + p_i - \frac{\partial C}{\partial q_i}\right) = 0 \quad i = 1, 2, \cdots, n \quad (5.11)$$

$$\frac{\partial L}{\partial \lambda} = \sum_{i=1}^{n} p_i q_i - C(\boldsymbol{q}) - A = 0 \quad (5.12)$$

である。(5.11)式を変形することによって，次のような条件が得られる。

$$\frac{p_i - MC_i}{p_i} = K\frac{1}{\varepsilon_i} \quad i = 1, 2, \cdots, n \quad (5.13)$$

ここで，$MC_i = \dfrac{\partial C}{\partial q_i}$，$K = \dfrac{\lambda}{1+\lambda}$，$\varepsilon_i = -\dfrac{dq_i}{dp_i}\dfrac{p_i}{q_i}$

MC_iはq_iに関する限界費用であり，(5.13)式の左辺は価格の限界費用からの乖離率を示している。上述のように，Kはラムゼイ・ナンバーであり，ε_iは需要の価格弾力性である（プラスの値として定義されている）。左辺は，限界費用からの乖離率であるから，正確には，その乖離率がラムゼイ・ナンバーと呼ばれる定数を介して，価格弾力性に反比例することになる。

ラムゼイ価格の限界と政策上の示唆

ラムゼイ価格は，費用逓減下にある企業の収支均衡と資源配分上の効率の両面を考慮に入れた優れた価格設定方式である。しかし批判もありうる。最大の問題は，「逃げる客には安く，逃

げない客には高く」という原則が，人びとに受け入れられるかどうかである。独占企業は，価格設定に何らの制約も課されなければ，独占的な価格差別を行う。初級のミクロ経済学で指摘される独占企業の差別価格は次のように表現される。

$$\frac{p_i - MC_i}{p_i} = \frac{1}{\varepsilon_i} \quad i = 1, 2, \cdots, n \qquad \text{▼12} \tag{5.14}$$

一見してわかるように，ラムゼイ価格の条件式は (5.14) 式に酷似しており，異なる点は，右辺の弾力性の逆数に定数 K がないことだけである（ラムゼイ・ナンバーは，収支制約のために課される）。したがって，収支制約という足枷はあるものの，ラムゼイ価格の条件は表面的には独占者の行動に近く，それが一般に受け入れられるかどうかには疑問が残る。特に，問題とされる財が生活必需的なものであれば，ラムゼイ価格は，富者と比べて代替的手段を持つ可能性が小さい（つまり価格の変化に対して鈍感にならざるをえない）貧者にとって厳しい価格設定方式ということになろう。

このような問題はあるものの，ラムゼイ価格は経済理論から導かれる価格設定方式として1つの政策基準となりうることも確かである。ラムゼイ価格は，需要関数と限界費用のデータが与えられれば計算可能であり（価格弾力性は需要関数から求められる），それによって具体的な政策指針となりうるのである。▼13

---

notes

▼7　Ramsey（1927），pp. 47-61.

▼8　この問題を直接的に扱ったのは，M. ボアトーの論文 Boiteux (1956), pp. 22-40 である。この論文の英訳は，"On the Management of Public Monopolies Subject to Budgetary Constraints," *Journal of Economic Theory*, vol. 3 (1971), pp. 219-240 であり，邦訳として根岸

隆訳「収支均衡下の公共独占体の管理について」『高速道路と自動車』第5巻，がある。

▼9　ラムゼイの条件が成立していれば，

$\overline{O_1q_1^f}/\overline{O_2q_2^f} = \left(\overline{O_1q_1^f} - \overline{q_1^rq_1^f}\right)/\left(\overline{O_2q_2^f} - \overline{q_2^rq_2^f}\right)$ が成立する。したがって，

$1 - \overline{q_1^rq_1^f}/\overline{O_1q_1^f} = 1 - \overline{q_2^rq_2^f}/\overline{O_2q_2^f}$ であり，$\overline{O_1q_1^f}/\overline{q_1^rq_1^f} = \overline{O_2q_2^f}/\overline{q_2^rq_2^f}$ となる。

これは，$\left(\overline{O_1q_1^f} - \overline{q_1^rq_1^f}\right)/\overline{q_1^rq_1^f} = \left(\overline{O_2q_2^f} - \overline{q_2^rq_2^f}\right)/\overline{q_2^rq_2^f}$ であるから，

$\overline{O_1q_1^f}/\overline{q_1^rq_1^f} = \overline{O_2q_2^f}/\overline{q_2^rq_2^f}$ である。三角形 $D_iE_iO_i$ $(i=1,2)$ は直角三角形であるから，需要曲線の関係として，$\overline{D_1A_1}/\overline{A_1C_1} = \overline{D_2A_2}/\overline{A_2C_2}$ が得られる。

▼10　この関係は，線形の需要関数（例えば，$aq + bp + c = 0$）を仮定すれば容易に導くことができる。第2章および初級のミクロ経済学のテキストを参照。

▼11　経済学の最適化問題になじみのない読者は，この項をスキップしても問題はない。

▼12　この差別価格は第3級差別価格（市場差別価格）と呼ばれるものである。この結論は，次の簡単な最適化から求めることができる。利潤を π とし，他は前項と同様の企業を使えば，複数生産物企業の利潤極大条件は，

$$\max_{q_i} \pi = \sum_{i=1}^{n} q_i p_i - C(\boldsymbol{q})$$

によって求められる。この最大化の必要条件，

$$\frac{\partial \pi}{\partial q_i} = \frac{dp_i}{dq_i}q_i + p_i - C(\boldsymbol{q}) = 0, \quad ただし, \quad i = 1, 2, \cdots, n$$

を変形すれば，上式が得られる。

▼13　ラムゼイ価格を具体的に高速道路料金に当てはめた例としては，山内（1987）を参照。

3 混雑税（ロード・プライシング）

　前節まででは，資源配分上の効率性を念頭に置いて，つまり経済学から示唆される運賃論の一般型を述べた。これらの理論は，鉄道運賃や高速道路料金などの設定に有効な示唆を与えるものである。本節では，日頃の交通問題に即して経済理論からどのような示唆が与えられるかを考える。その具体的な例は道路混雑である。

道路混雑と利用者費用　道路混雑は日頃誰もが経験している事象である。都市部の朝夕のラッシュ時，盆暮れの高速道路。渋滞に巻き込まれてイライラした経験は誰もが持っている。渋滞解決にはどのようにすればよいのであろうか。もっと多くの道路を建設し，道路サービスの供給を増やすことも解決策にはなりうる。けれども，新しい道路の建設は多年を要し，その恩恵をすぐに得ることはできない。そればかりか，新しい道路の建設はさらに多くの車を流入させ，さらに激しい渋滞やさらには環境問題を引き起こすだけであるとの指摘もある。

　また，混雑を削減する方法として自動車の通行量を物理的に規制するという考え方もある。実際，短期間に需要が集中する観光地などでは，自動車の乗入れ制限が課されることがあり，また，都市高速道路のランプ閉鎖（入り口閉鎖）も同様の効果をねらったものである。しかし，このような方策が経済的見地から優れているとは言い難い。その理由は，物理的規制では道路通行に対し本当に高い価値を抱いている人の利用が妨げられ，たまたま運良

く通りかかった高い価値を持たない車両の通行が許される可能性があるからである。そこで，渋滞問題を経済学の視点に立ち返って考えればどうなるであろうか。

　ミクロ経済学の市場の論理に従うならば，道路の利用も需要と供給の関係としてとらえることができる。自動車運転者は道路サービスを需要し，道路はそのサービスを供給する。そこには，通常の売り買いのような貨幣を媒介とした取引はないが（有料道路では部分的にそれが行われる），利用者には何らかの形で費用が課せられる。そして，渋滞とは，いうまでもなく，需要が供給を上回った状態である。

　道路利用者が道路を利用する際に負担する費用は，次のような要素から成り立っていると考えられる。まず第1に，自動車を走らせるために直接的に支出する費用として燃料費がある。また，走行によってタイヤが摩耗したり潤滑油が減少したりするからその分の支出もある。さらに，車両が持っている価値は走行に従って減価するから，その減価の償却費も費用に含まれるべきであろう（会計上の減価償却費は走行量に関わりなく時間の関数として登場すると考えるのが適切である）。このような費用は，どこまで詳細にとらえるかは別として，いずれにしても直接費用である。

　道路走行の費用は，このような直接費用だけでなく走行に要する時間からも生じる。むしろ，時間費用のほうが直接費用よりも相対的に大きいのが普通である。第2章で述べたように，時間は，1日は24時間というように総量が限られた希少な資源であるから，何らかの価値を持っている。ある人の単位時間当たりの価値額をvとすれば，時間費用はそれに所要時間Tをかけて，vTによって示される。

道路利用により発生する費用は，直接費用（sとする）と時間費用（vT）の合計であり，式で示せば$c = s + vT$となる。この合計額は，利用者費用（user cost）と呼ばれる（同様の内容を第2章では総犠牲量と呼んだ。道路交通の場合，利用者費用と呼ぶのが一般的である）。利用者費用は交通量によって変化する。交通量が増せば混雑が発生し，走行時間が増加するからである。また，直接費用も燃費の悪化等によって幾分は増加するが，当面この部分を無視すれば，道路混雑が所要時間，すなわち利用者費用に与える影響について次のように理解することができる。

　いま，AB区間を単位時間当たり100台の車両が通行し（この単位を「フロー」と呼ぶ），走行時間が10分であるとする。フローが100台以下なら混雑は発生しないが，100台から101台に増加すると混雑が発生し，走行時間が11分になるとする。この場合，101台目の車の運転者は所要時間11分を基準としてその道路を使うかどうかを判断する，つまり，運転者は自分自身が負担しなければならない時間費用に基づいて選択を行うと考えられる。このような行動が可能になるのは，運転者が走行時間についての情報を有していることが前提とされる。これは厳しい仮定のようにも思えるが，マイカー通勤のように同じ時間帯にほぼ毎日特定の道路を利用していれば，そのような情報は経験的に蓄積される。

　混雑が発生した場合にどのようなことが生じるかが**表5-1**に示されている。フローが100台までは所要時間は10分であり，この道路の利用者全体が負担する時間は第3列のようになる。混雑がないから，最後の1台がこの道路に流入しても，社会全体でも10分間だけ所要時間が増加している。つまり「最後の1台が利用者全体に課している時間」（これを限界所要時間と呼ぼう）は10分

表 5-1 混雑時の交通フローと所要時間の数値例

フロー (台)	所要時間 (分)	利用者全体の 所要時間合計 (分)	最後の1台が利用者 全体に課している時間 (分)
98	10	980	10
99	10	990	10
100	10	1,000	10
101	11	1,111	111
102	12	1,224	113
103	13	1,339	115

である。混雑が発生するとこの関係は一変する。フローが100台から101台になると，社会全体の所要時間は1,000分から1,111分に増加する。したがって，限界所要時間はその差111分である。

混雑が起こっている場合，最後に流入する1台は自分が意識している以上の時間（費用）を社会（利用者）全体に課していることになる。[14] しかしその車両の運転者は，自分の走行に要すると予想される時間（費用）に基づいてその道路を利用するかどうかを判断する。ここに，資源配分の非効率が生じる。第1章で示したように，ある経済行為が行われる場合，行為者が意識する以外の費用が社会に課されている状態では，最適な需要量と供給量の関係が達成されない。道路混雑の場合，運転者は自分が他の運転者に課している費用を意識しないことから，外部費用を利用者全体に課していると考えることもできる。

混雑税の導入

以上の関係を若干抽象化してみよう。簡単化のために，これまで同様次のようなケースを考える。一定区間，単一の道路を一定方向に走行する交

通フローがあり、このフローにおいて混雑が生じる。走行時間は、フローの量に依存する。つまり、各ドライバーの走行時間はフローが小さければ一定であるが、フローがある量を超えて混雑が発生すれば、それにつれて走行時間も増加する。ただし、フローは同質であり、すべての道路利用者にとって費用関数は共通である、つまり時間価値や燃費などは共通であると考える。

さて、フローをf、利用者費用をcによって表す（利用者費用は利用者全体で見れば平均可変費用：AVCである点に注意）。上で仮定したように、走行時間は混雑が発生すれば増大するから、利用者費用もフローによって影響されると考えられる。したがって、

$$AVC = c = c(f), \quad \frac{dc}{df} \geq 0$$

であり、このとき、利用者全体の利用者費用（総費用）は、

$$C = f \cdot c(f)$$

によって示される。

いま、フローが1台増加すると、利用者全体でみて限界的に増加する費用（限界費用：MC）は、

$$MC = \frac{dC}{df} = c + f\frac{dc}{df} = AVC + f\frac{dc}{df} \tag{5.15}$$

となる。(5.15)式から明らかなように、利用者全体の限界費用は利用者費用（平均可変費用）に混雑による費用を加えたものである。

本章第1節において、資源配分から見て社会的に望ましい価格は限界費用に等しい価格であると指摘した。この原則はここでも当てはまる。利用者は、もし道路の利用に関する情報が完全であるならば、自らが見かけ上負担する費用（これを利用者費用と呼

んでいる)のみに基づいて道路利用の意思決定を行う。しかし,利用者全体で見た場合の限界費用は他の利用者の遅れの部分(混雑による費用)も含むものである。したがって,混雑が発生している際に道路利用が効率的に行われるためには,他の利用者の混雑による遅れの費用を利用者に課す必要がある。この部分が混雑税である。

> 混雑税＝混雑によって利用者全体で限界的に増加した費用

混雑税と社会的余剰

混雑税を図によって理解すれば次のようになる。図5-4は,通常の経済分析同様,横軸に数量,縦軸に価格および費用が目盛られている。フローは当該道路の生産物ととらえることができるから,横軸にフローをとる。縦軸は費用である。フローと平均可変費用(AVC)の関係は,曲線$ABCE$によって表される。一方,限界費用は,表5-1から類推できるように,混雑が生じるとAVCと乖離し,曲線$ABDG$のようになる。需要曲線はdd'である。

図5-4の場合,市場に任せれば,フローは需要曲線と平均可変費用曲線が交差するところまで拡大し,実現されるフローはf_Eである。f_Eでは平均可変費用と限界費用が乖離しており,過大利用である。効率的な資源配分は,限界費用と利用者の負担額が等しくなる点Dにおいて達成される。

この効率的な資源配分を達成するためには課税が有効である。道路利用に対しf_0における限界費用と平均可変費用の差DCに等しい税額を課せば,私的限界費用曲線はこの分だけ上方にシフトしたのと同じ効果を持ち,需要曲線dd'と限界費用$ABDG$が交差

図5-4 混雑税と消費者余剰

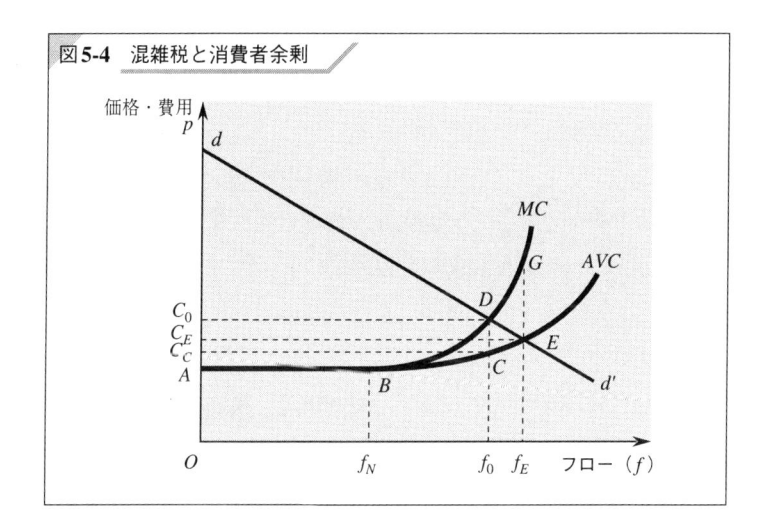

する点Dにおいて均衡が成立する。課税によって,社会的に最適な交通フローf_0が実現されるのである。

効率的道路利用のために課税が行われたとき,社会的余剰はどのようになっているであろうか。図5-4においてD点で均衡が達成されている場合,社会的余剰は原点からf_0までの需要曲線の下の面積(dDf_0O)から同区間についての限界費用曲線の下の面積(ADf_0O)をマイナスした値,すなわち$dDBA$の面積によって示される。一方,混雑税が課されていない場合の社会的総余剰は,$dEf_EO - AGf_EO$($= dDBA - DGE$)である。つまり,混雑税が課されなければDGEの面積の分だけ社会的総余剰が減少することとなる。このことこそ経済理論から混雑税が要請される根拠である。

混雑税の問題点として次の2点が指摘されている。①導入にともない所得分配は逆進的になる。②社会的余剰は増大するが利用者の余剰は減少する。

①の所得分配の逆進性とは、低所得者に不利に高所得者に有利に働くという意味である。そもそも市場経済体制においては、価格を媒介に取引が成立するわけであるから、この種の効果は本来的に備わっているとも言える。しかし、道路は生活・生産活動上きわめて基礎的なサービスであり、前章で述べたように、そのためにわが国では無料開放の原則が法的に規定されている。このように考えれば、もともと見かけ上は無料のように思えるサービスについて新たに料金を課すことへの抵抗に加え、この種の基礎的サービスに市場メカニズムによって利用者を選別することに対する抵抗が存在しうることも事実であろう。

②の消費者余剰の問題は、理論的な観点からだけの問題と言うこともできるが、政策採択においても比較的重要な意味を持つ。図5-4において、社会的余剰は増加しているが、消費者余剰は減少することが容易にわかる（三角形dEC_EからdDC_0への減少）。社会的余剰の増加分は、消費者余剰の一部が税収に変化し、税収の部分（四角形C_0DCC_C）が社会的余剰に含まれるからである。したがって、利用者はある意味で自らを犠牲にして社会的余剰の最大化に貢献することになる。

この問題を解決する1つの方法は、得られる税収を何らかの形で利用者に還元することである。例えば、この収入を道路投資に向ければ、道路利用者の理解を得やすいであろう。また、道路と地下鉄等の公共用交通が代替関係にあるならば、資金を公共用交通に振り向けることによって道路混雑を緩和することができるかもしれない。実際、ロンドンでは長年にわたって混雑税の導入が議論されているが（実際の導入例は後に述べる）、税収は地下鉄の延長と更新に充てることが提案されている。

公共財とロード・プライシング

混雑現象を公共財との関係でとらえると,次のようになる。まず,混雑が生じていない状況では,運転者にとって道路は公共財である。混雑がなければ複数の利用者が同時に道路サービスを享受することができる(共同消費)。また,通常の道路利用の形態では技術的な理由から排除原則が働かない。その意味で一般道路は公共財である。しかし,混雑が発生すると共同消費が成り立たなくなる。それでも混雑が軽微であれば共同消費の状態にあるともいえるが,混雑が激しさを増すと流入自体が困難になることもある。この状態で道路は公共財の1つの条件,共同消費(非競合性)が成立しなくなるのであり,混雑状態の道路は準公共財となる。

さらに混雑税を課すことは何を意味するのであろうか。まず,混雑税の具体的な徴収方法であるが,これは有料道路を想定すればよい。さらに最近では通過した車両の所有者を電子的に特定化し自動的に料金を徴収する技術(Electronic Toll Collection:ETC)が実用化されており,このシステムを用いれば,現在の有料道路のようにいったん停止して現金を払う(実際この行為によって道路の処理容量は大幅に低下する)ことなく,混雑税の徴収が可能である。つまり,道路利用に価格が設定されるのであり,それを支払わないものは消費から排除されることになる。つまり排除原則の適用である。

以上をまとめれば,道路は混雑がなく自由に走行できる状態では純粋公共財に分類されるが,混雑の発生によって消費の競合性が生じ,それに対応するために道路利用に価格を課すことは,排除原則の適用を意味している。つまり,経済学的に見れば,混雑

によって道路は消費の競合性を発生して準公共財となり，混雑税を課すことは排除原則をも適用することを意味するから，道路は純粋公共財の2つの要件を失い私的財に変容するのである。

　混雑税の理論はきわめて抽象的なものであり，現実適用性がないものと思われがちである。確かに，厳密に限界費用を計測し，平均可変費用との差を厳格に利用者に課すことは現実的でないかもしれない。そもそも，この差は，混雑状況に応じてめまぐるしく変化するから，混雑税もそれに応じて変化しなくてはならないことになる。しかし，混雑税の理論を，混雑現象が生じた場合に採用されるべき定性的な方策ととらえて，これを実行することも考えられよう。実際，このレベルの混雑税は，「ロード・プライシング」として，シンガポール，ノルウェーのいくつかの都市（ベルゲン，トロンヘイム）等で実施されており，ロンドン，ストックホルム，東京などの都市で導入が具体的に検討されている。また，アメリカ・カリフォルニア州のオレンジ・カウンティでは，ETCシステムを採用することによって，混雑状況に応じて料金を変化させることが可能になっており，混雑税の概念に近いものとなっている。

―――notes―――

▼14　この場合，最後の利用者は自分自身で11分を負担する。自分以外の道路利用者に課している時間の増加分は100分である。彼はこれを意識していない。

4 ピーク・ロード・プライシング

　前節で述べた混雑税は，需要が道路容量をオーバーした場合に生じる走行時間の増大に着目し，最適な道路利用を達成するために導入されるべきインセンティブ・システムである。これに対し，運輸部門では，主として鉄道などにおいて，混雑時間帯と閑散時間帯について運賃設定を変化させることにより需要の平準化を図る施策が提案されている。これが，ピーク・ロード・プライシングである。前節で述べた混雑税もこのピーク・ロード・プライシングも，需要超過の状態で価格設定に変化を持たせるという点では共通性があるが，理論的にみれば両者の間には発想の違いがある。ここでは，この点に注意しながら，ピーク・ロード・プライシングについて検討する。

モデルの前提　ピーク・ロード・プライシングのモデルを最初に提案したのはP. O. スタイナーであり，その後多くの理論的な蓄積がある。また，フランスの研究者兼実務家M. ボアトーは，自ら理論的な論文を提示するとともに，実際に電力料金にこれを応用している。[15] ここでは，スタイナーの考え方を説明する。

　スタイナーのモデルでは次のような仮定が置かれる。①典型的な1日において，需要はピークとオフピークの2期間に分けられ，それぞれの期間の長さは同一である。②各期の需要はそれぞれの期に課される価格のみに依存し，別の期間の価格には依存しない。③ピーク時の需要曲線はすべての数量に関してオフピークの需要

曲線の上に存在する（ピーク，オフピークの需要曲線は交わらない）。④費用は，供給単位当たりの運営費（b）と供給単位当たりの施設費（β）に分けられ，それぞれが一定である。[16] ⑤施設の容量は最適な状態に選択されている。これらの仮定はかなり制限的なものではあるが，いくつかの仮定はより進んだ分析により緩めることができる。ここでは，ピーク・ロード・プライシングの概念をわかりやすく説明するために以上のように考える。

固定ピークのケース

スタイナー・モデルの典型的なケースが図5-5に示されている。同図は，スタイナーの固定ピークと呼ばれ，施設容量がピーク時の需要量のみによって決定されるケースである。スタイナー・モデルではオフピークの需要も施設の容量に影響を及ぼす移動ピークのケースがありうるが，これについては次項で述べる。

図5-5において，単位当たり運営費を示す費用曲線（直線）はbのレベルで横軸に平行であるが，施設容量の限界（q^*）において垂直に上昇する。短期的にはこれ以上供給ができないのであるから，単位運営費はこの容量で無限大に大きくなる。この曲線（直線）は，施設容量を固定したうえで供給量1単位を増大させることによる費用の増加を示しているから，大まかにいえば短期限界費用（SMC）と解釈することができる。一方，運営費に供給単位当たりの施設費を加えた曲線（直線）は，$b+\beta$の水準で一定とする。$b+\beta$は，施設容量を増加させることを考慮した場合に，供給量を1単位増加させることによる費用を示すから，長期限界費用（LMC）と解釈することができる。オフピークとピークの需要曲線は，それぞれA_1D_1，A_2D_2により示されている。

さて，以上のようなケースで，最適な価格設定はどのようにな

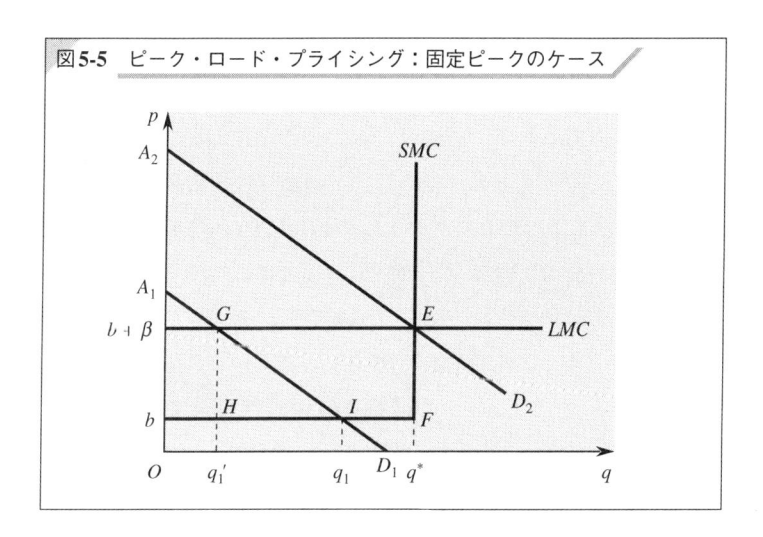

図5-5 ピーク・ロード・プライシング：固定ピークのケース

るべきであろうか。われわれは本章の第1節において，効率的な資源配分をもたらす（言い換えれば，社会的満足度を最大にする）価格は限界費用に等しく設定されるべきであることを見た。実は，ピーク・ロード・プライシングの理論は，この応用ととらえることができる。第1節では，価格が設定されるべき限界費用は長期のものなのか短期のものなのかを明示的に論じなかった。スタイナーがモデル化したピーク・ロード・プライシングでは，長期限界費用が一定と仮定されているから，価格が長期限界費用に等しく設定されれば（長期限界費用が一定であればそれは長期平均費用とも一致する），収支が均衡するとともに資源配分が最適化されることになる。つまり，$b+\beta$ であり，この価格のもとで少なくともピーク時の顧客は最適な消費が達成される。しかし，この価格ではオフピークの消費量はきわめて小さくなってしまう（図5-5では q_1' の水準であり，オフピークの需要曲線のあり方によってはゼロ

4 ピーク・ロード・プライシング　255

になるかもしれない)。このことは効率的な消費量といえるであろうか。

答えは否である。その理由は,次のように考えることができる。図5-5では,施設容量はq^*であり,この場合の総施設費は四角形$(b+\beta)EFb$である。かりにピーク時の需要に$b+\beta$の価格を課すならば,総施設費の部分はピーク時の消費者によって負担されていることになる。一方,オフピークの顧客も,ピークの顧客の消費を妨げることなくこの施設を,利用することができるのであるから,オフピークにも$b+\beta$の価格を設定した場合に生じる収入(四角形$(b+\beta)Gq_1'O$)のうち,四角形$(b+\beta)GHb$は超過して支払われることになる。ピーク需要が施設費用を負担すればオフピークの利用者は施設費を負担する必要はないのであるから,彼らには短期限界費用に等しい価格(b)が設定されることが理に適っている。これにより消費量はq_1まで拡大し,それにともなって消費者余剰が三角形GIHだけ増加する。その場合でも,運営費と施設費はすべてが負担されているから,この企業は収支の均衡を達成できるのである。

以上の議論は,最適な施設容量がピーク時の需要のみに依存し決定されることから,固定ピークと呼ばれる。固定ピークの価格設定は次のようにまとめることができる。

●固定ピークの場合のピーク・ロード・プライシング
・ピークの価格=単位当たり運営費+単位当たり施設費
・オフピークの価格=単位当たり運営費

移動ピークのケース

前項では,固定ピークのケースを検討した。これに対し,**図5-6**のようなケース

図5-6 ピーク・ロード・プライシング：移動ピークのケース

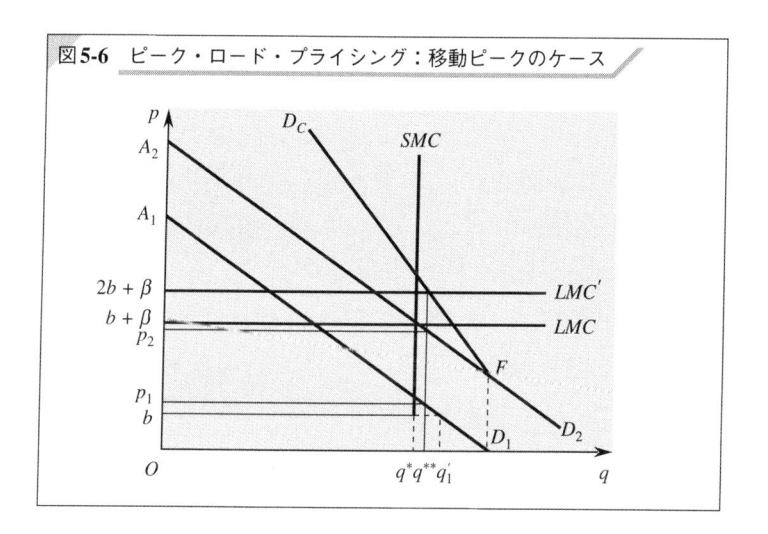

でオフピーク，ピークに $(b, b+\beta)$ という価格の組を設定したらどのようになるであろうか。この図において，固定ピークと同様，オフピークの価格を b に設定すると需要量は理論上 q_1' となるが，一方，ピークの需要量は q^* のままであるから，オフピークの需要量がピークの需要量を上回る $(q_1' > q^*)$ という現象が生じる（ただし，施設を拡張しない限り q_1' を実現することは不可能である）。このことはピークが「移動する」ことを意味するのであり，このようなケースは移動ピークと呼ばれる。

移動ピークのケースでは，かりに q_1' の需要に対応するように施設を拡大するとすれば，オフピークの利用者は施設費を負担していないにもかかわらず，結局その需要が施設容量を決定するという不思議な事態に陥ることになる。では，どれだけの施設の容量が適切であろうか。その際の価格はどのように決定されるべきであろうか。

4 ピーク・ロード・プライシング

この答えは，次のようにして求めることができる。まず，1日の需要がこのサービスについてどれだけの価値を認めるかを考えてみよう。第1節で述べたように，それは消費者の支払意思額として，需要曲線の高さによって表される。現在想定されているサービスの場合，需要曲線はピーク時のもの（A_2D_2）とオフピーク時のもの（A_1D_1）の2つある。そして，どちらの需要も同じ施設によってサービスが供給されるから，このサービスに対して1日の消費者が認める支払意思は，2つの需要曲線を垂直に（縦に）加算した額になる。例えば，ある鉄道サービス第1単位目について，ピーク時の消費者が1000円の価値を認め，オフピーク時の消費者が500円の価値を認めるならば，そのサービスの価値は1日全体で1500円になる。これは，両方の期間の消費者が同じ鉄道施設を使って供給されるからである。この結果，両期間合計の需要曲線は，図5-6におけるD_CFD_2によって表される需要曲線である。

　費用については次のように考えることができる。前項と同様，単位当たり運営費をb，同じく施設費をβとすれば，需要曲線D_CFD_2に対応する費用曲線は$2b+\beta$とするのが適切であろう。なぜなら，ピークとオフピークともに単位当たりbの運営費がかかり，単位当たりの施設費はβだからである。そして，前項で述べたのと同じ理由で，$2b+\beta$は1日全体で見た場合の長期限界費用である。図5-6ではLMC'で示されている。

　以上で用具が出そろった。第1節で述べた原則に従えば，効率的な資源配分のためには，価格は限界費用に等しく設定されるべきである。そして，そのときの供給量が最適な供給量である。この原則に従えば，図5-6では，最適な供給量は需要曲線D_CFD_2と

長期限界費用曲線 LMC' が交わる q^{**} になる。あるいは，このサービス供給のための施設は q^{**} になるように決定されるべきである。そして，価格はピークとオフピークの消費者全体で，$2b+\beta$ となるように決定されるべきことになる。$2b+\beta$ は 1 日の需要全体によって支払われるべき価格である。ピーク，オフピーク両期間の合計として $2b+\beta$ の価格が支払われ，しかも各期間の需要量が q^{**} となる価格とは，図5-6においてピークについては p_2，オフピークについては p_1 の価格である。

以上で述べた移動ピークのケースをまとめれば次のようになる。施設容量は，1 日全体のサービスに対する支払意思額を示す需要曲線と 1 日全体の需要に対する長期限界費用曲線が交差する容量に決定されるべきである。その際，ピーク，オフピークの価格とも，それぞれの運営費に施設費の一部を加えたものになる。ただし，各期の価格が施設費をどれだけ含むべきかはその期の需要曲線の位置に依存して決まる。結果的に消費量はピーク，オフピークとも同一であるが，ピーク時の価格がオフピークの価格を上回る。

●移動ピークの場合のピーク・ロード・プライシング
ピーク時の価格，オフピーク時の価格ともに単位運営費に施設費の一部を加えた水準
両者の合計が（単位運営費×２＋単位施設費）をカバー
ピーク時，オフピーク時ともに消費量は等しい

簡単なモデル分析[17]

前項までで述べたピーク・ロード・プライシングを簡単な余剰分析により導き出してみよう。移動ピークのモデルは比較的複雑になるため，ここでは固定ピークのみを扱う。

第4節の初めの項の仮定に従い，1日はピークかオフピークの2期で，需要はその期の価格のみに依存すると考える。したがって，1日の消費全体からの社会的純便益（NSB）は，消費者余剰から供給のための総費用を控除したものであり，次のように示される。

$$NSB = \sum_{i=1}^{2}\int_{0}^{q_i} p_i(q_i)\,dq_i - b\sum_{i=1}^{2} q_i - \beta K \quad (5.16)$$

ここで，K は施設の容量であり，その他の記号は前項までと同様である。問題はこの社会的純便益を最大化することであるが，各期の需要量は施設容量 K を超えることはできないから，これが制約となる。つまり，制約の形は，

$$q_i \leq K, \quad \text{ただし，} i = 1, 2 \quad (5.17)$$

である。制約は不等式の形を取っているから，最大化のための条件は以下で示すラグランジュ式に関するクーン=タッカーの条件により示される。すなわち，ラグランジュ式は

$$L = \sum_{i=1}^{2}\int_{0}^{q_i} p_i(q_i)\,dq_i - b\sum_{i=1}^{2} q_i - \beta K + \sum_{i=1}^{2}\lambda_i(b_i - K) \quad (5.18)$$

であり，クーン=タッカー条件は次のようになる。

$$q_i \frac{\partial L}{\partial q_i} = q_i(p_i - b + \lambda_i) = 0 \quad i = 1, 2 \quad (5.19)$$

$$K \frac{\partial L}{\partial K} = K\left(-\beta - \sum_{i=1}^{2}\lambda_i\right) = 0 \quad (5.20)$$

$$\lambda_i \frac{\partial L}{\partial \lambda_i} = \lambda_i(q_i - K) = 0 \quad i = 1, 2 \quad (5.21)$$

　ここでの想定では，$q_i \neq 0$ および $K \neq 0$ であると考えられるから，(5.19) および (5.20) 式の条件から，

$$p_i = b - \lambda_i$$
$$\lambda_i = -\beta$$

となる。一方,未定乗数 λ_i については,制約式が拘束的であるとき,つまり生産量が施設容量に等しくなっているとき(ピークのケース)は $\lambda_i \neq 0$ と考えられるが,制約式が拘束的でないとき,つまり生産量が施設容量を下回るとき(オフピークのケース)では,$\lambda_i = 0$ となる。

以上の条件より,オフピークを1,ピークを2として,ピーク・ロード・プライシング(固定ピークのケース)の次の条件,

$$p_1 = b \tag{5.22}$$
$$p_2 = b + \beta \tag{5.23}$$

が導かれる。

ピーク・ロード・プライシングの適用

ピーク・ロード・プライシングは,前述のようにフランスのボアトーが,自ら総裁を務めたフランス電力公社において実践したのをはじめ,公益事業分野ではいくつかの適用例がみられる。交通部門では,施設費用が大きいことから鉄道が最も有力な候補となり,実際,ロンドン,ワシントンD.C.,香港などの大都市においてすでに実施されている。わが国でも,東京,大阪などの大都市部で混雑時間帯の別料金制を実施すべきとの意見は古くからあった。しかし,種々の理由により実施されていないのが実状である。

ピーク・ロード・プライシングがわが国の都市鉄道において採用されていない理由はいくつかあげられる。その第1は,技術的な問題である。欧米大都市の鉄道が比較的簡単なネットワークであるのに対し,わが国の大都市,特に首都圏,関西圏では鉄道ネ

ットワークが複雑に入り組んでいる。また，都市における鉄道分担率も日本はかなり高く，鉄道利用客は格段に多い。かりにピーク・ロード・プライシングとして時間帯別運賃を比較的厳密に実施するとすれば，混雑時間帯はネットワークの部分部分で微妙に異なり，それらをどのように整合させるかはきわめてむずかしい。さらに，時間帯の区切りになるのは乗車時なのか降車時なのかという問題がある。また同じ時間帯でも上りと下りでは混雑度がまったく異なることが多く，朝の時間帯別運賃として空いている下り列車にも割増運賃を課すべきなのかなどの問題もある。もっとも，近年では自動改札が普及したことから，これらの技術的問題も解決の方向に向かっているが，政策を現実のものとするためには，詳細なシステム設計と利用者の合意が必要であろう。

　第2に，日本の場合，混雑時間帯の利用客はほとんどが定期利用の通勤客であり，価格の変化に対して反応は小さいと考えられる。つまり，ピーク・ロード・プライシングを実施しても混雑緩和にはあまり寄与しないのではないかとの見方がある。通勤客の価格弾力性が小さい理由は，日本ではフレックス・タイム制などの普及率が低く，始業時間厳守の傾向が強いこと，そして，通勤定期を購入するための費用は多くの場合企業が負担していることである。どちらも，社会一般の慣行（企業の通勤費負担は税制の問題）に依存していることから，通勤費用の変化によって一朝一夕に変化が現れるものとは思われない。しかし，インセンティブ構造の変化によって，長期的にみれば社会慣行や企業立地が変化することも確かであり，それらを視野に入れた対応が必要であろう。もっとも，ピーク・ロード・プライシングは，前項までの理論の部分で述べたとおり，必ずしも混雑の緩和を目的としたものでは

なく，共通費の適切な負担を実現することによって資源配分効率を最適化するために，望ましい価格設定を示したものである点に注意すべきであろう。

最後に，前項で述べた混雑税とピーク・ロード・プライシングの関係について考えてみよう。一見したところ，どちらも交通における混雑状態での適切な価格設定を提案しているところは共通であり，その内容も混雑時には相対的に高い運賃（料金），閑散時に相対的に低い運賃（料金）を課すべきであるという点でも同じである。違うのは，混雑税の理論は需要の超過によって走行時間（所要時間）が増加する道路のケースを想定しており，ピーク・ロード・プライシングは超過需要によっても時間的遅れは（原則として）ない鉄道サービスが議論の中心である。

以上の関係を若干理論的にみると次のようになる。第1に指摘できる点は，混雑税もピーク・ロード・プライシングも限界費用価格形成の応用だという点である。混雑税の場合，混雑によって私的に認識される費用と利用者全体でみた限界費用の間に乖離が生じ，これを埋め合わせるために混雑税が提案される。一方のピーク・ロード・プライシングは，単純な限界費用価格形成に経済学でいう短期の概念と長期の概念を持ち込んだものと解釈することもできる。基本となる固定ピークの場合，オフピークに課される価格つまり運営費はある意味で短期の限界費用であるが，それに施設費を加えたピークの価格は，長期限界費用であると考えることができる。ピーク・ロード・プライシングの理論は，ピーク需要がその需要量を満たすだけの施設を要求することから施設費を負担する形で，負担の関係を明確にしているのである。つまり，ピーク・ロード・プライシングの場合，価格の設定と同時に施設

容量を決定しているということができる。この点は，短期の利用者全体の限界費用に基づく価格設定である混雑税と区別される点である。[18]

---notes---

[15] Steiner (1957), pp. 585-610 および Boiteux (1960), pp. 157-179.

[16] したがって，施設がすでに存在していると仮定すれば単位当たりの費用は b であり，供給のために施設を作るコストを計算に入れるならば，単位当たりの費用は $b+\beta$ である。

[17] 経済学の最適化問題になじみのない読者は，この項をスキップしても問題はない。

[18] もっとも，混雑税についても，道路利用に関する費用に特定の仮定（規模に関する収穫一定）を置けば，混雑税収が最適施設の場合の施設費合計に一致することを示すことができる。したがって，混雑税理論で施設問題がまったく扱われないわけではない。

Column ⑤　高速道路の車種間料金比率

　道路は，普通車や大型車，特大車などさまざまな車種が利用する。第4章で説明した償還制によって必要な収入が計算できれば，次に，この収入を得るために，異なった車種の間にどのような料金を設定するかという問題が生じる。

　日本道路公団の料金区分では，現在車種は軽自動車等，普通車，中型車，大型車，特大車の5つであり，車種間比率は，0.8：1：1.06：1.55：2.75となっている。しかし，車種間比率がどのように決定されるかは，それほど明確ではない。

　もちろん，もっとも重要なのは車種別の費用である。道路は，簡単にいえば，用地の上に土台を築きその上に舗装をしてできあがる。道路を破壊する力は車軸の重さの4乗に比例するとされており，必要な舗装の厚さはその上を走る車両の重さによって決定される。つまり，大型車が多いほど費用は大きくなり，逆に，特

東名高速道路の弾力性を使ったラムゼイ価格の計算結果

	普通車	大型車	特大車
回避可能費用	3.433	7.792	10.822
料金弾力性	−0.269	−0.230	−0.241
現行料率	7.532	11.359	20.825
相対料率	1.000	1.500	2.750
ラムゼイ価格	6.135	16.070	21.287
相対価格	1.000	2.619	3.470
乖離率	0.440	0.515	0.492

（注）　回避可能費用，現行料率，ラムゼイ価格は台キロ当たり円。

大車が存在しなければその分舗装を薄くすることができるから，費用を削減できる。アメリカでも日本でも，各車種にどれだけの費用を課すかの計算が進んでおり，その割合は現行の車種間比率よりも大型車の比率が高くなる。

　現実には車種間比率は費用だけでなくその他の要因に影響されて決定されている。ここでは詳細な説明を省くが，費用以外の比較的客観的な基準としては，道路を各車種が高速道路を走行する場合に専有する面積，あるいは一定の基準に基づいて計算される走行便益の大きさなどがあげられる。

　経済学的な観点から，本文で述べたように限界費用価格形成の適用が考えられる。しかし，固定費が存在し費用逓減状態にある場合には，限界費用に等しい料金では総費用を賄うことができない。そこで，収支均衡のもとで資源配分を最適化する料金体系，すなわちラムゼイ価格を適用することが考えられる。

　平成元年度の料金改定以前は，高速道路料金は普通車，大型車，特大車の3区分であり，その料金比率は1：1.5：2.75であった。これらの料金比率をラムゼイ・ルールに基づいて変更する場合の計算例を表に示す。今回の計測結果では，弾力性に大きな開きがないため，限界費用からの乖離率には大きな差が出ず，料率が回

避可能費用の水準に依存する度合が大きい。

ラムゼイ価格の場合，車種間比率は1：2.62：3.47となり，現行料金体系から普通車料金は約19％程度の引下げ，大型車・特大車の料金は引上げになる。特に，大型車の料金の引上げ幅は約42％と大きい。料金改定のたびに大型車の負担を重くすることが提案されるが，表の結果は，この主張を理論的に裏付けるものである。なお，詳しくは本文注13にあげた，文献を参照されたい。

演習問題

1 本章では資源配分効率を1つのメルクマールとして運賃・料金のあるべき姿を論じた。本章での議論と第4章で論じた総括原価主義による運賃・料金決定について比較し，類似点，相違点を述べよ。

2 オール・ジャパン航空はA，B，Cの3つの路線を運航しており，各路線の需要関数および費用関数が以下のように与えられる。

A路線の需要関数：$q_A = 500 \times p_A^{-0.350}$

B路線の需要関数：$q_B = 400 \times p_B^{-0.269}$

C路線の需要関数：$q_C = 300 \times p_C^{-0.383}$

総費用関数：$TC = 1,000 + 46.5\, q_A + 30.7\, q_B + 29.7\, q_C$

ただし，$q_i\,(i = A, B, C)$ は各路線の需要量，$p_i\,(i = A, B, C)$ は各路線の運賃，TCは総費用である。

(1) 限界費用価格形成を行った場合の運賃を示し，その際の赤字額を計算せよ。

(2) 本文 (5.14)式を参考に利潤極大価格とその際の利潤額を計算せよ。

(3) ラムゼイ価格を計算し利潤極大価格と比較せよ。

3 ピーク・ロード・プライシングを採用すれば，混雑時間帯に

高い運賃を，閑散時間帯に安い運賃を課すことになる。次の主張について読者の意見を述べよ。

「需要が多い時間帯は混雑という形でサービスが劣っている。劣ったサービスに対して高い運賃を課すことは許されない。町中の食堂は，混雑する昼食時間帯にランチ・メニューという形で通常より安い価格を課しているではないか」。

REFERENCE

岡野行秀・山田浩之編著（1974），『交通経済学講義』青林書院新社。

熊谷尚夫（1964），『経済政策原理』岩波書店。

山内弘隆（1987），「道路の車種別費用負担について――高速道路料金へのラムゼー価格の適用」『高速道路と自動車』第30巻第9号。

Boiteux, M.（1956），"Sur la Gestion des Monopoles Publics Astrient á l'Equilibre Budgetaire," *Econometorica*, Vol. 24.（英訳：(1971)" On the Management of Public Monopolies Subject to Budgetary Constraints," *Journal of Economic Theory*, Vol. 3. 邦訳：根岸隆訳（1962），「収支均衡下の公共独占体の管理について」『高速道路と自動車』第5巻）。

Boiteux, M.（1960），"Peak-Load Pricing," *Journal of Business*, Vol.23.

Ramsey, F. P.（1927），"A Contribution to the Theory of Taxation," *Economic Journal*, Vol. 37.

Steiner, P. O.（1957），"Peak loads and efficient pricing," *Quarterly Journal of Economics*, Vol. 71.

第6章 交通投資

写真提供：日本道路公団

道路投資に対する評価の目は年々厳しくなってきている。どのようにすれば効果的な投資を行うことができ，資源を有効に使うことができるのだろうか。

1 交通投資の特徴と問題点

投資の私的視点と社会的視点

「交通投資」と聞いて、読者はどのようなものを想像するであろうか。ある人は引越し事業をはじめるためにトラックを購入したり、タクシー事業を行うために自動車を購入することを想像するかもしれない。さらに、鉄道車両を購入したり、船を買い入れることを想像するかもしれない。またある人は、道路や鉄道を建設することを想像するかもしれないし、空港やコンテナ・ターミナルの建設を想像するかもしれない。このうち、前者は交通の上部構造（superstructure）と呼ばれ、後者は交通の下部構造（インフラ：infrastructure）と呼ばれる。いずれも交通投資であることには変わりはないが、通常、交通投資といえば後者の交通インフラへの投資をさすことが多い。ここでも交通インフラへの投資を交通投資と呼ぶことにしよう。

後者の交通投資は、それが何であれ非常に規模の大きいものであり、それが周囲へ及ぼす影響もまた大きいであろうことは容易に想像できるであろう。実際、ある企業が工場を作るというような投資よりも、ある地域に鉄道が建設されるとか、空港が誘致されるというような投資に関しての方が、はるかに多くマスコミに取り上げられ、多くの人びとの議論を巻き起こす。これは交通投資が社会に及ぼす影響が大きいことを示す1つの証左であろう。別の言い方をすれば、交通投資は利用者のみならず、投資されたインフラの周辺の住民や企業にもまた、いろいろな便益あるいは

非便益（費用）を与えるのである。

　ある交通投資プロジェクトがあるとして，そのプロジェクトを実施するべきかどうかを判断することは，非常に重要な投資行動のプロセスの一部である。これは一般にプロジェクト評価と呼ばれるが，このプロジェクト評価には，実に多くの便益と非便益が関連する。しかも第1章において述べたように，交通サービスはかなり多くの外部性を持つ。したがって，プロジェクト評価を単に建設主体と利用者という私的な観点からのみ行うことは不適切であることは明らかであろう。ありとあらゆる影響すべてを考慮に入れた，社会的な視点に立ってプロジェクト評価を行い，その交通投資が社会全体にとって望ましいものであるかどうかを判定しなくてはならない。

財務分析と費用便益分析

　交通投資は大規模であることが多く，外部効果の存在によって，交通投資は周囲の多くの経済主体の行動に影響を与えるから，社会的な観点からプロジェクト評価をすることが必要である。このプロジェクト評価を行う手法としてどのようなものがあるのだろうか。

　「費用便益分析」（cost benefit analysis）はそうしたプロジェクト評価手法のうち，理論的整理が進み，実用的なものとなっているものの1つである。言い換えれば，費用便益分析は当該プロジェクトを社会的な視点から分析し，そのプロジェクトの実施の望ましさを決定する手法である。一方，私的な視点から当該プロジェクトを評価する手法としては財務分析がある。われわれの目的は社会的視点からの分析である費用便益分析を考察することではあるが，そのためにはそれを財務分析と対比させることがわかりや

すい。

　財務分析は，一般の民間企業があるプロジェクトを企画，実行するときに行われる。例えば，あるメーカーが自社の製品を増産するために工場を建設するプロジェクトを計画しているとしよう。この企業はこの工場建設にかかる費用，そして将来にわたってかかるであろう維持管理費用などを合計し，一方，生産した製品の販売によって将来生み出されるであろう収入を合計してそれを比較する。企業の目的は利潤の最大化であるから，この両者を比較して利益がプラスになると判定されればこのプロジェクトは実行されることになる。また複数の代替的なプロジェクト案が出ているとすれば，それぞれについて計算して，最も利益のあがるプロジェクトから資金の余裕のあるかぎり順に建設を進めていけばよいことになる。これがその企業によって行われる財務分析である。この財務分析の目的はその企業における利潤の最大化である。したがって，かりにこの工場の建設と生産にともなって外部効果が発生していたとしても，企業はそれを負担する必要はないから，こうした費用は財務分析で計算されない。つまり，財務分析においては完全に私的な観点からプロジェクト評価が行われていることがわかる。

　しかし，私的にはプロジェクトを実行すべきであるという判断が下されても，それがはたして社会的に見ると実行すべきであるかどうかはわからない。例えば外部不経済の存在によって社会が多くの費用を負担しているならば，そのプロジェクトが社会全体の利益にかなうものかどうかは財務分析ではわからない。つまり，社会的視点に立つ分析では特定の経済主体の費用と収入ではなく，社会全体に発生する費用と便益を比較してそのプロジェクトが望

ましいものかどうかを判定する必要がある。これが費用便益分析である。

交通投資評価の困難性　費用便益分析に関する理論的な検討は第2節以降に譲るとして、ここではさしあたり交通投資評価自体に潜むさまざまな難しい点について考えていくことにしよう。

交通投資は社会的に大きな影響を与えるものであるため、その影響を分類したときの便益や費用の項目は膨大なものになる。それだけではなく、その費用と便益を受ける経済主体もまた多種多様である。こうした点が通常の投資プロジェクトとは異なる点である。例えばある鉄道が開通したとしよう。その便益は時間節約などの形で鉄道の利用者に発生する。その沿線地域の交通の便が良くなれば、その一帯に人びとが移り住み、新たな住宅地ができるかもしれない。住宅地ができれば、その周辺にスーパーなどの産業が立地するかもしれないし、その住宅建設に関与する企業も利益を上げるかもしれない、とその影響は果てしなく続く。特に最初の利用者に発生する効果を直接効果と呼び、それ以下の効果を間接効果あるいは経済波及効果などと呼ぶが、社会全体への影響を考えるとするならば、いったいどこまでこの鉄道建設の経済効果をたどっていかなくてはならないのであろうか。これは非常に難しい問題である。

また、交通投資による影響には評価しにくいものが多く含まれる。客観的にプロジェクト評価をするためにはそれぞれの影響を数値化（貨幣換算）して比較することが必要であるが、それは簡単なことではない。例えば先の鉄道の開通の例で10分間の時間節約ができたとすれば、これはいったいどれだけの価値を有して

いるのだろうか。これは1分がいくらであるか、という時間価値がわからないと計算できない。またある道路が改良されたことで交通事故が減少したとして、それによってどれだけの価値が社会に生じたかは、人命の価値やけがをしたときの社会の損失額がわからないと計算できない。さらに、交通投資プロジェクトにつきものの、環境に対する影響はどのように計算できるだろうか。騒音の発生によって発生する費用は、生態系が破壊される費用は、埋蔵文化財が損害を受ける価値は、などと取り上げるべき項目はたくさんある。こうしたさまざまな影響を客観的に把握しなくてはならない。

　このような影響が客観的に把握できないのは、それらの多くが市場によって価格をつけられていないということにある。騒音に関する取引の市場は存在しないし、生態系破壊市場は存在しない。もちろん時間節約市場もない。そのためプロジェクト評価のためには擬似的な市場を作って価値を推定することなどをしなくてはならない。しかし、もしかりに市場が存在して、その価値がわかったとしても、その価値が本当に社会の認める価値であるかどうかはわからない。というのは、その市場自体が歪んでいれば、そこで得られた価格のシグナルは価値計算のためには誤まったシグナルであるかもしれないからである。財務分析であれば、帳簿上の数字がすべてであるから、市場が歪んでいようがいまいが、市場価格を計算の根拠として利用することに問題はない。しかし、社会の本当の価値を計測しようとする費用便益分析では、かりに市場があるとしても、その市場価格を疑う必要がある。

　このように、交通投資プロジェクトを社会的観点から見るときには、多くの困難な問題が横たわっている。

投資効果の持続性

交通投資プロジェクトは大規模なものが多いから，その建設の着手から供用開始までの資本の懐妊期間が長い。また一度供用が開始されると，そのインフラが提供する交通サービスはかなり長い期間持続する。例えば（独）日本高速道路保有・債務返済機構の保有する高速道路の償却期間は45年と設定されているが，これはサービスが少なくとも45年間は提供できることを示しているといってよい。

交通投資プロジェクトを評価する場合，それぞれの費用や便益の各項目を検討することが必要であるだけではなく，それらを将来にわたって集計しなくてはならない。例えばある交通インフラが供用開始後50年にわたって年間1億円の便益を発生し続けるものとしよう。このときにその50年間にわたって発生し続ける便益のすべてを合計して費用と比較しなければならない。同様に，交通プロジェクトの建設にかかった費用が年間4億円として，建設開始から供用開始までに10年かかったとしよう。そしてその後の維持管理の費用として年間1000万円がこれから50年間にかかるとしよう。これらの費用もプロジェクト着手から維持管理費用が不要になるまでのすべての費用を合計して便益と比較しなければならない。このときこの交通プロジェクトによって発生する便益は50億円であり，費用は45億円（建設費用40億円と維持管理費用5億円）であるように思われる。そして，どうやらこの交通プロジェクトは実施することが社会にとって望ましいように見える。しかし，これは正しいことだろうか。

この単純計算の最も大きな問題は，現在の価値と将来の価値を同じと考えて便益と費用を評価している点にある。もっと具体的に言うならば，現在の1億円は1年後の1億円と同じ価値ではな

い。なぜならば，いま1億円を持っている人がこの交通プロジェクトにその1億円を使わずに銀行に預けたとするならば，(年利が1％として) その1億円は1年後には1億100万円になっている。したがって，1年間の時間の経過でその価値には100万円の差が出ることになる。だから，もしプロジェクト評価を建設開始の時点で行うとするならば将来の費用や便益はすべて現在（建設開始時点）の価値に換算して（割り引いて）評価しなくてはならない。したがって，1年後の価値が1億円とすれば少なくともそれは現在価値では1億円以下となるし，預金の複利計算を考えれば，2年後そしてそれ以降の1億円の現在価値換算はさらにその額を下回るであろう。

この現在価値換算の仕方については次節において述べる。現段階で指摘しておきたいことは，長期にわたるプロジェクト投資評価において将来の便益と費用を評価することはそれほど簡単ではない，ということである。

2 費用便益分析の概念

費用便益分析の理論的根拠

特に資源配分の観点から，経済学では最も望ましい社会の状態は，パレート最適を満たす状態であると考える。パレート最適（である社会状態）とは，ある資源が与えられて，「ある人の経済状態を悪くすることなしに他の人の経済状態をこれ以上良くできない」ようにその資源が配分された社会状態のことを指す。費用便益分析は，ある資源を無駄なく効率的に活用できるプロジ

ェクトを選択する分析方法であるから，経済学の観点からは，パレート最適を実現できるような投資プロジェクトが最善であるということになる。

しかし，「ある人の経済状態を悪くすることなしに他の人の経済状態をよくすること」ということは現実の世界ではありそうもない。例えばある道路を建設すれば，確かに道路利用者の利便性は向上し，便益は発生するが，(都市部では特に)立退きなどについて地域住民から反対が起こり，また環境の悪化という点から環境保護団体が建設反対を叫ぶ。これは明らかに「他の人の状態を良くする」一方で，「ある人の状態を悪く」している。したがって，パレート最適な投資プロジェクトの選択は現実の世界では事実上ほぼ不可能である。

パレート最適の概念をより現実的なものとするために登場したのが，カルドア゠ヒックス基準などに代表される補償原理である。つまり，ある人の損失を，利益を受ける人が補償してなお手元に利益が残るならば，そのようなプロジェクトは社会にとって望ましいと，補償原理（カルドア゠ヒックス基準）は判断する。費用便益分析はまさに補償原理の考え方に立脚した考え方であるといってよいであろう。なぜならば，費用（損失）の合計と便益（利益）の合計を比較し，費用総額を便益総額で相殺してなお便益が残れば，そのプロジェクトは実行可という判定が出されるからである。費用と便益の評価の仕方は後に述べるようにいくつかあるけれども，費用便益分析が，その本質において補償原理の応用である点で変わりはない。確かに，補償原理は純粋に理論的な観点からは問題がないわけではない。しかし，現実にはあまりありそうもない理論上の矛盾を厳密に指摘するよりも，その現実的有用性の大

図6-1 投資効果の評価

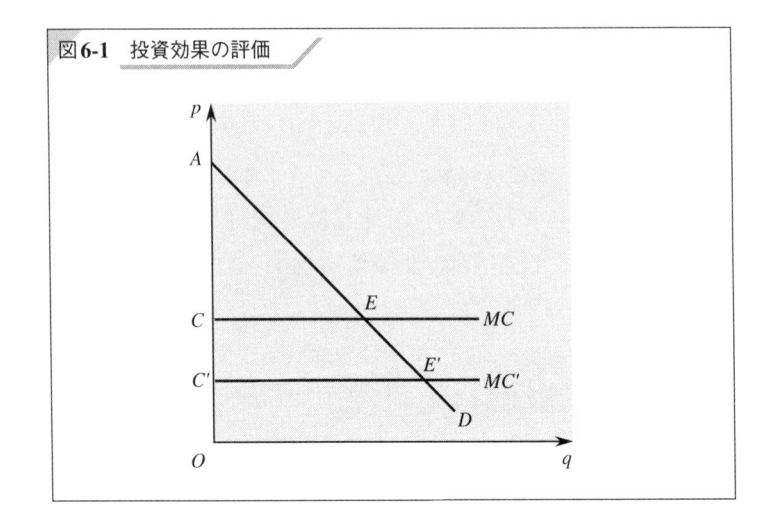

きさから積極的に費用便益分析は行われている。

　費用便益分析による投資効果の評価は，単純には消費者余剰の考え方を用いて理解することができる。**図6-1**によってこれを見てみよう。縦軸に価格（費用），横軸に生産（消費）量を取る。直線ADはこの交通市場の需要曲線であり，簡単化のために直線と仮定している。またこの交通市場で新たな発生交通や転換交通はないものとし，したがってプロジェクトの実施前後で需要曲線のシフトはないとする。このように考えるのは，発生交通がある場合はこれまでの潜在的な需要が顕在化して需要曲線は右にシフトするので，また，転換交通がある場合は，他の市場から交通需要が移ることにより，他の市場で需要曲線が左にシフトすると同時に当該市場では需要曲線が右にシフトするので，この段階で需要曲線のシフトを考えることは分析を複雑にするからである（この仮定は後に緩和される）。プロジェクト実施前の交通サービス生産

に関する限界費用曲線をMCとしよう(簡単化のためにこれは一定であると仮定する)。このときのこの市場において実現されている消費者余剰(社会的余剰)はACEという三角形で表すことができる。いまある交通プロジェクトの実施が計画され、もしこの計画が実行されれば、時間短縮効果や走行費用の節約によってこの市場での限界費用曲線がMCからMC'に低下するものとしよう。このときの市場均衡価格はEからE'に変化するので、消費者余剰(社会的余剰)は$AC'E'$となっており、したがって、このとき消費者余剰は$CEE'C'$だけ増加している。つまり、このプロジェクトは消費者余剰(この場合社会的余剰)を増加させるものであるから、このプロジェクトの実施は社会にとって望ましいということになる。

このように図6-1を用いると、プロジェクトの実施の可否は、今述べた面積がプロジェクト実施前よりも大きいかどうかによって決定することができ、さらに代替的なプロジェクトの優先順位はその面積の大きな順によって決定できることがわかる(もちろんこの図での分析では、プロジェクトの建設に関する費用などは捨象されているので、厳密にはこの面積とそれらの費用との差額というのが正しい表現である)。

しかし、一見したところ簡単に見える消費者余剰からの費用便益分析へのアプローチは実際には大きな困難を伴う。第1に、実際に図にあるような需要曲線を個々の市場で導出することがむずかしい。しかもかりに導出できたとしても、それが直線である保証はなく、この場合計算が複雑となる。第2に、市場における均衡点を需要曲線と個々の限界費用曲線の交点としているが、それが実際の交通市場の均衡点を表しているかどうかはわからない。

第3に、交通サービスが複雑なネットワークを構成している場合、プロジェクトの実施前と後で需要曲線が一定であるということはありそうもなく、需要曲線の形状の変化やシフトがありうる。第4に、この図では所得効果（価格が変化しない状況で所得が変化したときの消費量の変化）が存在しないと仮定しているが、所得効果が存在すれば消費者余剰は正確な便益を表さない。この仮定が現実的な仮定であるかどうかは疑問である。

以上のような理由から、じかに消費者余剰を用いたアプローチでは現実のプロジェクト評価はなかなか大変であることがわかる。したがって、通常の現実的な費用便益分析においては、需要曲線や限界費用曲線を推定するかわりに、個々の便益項目、費用項目を1つずつ取り上げ、それらを個別に貨幣価値に換算して合計し、比較するという、いわば「項目積上げ方式」が主流である。

評価時点の比較

図6-1で見たように、プロジェクトの実施の前と後では消費者余剰に変化が現れ、その変化は市場均衡点のEからE'への動きによって引き起こされる。つまりプロジェクト評価はE点とE'点の比較によってなされた。しかし、現実の費用便益分析では、図6-1のような状況がプロジェクトの前後において一貫して持続するとは思われない。特にそれは需要曲線のシフトにおいて顕著であろう。通常、あるプロジェクトの実施において交通量は発生交通、転換交通等の存在によって変化する。これに対して、図6-1においては発生交通量や転換交通量はまったく存在しないことが前提とされている。つまり、図6-1は費用便益分析の理論的根拠を説明するために簡略化されたものにすぎない。

発生交通量や転換交通量が存在すると、需要曲線はシフトする。

図6-2 需要曲線のシフト

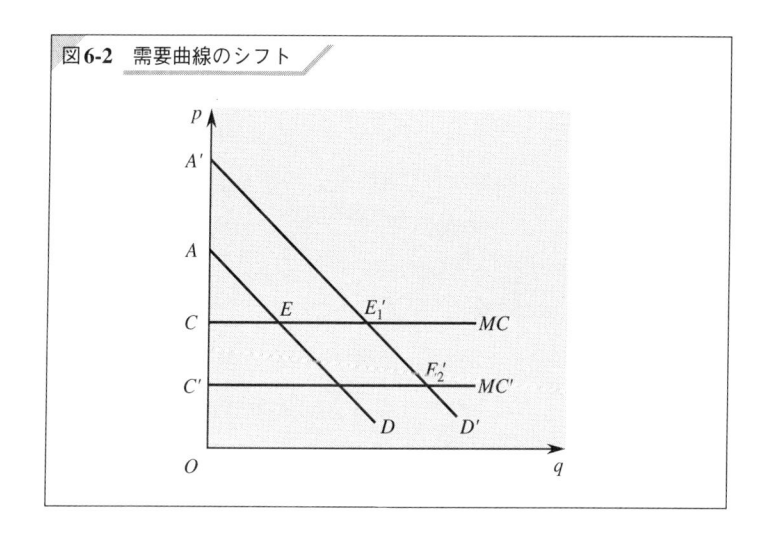

いまプロジェクトの評価の前後で経済成長その他の要因によって発生交通量が存在し，需要曲線が右にシフトしたとしよう。このとき図6-1は図6-2のようになる。

図6-2に新たに付け加えられたのは，発生交通によってプロジェクト実施後に現れる需要曲線$A'D'$である。プロジェクト実施の前と後で現実に生じた点で比較する試みはbefore-and-after studies（プロジェクト実施前後で比較する分析）と呼ばれるが，ここではそれはE（実施前）とE_2'（実施後）に対応する。しかし，プロジェクトの実施前と実施後を比較するとき，均衡点EとE_2'を比較することは誤りである。なぜならば，本当に比較するべきものは，プロジェクトの前後の点ではなく，プロジェクトがなかったならば生じたであろう点（E_1'）と実際に生じた点（E_2'）であるからである。この方法はwith-and-without studies（プロジェクトのあるなしで比較する分析）と呼ばれる。かりにプロジェクトを

実施しなくても自然に E_1' は実現できるのであるから，E から E_1' への動きは他の要因によるものであって，このプロジェクトに帰するべきものではない。before-and-after studies では便益が過大評価されていることがわかるであろう。つまり，この場合の便益は，このプロジェクトの真の便益に比べて $A'E_1'EA$ だけ大きい。このことから，プロジェクトの評価時点について注意を払わないと正確な便益を計測できないことになる。

便益項目の選定

次に，計測されるべき費用あるいは便益の項目は何であるのか，について考えよう。この問題は費用項目よりも便益項目において重要である。なぜならば，通常，間接効果あるいは経済波及効果と呼ばれているような項目は，ほとんどすべてが便益項目であるからである。第1節で述べたように，ある交通プロジェクトの実施によってその便益はまずそのインフラの利用者に発生するが，その便益はそこだけには留まらない。次から次へと市場を経ることによって便益は波及していき，拡散していく。事実，新幹線や高速道路の誘致に向けて運動する人びとは，利用者便益もさることながら，それから波及する地域開発効果，産業振興の効果を期待することの方が多い。そしてこれらの運動では利用者の便益，地域開発効果，産業振興の効果などを合計して多額の経済効果をアピールすることが多い。こうした便益項目の選択とその計算は肯定できるのであろうか，あるいは肯定できないとすればどのような便益項目は含まれるべきで，どのような便益項目は含まれるべきではないのだろうか。

ここでは簡単なモデルを利用することによってこれを明らかにしよう。いま，ある地点間にバイパス道路を建設するプロジェク

図6-3 費用低下の効果

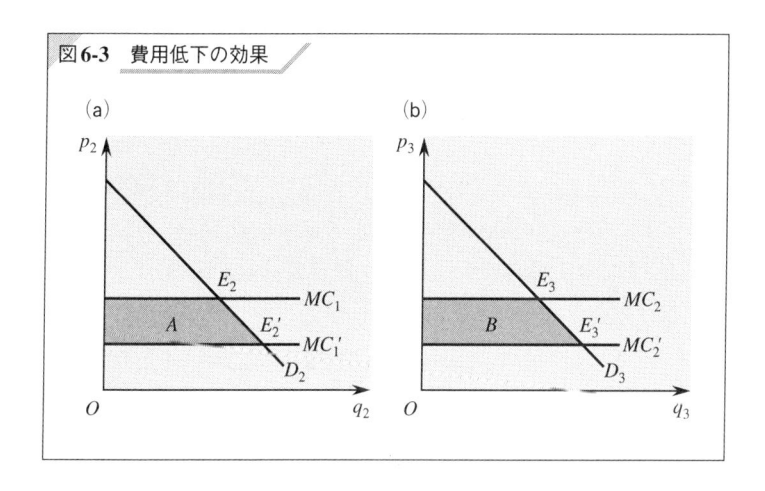

(a) 縦軸 p_2、横軸 q_2。需要曲線 D_2、限界費用 MC_1 から MC_1' への低下。交点 E_2 から E_2' へ。面積 A。

(b) 縦軸 p_3、横軸 q_3。需要曲線 D_3、限界費用 MC_2 から MC_2' への低下。交点 E_3 から E_3' へ。面積 B。

トがあるとしよう。そしてそのバイパスにはある原材料を輸送するトラックが走るとしよう。そして沿線にはその原材料を使って製品を製造する企業があり、そしてその企業の製品を購入する消費者がいるものとする。まずバイパスの完成によって時間短縮効果などの利用者便益がトラックに発生する。そしてその利便性の向上によってコストの削減が図られ、もしトラック輸送市場の競争が完全であれば運賃が低下するから、企業での製品生産に関するコストは低下するであろう。これは図6-3 (a) によって示される。この図の縦軸には原材料の価格、横軸には原材料の生産量をとっている。D_2はこの企業の原材料に対する需要曲線である。いまバイパス開通によって利用者便益が生じ、これにともなって生じる原材料仕入れに関する費用の低下分が限界費用MC_1からMC_1'への動きで表されるとしよう。もし原材料に関する市場が完全競争市場であるならば、原材料価格は需要曲線と限界費用曲線の交点であるE_2からE_2'に変化する。したがって、この企業の原

材料の消費者としての消費者余剰（この場合は利潤）は台形Aの部分だけ増加する。これによって利用者便益はまず企業の利潤という形に変わる。次にこの原材料が製品となり，消費者に需要される製品市場を考えよう。図6-3（b）はその製品市場の状況を表している。縦軸はその製品の価格，横軸はその製品の生産量である。D_3はこの消費者の製品に対する需要曲線である。企業は原材料購入に関して費用を下げることができたので製品価格をわずかでも引き下げることによって製品市場での競争に勝とうとする。しかし製品市場が完全競争市場であるならば，同様に他の企業も価格を切り下げてくるので，市場均衡点は最終的にはE_3からE_3'に変化する。ここでMC_2とMC_2'はそれぞれ製品生産に関する限界費用である。つまり，価格は限界費用MC_2'に一致するので，価格競争の結果，企業は原材料の価格低下で得た余剰を手元に残すことができず，製品価格の低下による余剰Bはそのまま消費者余剰としてその製品の消費者に移る。したがって，利用者に発生した便益は余剰Aとして一度は企業に移転するものの，完全競争市場である製品市場の存在によってその便益は100％そっくり消費者の手元に移転する（台形B＝台形A）。

以上のプロセスからわかるように，途中の市場が完全競争であるかぎり，利用者便益は次々と市場というフィルターを通って関連する経済主体の間を移転していく。このことから，さまざまな間接効果を合計して便益を算出することは便益の二重計算であり，便益の過大評価につながることは明らかであろう。では，どの段階で便益を評価するべきであるのか。もし便益の移転の下流部分で便益を把握するならば，便益の把握は不正確となる。なぜならば，その便益は経済主体間の便益移転の途中で他の経済活動によ

る諸影響を受け，便益の中に他の経済諸活動の成果が混入してくるからである。このことから利用者便益の段階（便益移転前の上流の段階）で便益を把握し，いわゆる間接効果を計算に含めないことが最も信頼のおける便益把握の方法である。また市場が不完全な場合は，それぞれの市場において当事者に便益の一部が漏出し，100％の便益の移転がなされないことを示すことができる。このときは便益の下流における把握は，よりいっそう便益計算を不正確にする。

このように，ある交通プロジェクトの実施によってさまざまな局面で現れる便益は，実はその多くが，同じ便益が形を変えて現れてきたものにすぎず，これらをすべてそのプロジェクトの便益であるとしてすべてを合計することは誤りとなる。実際の費用便益分析においてはこのような理由から，便益を利用者便益に限定して計測する場合が多い（第 *3* 節を参照のこと）。上記のモデルで示した便益の移転は，最終的には地価の変化に帰着するということが証明されており（キャピタリゼーションの理論），この段階での便益の把握が経済の諸活動の指標として役立つ例が数多くある。しかし特定プロジェクトの評価という点に関しては地価の上昇便益のみで費用便益分析を行うことにはかなりの慎重さが必要とされるであろう。

社会的割引率とシャドウ・プライス

第 *1* 節において，現在の価値と将来の価値を単純に合計することは，真の費用と便益を計測する上で誤りであることを述べた。そこで述べた例は財務分析の点から見るといっそうわかりやすい。企業の持つ資金は最大の利益をあげるように活用されるが，もしそれが工場建設プロジェクトであるならば，それに資金

が使われるであろう。しかし、それよりも銀行に預金して利子を稼ぐ方が利益が大きくできるならば、企業はそうするであろう。だから金利を得るという選択ではなく、投資プロジェクトに資金を投入するという選択をするということは、プロジェクト実施で実現できる将来の価値が現在の価値よりも、少なくとも銀行の金利の分以上は高くなっていることを意味する。したがって、将来発生するそのプロジェクトからの利益は市場利子率によって現在価値に割り引いて合計され、評価される。金利が高ければ高いほど将来価値が大きいので、逆にいえば現在価値は小さくなる。金利が限りなく小さくなり、ゼロになってしまうと、将来価値は現在価値と一致し、将来価値はそのまま現在価値と同様に扱って合計すればよいことになる。この現在価値に割り引くときに用いられる数値を割引率という。

　通常の財務分析では割引率は現行の市場利子率をそのまま使えばよい。なぜならば、プロジェクトに投資をしない場合には資金を金融市場に投下して利子を得ることができるので、将来価値の増加分、言い換えれば現在価値への割引分（割引率）は市場利子率で近似できるからである。現実にどれだけの利益が生じたか、ということだけが問われる財務分析では、市場利子率がどれだけ社会の状況を正確に反映しているか、ということとは関係なく、そのまま市場利子率を割引率として採用すればよい。

　しかし、費用便益分析の場合は社会全体における望ましさを決定することが目的であるから、社会全体の資源配分を最適にするような状況を反映する割引率を採用しなくてはならない。これが「社会的割引率」であり、通常の「割引率」と区別される所以である。通常の市場利子率は社会の状況を正確に反映したものとは

なっていない。なぜならば金融市場には多くの歪みが存在するからである。例えば，課税による資源配分上の歪みが存在するし，さらに金融市場ではマクロ政策上からの市場介入など，政府による規制が多く行われているので，市場利子率がそのまま市場の実態を反映するものとは思えない。したがって，社会的割引率として市場利子率を使うことには多分の注意を要する。それでは社会的割引率はどのようにして決定されるべきだろうか。

まず第1のアプローチとして考えられるのは社会的時間選好率によるアプローチである。それぞれの経済主体は，自己の保有する資源を今期の消費と来期の消費にどのように振り分けるかという選択の問題に直面している。自己の効用を最大にしたい経済主体は，効用を最大にするように資源を今期の消費量と来期の消費量に配分する。今期の消費と来期の消費をそれぞれ個別の財と考えれば，この両者の間には無差別曲線を引くことができるはずである。この無差別曲線上の限界代替率は一定の効用を維持するために今期の消費が来期のどれだけの消費に相当するかを意味するものであるから，これを割引率として採用することができる。この場合，限界代替率は社会的時間選好率と呼ばれる。この方法は理論的で，説得力を持つものであるが，反面，現実性に乏しい。無差別曲線，そして限界代替率の導出がむずかしいということがその理由である。そのため，現実の費用便益分析での社会的割引率の決定ではこのアプローチをとるものはあまりない。

第2のアプローチは機会費用アプローチである。これまでに多くの公共投資プロジェクトが行われてきているが，これらの収益率を計算することは比較的容易である。当該プロジェクトの実施に関しては，現在ある資金を，当該プロジェクトではなく，過去

に行われた類似したプロジェクトの実施に使ってもよかったはずで、そのときにはすでに実現しているような収益率を期待することができたはずである。すなわち、過去の類似したプロジェクトは今回考えられているプロジェクトの機会費用となっている。したがって、過去の類似した投資プロジェクトの収益率を犠牲にして今回のプロジェクトを行うというように考えると、その収益率はそのまま当該プロジェクトの社会的割引率として考えてよいことになる。この場合は過去の類似したプロジェクトの収益率が真の社会の実態を反映したものであるかどうか、という疑問が残るが、その実行上の容易さから、現実の費用便益分析においてよく使用される。

費用便益分析では、実際には市場が存在しないような財・サービスの価格を推定してそれを用いなくてはならないという例が多くある。例えば環境破壊については環境という財を取引する市場がないので市場価格を用いることはできない。また、かりに市場が存在していたとしても、金融市場のところで述べたように、課税があったり、市場には多くの政府の規制があったりするかもしれず、社会的に望ましい均衡価格が達成されているかどうかは疑わしい。このような場合には、費用便益分析は存在しない価格、すなわち現実の市場価格に代わって、何らかの仮想的な価格を用いることで、費用や便益を計測する必要に迫られる。このような価格をシャドウ・プライス（shadow price）と呼ぶ。シャドウ・プライスの設定の方法は、取り扱う各費用・便益項目についてそれぞれ異なる。市場がそもそも存在しないときは擬制的な市場を作ることによってその価値を計測する方法がある。市場が存在し、それが完全競争市場に近似している市場ならば、市場価格の採用

にはあまり問題はないが，政府の介入などにより，完全競争市場からかなり歪んだ市場では，市場価格をそのまま使用せず，何らかの修正を施す必要がある。

投資の可否と優先順位の判定

以上のような手続きを経ることによって，費用と便益の現在価値換算が行われ，それらが集計されたとしよう。次の段階ではそれらを比較検討することにより，そのプロジェクトの実施の可否を判定し，代替的なプロジェクトが複数あれば，その優先順位を確定することが必要である。この方法には3つある。以下では簡単化のため，プロジェクトの建設費用は0期にのみ発生し（K_0とする），1期目から便益と（維持管理などの）費用が発生する場合を考えよう。

第1は純現在価値法と呼ばれる方法である。これは次の式で表すことができる。

$$NPV = \sum_{t=1}^{n} \frac{B_t}{(1+d)^t} - \sum_{t=1}^{n} \frac{C_t}{(1+d)^t} - K_0$$

ここで，NPVは純現在価値，B_tはt期における便益の額，C_tはt期における費用の額，dは社会的割引率，nは評価期間である。つまりこの方法は，このプロジェクトによってどれだけの純便益の絶対額が発生するかを計算するものであり，NPVが正となればこのプロジェクトは実施の価値があり，代替的なプロジェクトが複数あればNPVの大きい順に優先順位が決まる。ただ，この方法ではプロジェクトの規模が大きいものほど有利となってしまうため，この場合には次の方法が望ましいかもしれない。

第2は費用便益比率法と呼ばれる方法である。これは次の式で表すことができる。

$$CBR = \sum_{t=1}^{n} \frac{B_t}{(1+d)^t} \bigg/ \left(\sum_{t=1}^{n} \frac{C_t}{(1+d)^t} + K_0 \right)$$

ここで，CBRは費用便益比率であり，その他の記号は純現在価値法のそれと同じである。これは純便益の絶対額の大きさを示すものではなく，費用当たりの投資効率（単位当たりの費用がどれだけの便益を生み出すか）を示すものである。CBRが1以上となればこのプロジェクトは実施の価値があり，代替的なプロジェクトが複数あればCBRの大きい順に優先順位が決まる。

第3は内部収益率法と呼ばれる方法である。これは次の式で表すことができる。

$$\sum_{t=1}^{n} \frac{B_t}{(1+d)^t} - \left(\sum_{t=1}^{n} \frac{C_t}{(1+d)^t} + K_0 \right) = 0$$

内部収益率法は上記のような式を満たす割引率dを内部収益率（internal rate of return：IRR）として求め，その数値の大きい順に投資プロジェクトの優先順位を決定するものである。もし内部収益率が社会的割引率を下回れば，それは資源が最適なプロジェクトに向けられていないことを示すので，プロジェクトの実施の意味はなくなる。

ところで，不幸なことにこれらのアプローチはプロジェクトの優先順位の決定について一貫した整合性を持たない。その一例を示すために純現在価値法と内部収益率法の関係を示したものが図**6-4**である。

縦軸に純現在価値（NPV）をとり，横軸に社会的割引率dをとる。費用と便益をそれぞれ社会的割引率で現在価値化してその差を考えるのが通常の純現在価値法であるが，論理的には，毎期における便益と費用の差額を先に出して，それを現在価値換算して

図6-4　純現在価値と内部収益率

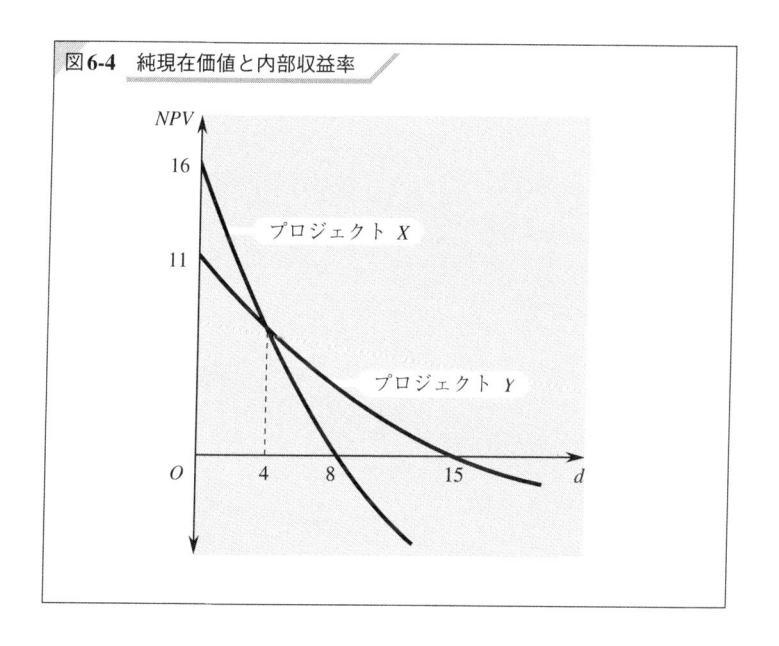

合計してもその値は変わらない。そうして算出されたのがこの図の縦軸である。プロジェクトX, Yの便益と費用の発生パターンは異なるので，ある与えられた社会的割引率の大きさによってそれぞれのプロジェクトX, Yの純現在価値は異なってくる。例えば，社会的割引率がゼロのときは将来価値は割り引かれずそのまま現在価値に換算され，プロジェクトXもYもともに最も純現在価値が高くなり，それぞれ16と11になっている。この場合，この図によるとプロジェクトXのIRRは8％であり，プロジェクトYのIRRは15％である。これは，内部収益率法では，$B=C$となるようなdを求めるのであるから，内部収益率とは，この図では$B-C=NPV=0$となっている横軸と各プロジェクトの曲線との交点を求めたものである。内部収益率法によるとプロジェクトY

が採択される。ところが，純現在価値法では社会的割引率が4％以下の場合にはプロジェクトXが採択される（4％以下ではプロジェクトXの純現在価値がプロジェクトYよりも図の上方に位置している）。また同じ純現在価値法を採用する場合でも，社会的割引率が4％以上か以下かによって採択されるプロジェクトが異なってくる。

これらの3つの方法のうちどれを選ぶかについては，合理的かつ普遍的な一貫した基準は存在しない。実際に行われるプロジェクトの性質やその状況によって異なる場合が普通である。ただ，どのようなプロジェクトでもこれらの3つの数値を算出しておくことが望ましい。

3 交通プロジェクト評価への費用便益分析の適用

適用事例（1）：道路プロジェクト

道路，とりわけ高速道路ではない一般道路では，沿線のどこからでも利用者は出入りできる。また，規模の大小にかかわらず，すでにある程度の道路は整備されているので，よほどの未開発地域でないかぎり，道路プロジェクトは既存の道路ネットワークに少なからず影響を与える。このような理由から，道路プロジェクトの便益の測定に関しては他のプロジェクトよりむずかしい点があると言えるであろう。

間接効果と直接効果の区別とその把握の仕方についてはこれまでに述べた。しかし便益の種類は多種多様なので，現実の道路プロジェクトではそれらを整理して検討する必要がある。それには

表6-1のような便益帰着連関表を使用することが便利である。これを見るとわかるように，いわゆる間接効果が（直接効果との境界部分を除いて）合計としては便益として効果を持っていないことがわかる。

ここで取り上げられているように，道路投資プロジェクトにおける便益の主たるものは走行時間短縮便益，走行費用減少便益，交通事故減少便益，そして環境への影響が大きいときは環境改善便益である。以下ではこれらの各便益について重要な点を述べよう。

走行時間短縮便益の計測において最も重要なのは時間価値の計測である。時間価値の計測方法として最も一般的に普及している方法は，労働の機会費用アプローチである。すなわち，目的地まで早く到着できることによって節約された時間を労働に使用したときに，どれだけの所得を稼得できるかを考える，という方法である。労働者の単位時間当たりの平均賃金率などをもとに，時間価値原単位を決定し，車種別や旅行目的などの修正を加えて節約できる時間価値の総計を求める。なお，貨物車の場合はドライバーの時間価値のほかに，車両の使用料や貨物価格の金利相当分を加えることがある。

走行費用減少便益もまた，走行費用原単位を計算する必要がある。この原単位を構成するものとしては，通常，燃料，オイル，タイヤ・チューブ，車両整備，車両償却などの費用が考えられる。これらは道路条件（路面や勾配など），走行条件，速度などによって変化するが，それらは技術的な関係式から導出され，各プロジェクトに応じてその原単位が用いられる。

交通事故減少便益に関しても原単位の測定が必要となる。ただ，

表6-1 便益帰着連関表

			道路事業者	道路利用者			生活	
				評価対象道路	代替道路	歩行者	財サービス消費者	被雇用者
直接効果	道路利用者	道路利用						
		走行時間短縮		+◎	+◎			
		走行費用減少		+◎	+◎			
		交通事故減少		+◎	+◎			
		走行快適性の向上		+◯	+◯			
		歩行の安全・快適性の向上				+△		
		利用料負担		−◎				
	沿道・地域社会	環境						
		大気汚染						
		騒音						
		景観		±◯	±◯	±◯		
		生態系						
		エネルギー（地球環境）						
間接効果		住民生活						
		道路空間の利用						
		災害時の代替路確保						
		交流機会の拡大						
		公共サービスの向上						
		人口の安定化						
	地域経済	新規立地に伴う生産増加						
		雇用・所得増大						+◯
		財・サービス価格低下					+◯	
		資産価値の上昇						
	公共部門	財政	公共施設整備費用の節減					
		租税収入	地方税					−◯
			国税					−◯
		公的助成	補助金	+◎				
			出資金	+◎				
事業収支		収入	利用料収入	+◎				
		事業費	建設費	−◎				
			維持管理費	−◎				
	合　　　計		事業収益	利用者余剰				

（注）＋：正の効果　−：負の効果　±：不明　◎：金銭的計測可能
（出所）道路投資の評価に関する指針検討委員会編（1998）。

者		生産者				道路占用者	土地所有者	公共			世界	合計
土地需要者	居住者	財サービス生産者	雇用者	土地需要者	他地域の生産者			市町村	都道府県	国		
												+◎
												+◎
												+◎
												+○
												+△
												−◎
	+◎		+○									+◎
	+◎		+○									+◎
	+○		+○									±○
	±△										±△	±△
											±◎	±◎
						+△						+△
	+△	+△	+△									+△
	+△	+△										+△
	±△											±△
	±△											±△
		+○		−○								0
			−○									0
		−○										0
−○			−○				+○					0
		−○						+○	+○	+○		0
		−○					−○	+○	+○			0
		−○					−○			+○		0
										−◎		0
								−◎	−◎	−◎		0
												+◎
												−◎
												−◎

○：計測可能ただし精度上は問題　△：計測困難。

3　交通プロジェクト評価への費用便益分析の適用

交通事故の状況は高速道路や一般道路によってかなりの大きな違いが現れるので両者に同一の原単位を用いることはあまり現実的ではない。交通事故の発生件数は，交差点の数，中央分離帯の有無，走行速度，交通量などによって回帰され，関係式が導出される。交通事故1件当たりの損失額には人身損失，物的損失だけではなく，救急搬送費や警察の事故処理費用なども含まれることに注意する必要がある。道路プロジェクトの実施の有無による事故発生件数の変化について原単位を乗ずれば，全体としての事故減少便益を計測することができる。

　環境改善便益は最も貨幣価値への換算が困難な便益項目の1つである。そのためプロジェクト評価において，どのような環境評価項目を取捨選択するかはそれほど明確には定まってはいない。ただ，少なくとも代替的なプロジェクトを比較検討するときは統一的な基準で評価するべきことが必要であることは言うまでもない。環境への効果として取り上げられるものとしては，窒素酸化物，二酸化炭素，騒音，浮遊粒子，振動，生態系，景観などがある。しかし，最後の2つのようなものについては評価が非常にむずかしい。窒素酸化物や二酸化炭素，騒音などについては速度との関係式を作ることができる。ただ，これらによって排出数量などが確定できたとしても，貨幣換算のための方法はまだ研究段階にあり，確立されていない。やむをえない場合には，諸外国の例などを参考に評価が行われる。道路プロジェクトによって渋滞が緩和され，自動車のアイドリングが少なくなったり，遮音壁の整備によって騒音が減少することなどが環境改善効果の例として考えられる。

　一方，費用項目としては，通常，事業費（工事費，用地費，補

償費）と維持管理費がある。事業費は道路プロジェクトの建設にかかわる費用で，道路供用開始前にかかる費用である。このなかの補償費とは，漁業・農業の事業補償に代表されるような，事業にともなって損失が生じる場合に支払われる費用である。なお，これらの費用にかかわる諸税，例えば，法人税，事業税，地方税などは政府への所得移転となるので原則として費用としては含まれないとする見解がある（ただし，まだ論争の多い分野である）。費用の計測上の注意点は，費用便益分析において計測される事業費が，どのように建設期間中に発生するかによってその評価が異なってくるということである。これは建設期間が長期に及ぶときに重要である。例えば第2節最終項の評価方法は，建設期間がないと単純化したモデルであるが，実際には建設期間は複数期間にまたがるので事業費を均等に建設期間に割り振るか，初期に多額の費用を計上するかでその評価は異なってくる。

　次にプロジェクトの評価期間を決定する必要があるが，道路プロジェクトの評価の場合には50年とされることが多い。この評価期間にわたってプロジェクトは道路交通サービスを供給し続けるわけであるが，このときにプロジェクト評価期間にわたって交通量がどのように変化するか，交通需要予測を行う必要がある。交通需要推計の手法はすでに確立されているが，予測であるだけにその交通量が正確に実現するかどうかはわからない。特に道路は複雑なネットワーク構造を持っているために，それらの推計はむずかしい。一般的な交通需要推計の方法は，交通センサスによってOD表を作成し，必要に応じて車種別のOD表を作成することによる方法である。ネットワークに関しては，当該プロジェクトの整備前後のネットワークを考え，速度・交通量関係式，車線

数，交差点数などの情報をもとに当該プロジェクトの道路の交通量を推計する。なお，すでに述べたように，交通需要推計に当たってはwith-and-without studiesの考え方によるべきである。すなわち，プロジェクトを実施しないときに発生したであろう交通量を使ってプロジェクトを比較しなくてはならない。

　これまで述べてきた方法で費用と便益の各項目が評価対象期間にわたって計算できたとすれば，次にそれを社会的割引率によって現在価値に割り引く必要がある。前に述べたように，社会的時間選好率アプローチによる社会的割引率の理論づけは可能であっても，実際には割引率の導出が困難であるので，他の公共プロジェクトの投資収益率を投資の機会費用としてとらえて計測することや，市場金利を参考にすることが普通である。これは道路プロジェクトにおいても例外ではない。また，諸外国における社会的割引率の数値を参考にすることも機会費用の観点から是認される。わが国においては日銀統計の全国貸出約定平均金利がほぼ4％前後である。その他市場利子率を近似的な数値として考えると，長期プライムレートや，長期国債の利回りなども社会的割引率決定の参考となる。一方，諸外国における社会的割引率はおおむね3～8％となっている。

　以上のようなプロセスを経てプロジェクトの評価が行われるが，費用便益分析を行うときには，そのプロジェクトを取り巻くさまざまな要因の変動がプロジェクトにどのような影響を与えるかを明確にしておくために感度分析をしておくことがよい。感度分析とは，プロジェクトを取り巻く諸要因の数値を変動させたときにプロジェクトの評価がどのように変化するかを分析するものである。道路プロジェクトにおいて考慮される要因としては交通需要

の伸びの増減，事業費の増減，建設期間の延長，社会的割引率の変化，などが取り上げられる。感度分析はできるだけ多くの要因について行っておくことが望ましく，それらはプロジェクト評価の際の有力な補助的な資料となる。

適用事例（2）：鉄道プロジェクト

鉄道投資プロジェクトは，道路投資プロジェクトとは次のような点で性格を異にする。第1に，道路プロジェクトの場合，道路上を走行する自動車は基本的に利用者の意思決定に任されているが，鉄道プロジェクトの場合，インフラ上部を走行する車両は，わが国ではインフラと共に経営されることが多いということ，第2に，鉄道は大量輸送機関であるために，ある鉄道プロジェクトの実施によってその代替的な交通機関である道路輸送に与える影響が，ある道路プロジェクトの実施によって代替的な鉄道輸送に与える影響よりも大きい，ということである。

鉄道プロジェクトによって発生する便益は，それを享受する主体によって3つに分類できる。すなわち，利用者である乗客，プロジェクトによって鉄道サービスを供給する供給企業（公企業，私企業を問わない），そしてその他の経済主体である。まず，利用者便益から考えることにしよう。利用者に発生する便益は一般化費用の減少としてとらえることができる。この一般化費用とは，目的地までの所要時間，運賃，トリップ中の快適性などの諸要因を金銭価値に換算したものである。また出発地から最寄駅までのアクセス，最寄駅から目的地までのイグレスに関する所要時間も含まれるし，駅における待ち時間，乗換え時間や快適性なども含まれる。あるプロジェクトの実施によって一般化費用が低下したとするならば，その低下分は利用者に発生した便益として計算す

ることができる。所要時間の節約便益は時間価値の換算によって計測され，その方法は道路投資プロジェクトのそれとほぼ同様である。労働の機会費用の考え方を前提に，例えば毎月の勤労統計調査に基づいた単位時間当たりの賃金率を用いればよい。乗換え時間の時間価値は，これまでの研究によって，トリップ中の時間価値の2倍ということが経験的に知られている。運賃についてはそれが真の機会費用を表したものであるかどうかを吟味する必要がある。公的部門による介入がなされていることの多い運賃においては，ある場合にはシャドウ・プライスの使用が必要となる場合もあるであろう。車内における快適性については，特に都市内鉄道における車内混雑の不快感が計測上重要である。これについては，不快感を時間価値換算する試みがなされているが，混雑による不快の不効用関数を特定化することには困難が多い。

　プロジェクト実施後にそれを用いて鉄道サービスを供給する企業の供給者便益は，そのプロジェクトを実施した場合の利潤と実施しない場合に発生したであろう利潤の差によって求めることができる。ただし，このプロジェクトの実施によって影響を受ける代替的な交通機関の収益の変化には注意を払う必要がある。例えば都市内鉄道の新線開通によってバスの収益が変化した場合は，それを勘案する必要が出てくる。しかしながら長期にわたって，多くの代替的交通期間の状況を把握するにはおのずから限界がある。

　上記の2つの経済主体以外の経済主体が関係する便益の代表的なものとして環境改善便益が挙げられる。環境改善便益は鉄道サービスの供給自体に発生するものと，その代替的な交通機関である道路サービスにおいて発生するものの2つがある。鉄道サービ

ス自身に発生する便益としては，騒音対策による騒音の減少や，ある路線の電化プロジェクトによるディーゼル車両の減少で，窒素酸化物を削減できる便益などがある（ただし，発電にともなう汚染物質の増加も考える必要がある）。一方，鉄道プロジェクトの実施によって多くの利用者が道路から鉄道へシフトすることで自動車の利用が減少し，その結果，自動車に関係する窒素酸化物，二酸化炭素，騒音，振動などに関する諸費用が低下するという便益が発生する。これらの便益の計算方法については前項において述べたとおりである。

費用については，建設にかかわる事業費とサービス供用後に発生する維持管理費がある点においては道路投資プロジェクトのそれと同様である。ただ，鉄道インフラは上部構造の車両とも深い関係があるので，例えば電化についての投資や，新しい信号，車両運行システムへの投資などが行われた場合には，車両そのものの更新や新車両の投入というような費用も発生することに注意する必要がある。また，プロジェクトの実施によって車両運行に関する諸費用（営業費）の低下がある場合は，それらも便益に算入される。プロジェクトに伴う税金の取扱いについても道路投資プロジェクトに準ずることができる。

プロジェクトの評価期間は30年あるいは50年とすることが妥当であろう。30年という数値は鉄道事業の財務分析において慣例的に用いられている数値であり，50年という数値は近年の技術革新によって設備の耐用年数が長くなっているという理由によるものである。これらの評価期間にわたって道路投資プロジェクトと同様に交通需要量推計を行う。やはり with-and-without studies の考え方に従って，プロジェクトがあるときの交通量と

プロジェクトがなかったら発生したであろう交通量との比較を行う必要がある。

現在価値算定のための社会的割引率は道路投資プロジェクトと同様であるので前項を参照されたい。道路プロジェクトであれ，鉄道プロジェクトであれ，資金は最も収益の高いプロジェクトに投下されるという考え方に立つかぎり，鉄道プロジェクトの社会的割引率として，ある道路プロジェクトにおける収益率を参考とすることは可能である。ただ，これは資金の流動性に関して何らの障害がない場合であり，現実には資金調達に関して諸々の制約が課されるので，安易な数値の利用は慎む必要がある。

評価の仕方については前に述べた3つの評価基準のすべてを計算しておくことが望ましい。感度分析も行っておく必要がある。感度分析の内容についても道路投資について述べたとおりであり，できるだけ多くの要因についての分析が望ましい。

鉄道プロジェクトはその対象が都市内交通か都市間交通か，あるいは貨物輸送かによって費用便益分析の内容もある程度異なってくるであろう。都市内交通の場合には，前述の混雑に関する問題がクローズアップされるし，稠密な都市空間内では，ある鉄道プロジェクトの影響を受ける補完・代替的な交通機関の変化を把握する必要がある。また鉄道プロジェクトによる環境の悪化という費用面での増加も考慮する必要がある。都市間交通では車内混雑緩和に関する便益はあまり問題にならないかもしれないが，かわりにそのプロジェクトの規模によっては，道路のみならず航空サービスとの競合も考えられ，その点で分析が複雑になるかもしれない。特に新幹線プロジェクトはその規模が大きいのでプロジェクト評価はむずかしくなる可能性がある。鉄道貨物輸送の分野

でのプロジェクト評価ではトリップ中の不快というような便益項目は（荷傷みの減少ということを考えるとまったくないとはいえないが）基本的には発生しない。しかし旅客輸送とは違って，補完・代替交通機関としてトラック，内航海運などが登場するので需要予測の複雑さとともにそれらの影響を新たに考慮する必要がある。

4 費用便益分析の問題点と今後の展望

所得分配への影響　大規模な交通投資プロジェクトは資源配分上のみならず，所得分配上の大きな変化をもたらす。例えば，ある地域において国土の均衡ある発展，地域開発効果を目的として，高速道路建設プロジェクトの実施が計画されているとしよう。その建設のためには多くの資金を必要とするが，現在のわが国の高速道路のプール制度を所与とすれば，その建設の資金が全国の高速道路利用者から徴収されることになる。また，ある空港建設プロジェクトが計画されているとして，その資金を国債で調達するとするならば，その莫大な費用は現在ではなく将来の国民の負担となる。このように投資規模が莫大であるときには，その資金調達について地域間あるいは世代間の所得の再分配の問題が，他の投資プロジェクト計画以上に重要な問題となる。こうした所得再分配問題はそれ自体検討が必要な重要問題であるが，これは投資プロジェクト評価の問題というよりは，内部補助や資金調達の問題であるので，ここではこれ以上立ち入らない。ここでは，投資プロジェクト自体から発生する所得分配上の問題を考えよう。

費用便益分析は理論的には経済学の補償原理の考え方を利用したものであった。すなわち，その便益や費用が誰に発生したものであれ，それらを個々に合計し，社会的割引率に従って評価期間にわたって現在価値に換算し，便益と費用を比較してプロジェクトの望ましさを決定するものであった。

　この費用便益分析の原理を見れば明らかなように，費用便益分析はあくまで資源配分の効率化を志向した分析であって，所得分配という公正の観点から分析を行うものとはなっていない。つまり，ある費用や便益が誰に発生しようが，それは分析の範囲外であって，社会全体で見たときに便益が費用を上回るようになっていればそれでよい，とするのが費用便益分析の立場である。したがって，極端な例を考えれば，ある経済主体に極端に費用が発生し，ある別の経済主体に極端に便益が発生しても，全体として便益が費用を上回っていれば，費用便益分析はそのプロジェクトを実行可能と判断する。

　しかしながら，現実の世界においてはそのようなプロジェクトが実施可能であるといっても，多くの人びとが反対するであろう。なぜならば所得分配上それは不公正であると判断されることが多いからである。このように費用便益分析は資源配分の効率化の手段としては実に有力な武器であるが，所得分配の公正化の手段としては実に無力な存在である。経済学の基礎理論が教えるように，資源配分の効率は極めて弱い価値判断で判断可能であるのに対して，所得分配の公正はかなり強い価値判断をともなう。このため，所得分配上の判断は恣意的なものとなり，論理性・客観性を欠く。費用便益分析は科学的分析，客観的分析であろうとするために，社会の重要な判断である公正の観点を皮肉にも放棄せざるをえな

いのである。

したがって，所得分配を考慮に入れた費用便益分析は，もはや厳密には費用便益分析とは言えない。それは価値判断が導入された「修正された」費用便益分析である。それでもそうした「修正された」費用便益分析が有益な分野は数多く存在する。ある未開発の地域に交通プロジェクトを実施して，その地域の経済開発を期待する場合，それは資源配分上の目的よりも所得分配上の改善を目的とするものであるから，ある便益やある費用項目を加重（その加重値は恣意的に決められる）してそれぞれの便益と費用を計算することは，それなりに意味のあることである。しかしながら，そこではすでに費用便益分析の持つ価値判断からの中立性は放棄されているということを認識しておく必要がある。あるプロジェクトを実施するときに，すでに決められた方針に従って恣意的に加重値が決められることがないようにして，費用便益分析を応用することが望まれる。

経済学以外の観点

前項で所得分配を考慮に入れた費用便益分析について言及したが，このような「修正された」費用便益分析は経済学以外の観点からの判断，特に政治的な判断からなされることが多い。例えば所得分配が不公正な状態があるとして，その地域の振興，所得の増大が政治上の目的とするならば，前述のように便益に加重値をつけて判断することができるであろう。そのこと自体は決しておかしなことではなく，そのために費用便益分析を応用すること自体は誤りではない。しかしながら，客観的な分析手法として有用な費用便益分析のヴェールを借りた，誤った分析がなされることには十分注意しなくてはならない。

ある投資プロジェクトがある地域に大きな経済波及効果をもたらすと期待される場合には，政治的な判断からの実施を求めるために，その便益を過大に見積もり，喧伝する傾向がある。以前に述べたような，さまざまな間接効果を重複して計算して経済効果として公表する場合がこれにあたる。この経済効果という額が産業連関分析によって求められた数値なのか，費用便益分析によって求められた数値なのかがはっきりしないまま数字が一人歩きする場合が散見されるが，このようなことはあってはならない。また，ある地域において多くの経済効果が現れるとしても，そのプロジェクトによって代替的な交通ルート，交通機関のある沿線がその分だけ便益を減少させているかもしれない。ところが，これは費用便益分析において計算されなくてはならないものであるにもかかわらず，そうした地域は無視されて効果のみが大々的にうたわれる場合がある。こうしたことにも注意する必要がある。われわれに求められているのは，費用便益分析とその応用によって資源配分と所得分配の観点から客観的にプロジェクトに判断を下すことであり，計算根拠があまり明確ではない経済効果の数値の一人歩きに対して疑いの目を向けることが必要である。

費用便益分析の範囲

費用便益分析はある特定のプロジェクトの実施の望ましさを決定するという意味ではミクロ的な分析の手法であるといえるかもしれない。確かに第 *3* 節で述べたように，道路ネットワーク効果や鉄道の代替的交通機関への影響などを考えると局所的な分析にはとどまらないことは明らかであるが，その影響は大きくても国内に限定される。しかし，費用便益分析は実際にはそれよりも多くの問題を抱えている。1つにはあるプロジェクトに投下される資源が貿易財であ

るときには外国為替上の問題が生じることがある。もちろんあるプロジェクトによる産出物も貿易財であれば同じ問題が生ずるが,交通サービスの場合にはそれはあまりありそうもない。しかし,発展途上国における交通プロジェクトの場合にはこれは重要な問題であり,分析が国内（閉鎖的経済）だけではなく国外（開放的経済）にまで及ぶことがある。

わが国における交通プロジェクトでは上記で述べたようなことはあまり重要視されないかもしれないが,近年のプロジェクト評価において地球温暖化などの環境に対する評価が重要視されてくると,プロジェクト評価が地域限定のものとはならなくなりつつある。地球温暖化を評価する場合,それは世界的に影響を及ぼすものであるから,その評価手法はその国のみならず世界的に首尾一貫したものでなくてはならない。費用便益分析は多くの国々で検討されており,実用化されているが,それぞれの国情によって評価にばらつきが多い。これらを整合性のとれたものとして世界的観点からプロジェクト投資を行うということが今後必要になってくるであろう。

これからの交通投資

わが国における交通投資は,オイル・ショックまでの高度経済成長期にはそのプロジェクト自身に関心はあっても,その評価に関してはそれほど関心は高くなかったといえる。確かに東海道新幹線建設や名神・東名高速道路建設に関しては世銀融資の関連からプロジェクト評価が求められたことはあったが,しかし少なくともわが国の内部に限ってはそれほど重要視されてきたものであるとは言えない。なぜならば,高度経済成長下におけるわが国の交通インフラは需要追随的な傾向が強く,しかもすべての面において交通インフラ

が貧弱であったために、詳細なプロジェクト評価をするまでもなく、あらゆるプロジェクトが必要とされた時代であったからである。しかも右肩上がりの経済成長においては潤沢な資金あるいは資金の見込みを背景にして、厳密な投資効果の評価をする必要もそれほどなかった。高度経済成長が安定成長に変わった後でさえ、投資効果の計測が不正確にしか行われてこなかったのは、投資効果が過大に評価されたバブル絶頂期の大規模プロジェクトを見ればそれで十分である。

しかしながら、これまでのように右肩上がりの経済成長を見込めなくなった今日において、そして生産年齢人口の減少傾向がみられる今日において、大規模交通プロジェクトに投下できる資金はこれまで以上に限られたものとなってくるであろう。このように限られた資金のもとでは、これまでのような場当たり的な投資計画、あるいは景気浮揚対策のみが目的の公共事業としての交通投資は事実上不可能となってきている。ますます希少となりつつある資金から最大限の投資効果を引き出すためには、より綿密な投資プロジェクト評価を行い、その結果を判断材料として交通投資を戦略的に進めていく必要がある。このためには交通投資プロジェクト評価の重要性は今後ますます高まっていくであろう。

Column ⑥ 交通投資とPFI

かつて、名神高速道路を建設するときの資金援助を世界銀行から受けるために、「ワトキンス・レポート」という報告書が作成されたことがある。このレポートにおいて「日本の道路は信じがたいほど悪い。工業国にして、これほど完全にその道路網を無視してきた国は、日本のほかにない」と断ぜられたことは、交通経

済学者にとって語り草となっている。しかしその後，高速道路に限らず日本の交通インフラは，高度経済成長にともなう右肩上がりの成長で，潤沢な資金を背景に，不十分と言われながらもそれなりにかなりの整備が行われてきた。しかし，安定成長期を迎え，しだいに交通インフラを整備，運営していくにあたって国には余力がなくなり，また，同時に「官」主導の非効率な整備がしばしば問題視されるようになってきた。

　これに代わって一時期流行したのが「第三セクター」である。この整備手法は，「官」の公益性重視と「民」の経営センスを組み合わせた理想的なものとして受け入れられたが，実際にはほぼ失敗に帰したといってよいであろう。それは「官」と「民」の優れたところを取り入れたものではなく，「官」と「民」の欠点が集約された整備手法となったからである。その原因にはいろいろなことが複合的に作用しているが，端的に言えば，この方式においては「整備の責任」や「経営の責任」が明確にされていなかったというのが大方の意見である。

　こうした方法に代わって，イギリスに端を発した「PFI」という整備手法が注目を集めている。これは Private Finance Initiative の略で，民間企業の利潤動機を活用したインフラの整備手法である。社会的には VFM（Value For Money）といって，住民や利用者の税・料金から最大の価値を引き出すようにプロジェクトが企画され，建設されるが，民間企業はその整備に当たって，自己の計算に従ってのみ事業に参加する。第三セクター方式と違うのは，この民間企業の事業参加においてきわめて厳格に契約が交わされる，というところである。現実の整備手法としては代表的なものにBOT方式がある。これは民間企業がインフラを整備（Build）し，民間がそのインフラの運営を行う（Operate）ことによって，整備に要した資金を利用料金で回収し，回収し終わった時点でその所有権を公共部門に移転する（Transfer），と

いう方法である。プロジェクト案は公共部門が提案する場合も民間部門が提案する場合もあるが、いずれにしろ公共プロジェクトであるので、費用便益分析を行うことによってその社会的な効果を把握すべきで、その後、それが実際に商業ベースに乗るかどうかということを民間企業は勘案してそのプロジェクトの入札に参加する。もし落札すれば事業を運営するが、かりに公共部門との契約において、需要低迷による料金収入の不足が民間企業の責任となっていれば、公共部門が（第三セクターのほとんどで行われているような）経営責任の後始末をする必要はなくなり、地域住民への追加負担はない。

　日本のPFIは試行錯誤を重ねながら、法律も次第に整備されつつある。PFIは今後の新しい交通インフラの整備手法として注目されている概念である。

演習問題

1 次の3つのプロジェクト案において、社会的割引率が0％、5％のときのそれぞれの純現在価値と費用便益比率、そして内部収益率を求めなさい。

	期	0	1	2	3	4
第1案	便益	0	30	30	30	30
	費用	96	1	1	1	1
第2案	便益	0	25	25	35	35
	費用	80	4	4	6	6
第3案	便益	0	35	35	25	25
	費用	70	5	5	10	10

2 間接効果といわれるものをいくつか取り上げ、それらが直接効果からどのように派生してきたかを考えなさい。

3 空港,港湾への投資プロジェクトを考えるとき,それらは道路,鉄道への投資プロジェクトとどのような点が異なるであろうか,考えなさい。

REFERENCE

運輸省鉄道局監修(2000),『鉄道プロジェクトの費用対効果分析マニュアル99』運輸政策研究機構。

竹内健蔵(1991),「道路交通投資における便益の移転と評価の問題」『高速道路と自動車』第34巻,第6号。

常木淳(2000),『費用便益分析の基礎』東京大学出版会。

道路投資の評価に関する指針検討委員会編(1998),『道路投資の評価に関する指針(案)』日本総合研究所。

中村英夫編(1997),『道路投資の社会経済評価』東洋経済新報社。

文献案内

現在,交通経済学のテキストとして最も標準的なものとしては,

❶ 藤井彌太郎・中条潮編『現代交通政策』東京大学出版会,1992年

が挙げられる。この本は理論面と交通モード,分野別の政策論の面のバランスの取れた著書である。その後,❶の続編として出版された,

❷ 藤井彌太郎監修『自由化時代の交通政策』東京大学出版会,2001年

は近年の規制緩和後の日本の交通政策をわかりやすく解説している。❶と合わせて読むとその理解はいっそう高まるであろう。

❸ 奥野正寛・篠原総一・金本良嗣編『交通政策の経済学』日本経済新聞社,1989年

は,❶よりやや上級のレベルだが,経済学の第一人者たちによる執筆で理論的な面を重視した著書である。

現実の交通の規制のあり方に関して深く分析を試みたものとしては,

❹ 金本良嗣・山内弘隆編『交通』講座・公的規制と産業4,NTT出版,1995年

をあげることができる。これは理論的な説明よりも,それぞれの交通産業と規制のかかわりを詳細に分析した点に特徴がある。

❺ E. E. ゼイジャック(藤井彌太郎監訳)『公正と効率——公益事業料金概論』慶應通信,1987年

は,本書にも引用されているが,一読する価値のある書である。

通常は簡単に済まされる内部補助の問題に1章を割いているのも特徴的である。

❻ 斎藤峻彦『交通市場政策の構造』中央経済社，1991年

は，交通市場の構造を包括的に把握することに優れている。複雑な図や数式もないので読みやすい。

交通問題の中で特定のものに特化したものとしては，

❼ ケネス・A. スモール（金沢哲雄・三友仁志監訳）『都市交通の経済分析』日本交通政策研究会研究双書13，勁草書房，1999年

は都市交通問題を中心に論じた質の高い文献であり，

❽ 山田浩之編『交通混雑の経済分析──ロード・プライシング研究』日本交通政策研究会研究双書15，勁草書房，2001年

は，交通問題の中でもポピュラーな混雑問題を中心に取り上げた学際的な文献である。

交通経済学は応用ミクロ経済学の色彩が強いので，ミクロ経済学の理解が重要であるが，それだけではなく，優れて学際的な領域でもある。公共経済学，都市経済学，産業組織論といった分野の文献はもちろん，都市計画や都市工学などの文献を理解することもまた重要である。

索 引

before-and-after studies 281
BOT 309
ETC 251
ETCシステム 252
IIA特性 91
JIT 61
OD表 96, 297
PFI 309
Q-Bモデル 72
Q-V曲線 100
VFM 309
with-and-without studies 281
x非効率 27
Xファクター 192

●あ 行

アバーチ＝ジョンソン効果 184
域外ゾーン 95
意思決定の束 47
逸走率 65
一般化費用 79, 299
一般有料道路 197
移動ピーク 257
　——のピーク・ロード・プライシング 259
イールド 75
インセンティブ・メカニズム 174
インフラストラクチャー整備 55
運営費補助 34
運賃構成 172
エントロピー・モデル 98
オファー・カーブ 70
オフピーク 253

●か 行

会計学的費用 111
介在機会モデル 98
回避可能費用 119
回避不能費用 119
外部経済 15
外部効果 15
　技術的—— 16
　金銭的（市場的）—— 16
外部性 15
外部費用 17
外部不経済 16
外部補助 35
乖離率 238
価格規制 3
価格弾力性 64, 262
　交差—— 65
確率分布 88
価値判断 304
下部構造 270
株式配当成長モデル 186
貨幣的費用 111
可変費 114
神の見えざる手 11
貨物運送取扱事業法 173
貨物自動車運送事業法 173
貨物等級別運賃 169
貨物輸送 56
カルドア＝ヒックス基準 277
環境改善便益 293, 300
環境税 18
関数モデル法 98

索　引　315

間接効果　273, 282
間接効用関数　83
間接費　119
完全競争市場　3
完全配賦費用　206
感度分析　298
ガンベル分布　88
官僚主義　27
機会費用　67, 111, 287
機会費用アプローチ　69
基数的効用　91
規制緩和　11
規制による課税　218
規制の失敗　171
犠牲量モデル　70, 80
規模に関する収穫逓減　115
規模に関する収穫逓増　115
規模の経済　12, 123, 125
キャピタリゼーションの理論　285
旧鉄道事業法　168
競争入札　31
共通費　119, 145
　　直課可能な――　149
共同消費　18, 251
区域トラック　122
クォントとボーモルのモデル
　　→Q-Bモデル
クリーム・スキミング　36
計画経済　10
経済学的費用　111
経済的規制　3
経済波及効果　273, 282
軽薄短小型産業　59
経路平均費用逓減　136
結合生産　145
結合費　145
結　託　210
限界代替率　63

限界費用　32, 114, 225
限界費用価格形成　263
原価の補償　175
現在価値　276
現在パターン法　98
原単位法　96
コ　ア　156
公益事業　261
公共財　18
公共性　5, 7
航空企業規制緩和法　168
交渉ゲーム　156
厚生経済学の第1定理　227
公正妥当主義　212
公正取引委員会　163
公正取引委員会告示　162
公正報酬（適正利潤）　179
公正報酬率　179
公正報酬率規制　178
高速自動車国道　197
交通インフラ　270
交通機関選択モデル　70, 78
交通機関分担交通量　94, 99
交通結節点　72
交通事故減少便益　293
交通弱者　26
交通需要推計　297
交通需要予測　102
交通センサス　297
交通投資　270
交通の集中量　45
交通の発生量　45
公的介入（規制）　2
項目積上げ方式　280
効用関数　62
国有鉄道運賃法　168
誤差項　85
コースの定理　18

固定費　13, 114
固定ピーク　254
　——のピーク・ロード・プライシング　256
個別原価　206
混雑税　18, 248, 263
混雑率　121
コンテスタブル・マーケット（の理論）　29, 132
コントロール・トータル　94

●さ　行

在庫不可能性　43
最終結果主義　182
再取得原価　181
最善の解　234
最適物品税　234
財務分析　271
最尤推定法　90
サービスの質　47
差別運賃（価格）　169, 241
差別的取扱い　168
参入規制　3, 25, 26
　——の緩和　28
時間価値　67, 274
時間消費　45
時間帯別運賃　262
自給可能性　46
資源配分　303
　——の効率　3, 222
市場経済　10
市場に対する競争　170
市場の失敗　12, 23
市場利子率　286
施設費　263
自然独占　14
次善の解　234
次善の価格決定　234

実車率　121
私的財　19
自動改札　262
支払意思額　224
シビル・ミニマム　26
資本コスト　182
資本資産評価モデル　186
社会的規制　3
社会的時間選好率　287
社会的純便益　229
社会的余剰　11, 279
社会的割引率　286
車種間（料金）比率　213, 264
ジャスト・イン・タイム　→JIT
シャドウ・プライス　288
重回帰分析　71
集計モデル　90
重厚長大型産業　59
収入要件　177
重力モデル　90, 98
需給調整規制の廃止　173
取得原価　181
需要の所得弾力性　7
需要の波動　43
需要の平準化　253
需要配分法　100
純現在価値法　289
準公共財　20, 252
純収入テスト　206
純便益　212
償還制　197, 199, 264
上下分離　30
上限制　173
乗車率　121
消席率　121
消費者余剰　26, 226, 278
上部構造　270
情報の非対称性　22

情報の不完全性　22
正味資産価値　178
将来交通量　98
序数的効用　91
所得効果　70, 280
所得制約式　62
所得接近法　69
所得弾力性　66
所得分配　303
　　——の公正　3
所得-余暇選好の理論　68
新幹線　54
人頭税　231
スタイナー・モデル　253, 254
スミス対エイムス訴訟　181
成果基準料金規制　196
生産関数　112
　　ε次同次の——　125
生産者余剰　227
生産量と供給量の違い　120
生成原単位　95
生成交通量の予測　94
節約時間　68
　　——の社会的便益　69
選好意識データ　89
全国統一運賃制　35
潜在的競争　30
潜在的参入者　132
選択確率　86
選択確率比の文脈独立特性　91
選択データ　89
選択の理論　70
先発者の利益の還元　203
相応収益主義　183
総括原価　175
総犠牲量　79
走行時間短縮便益　293
走行費用減少便益　293

走行費用原単位　293
総費用曲線　115
増分費用　119, 210
即時財　9
即地性　45
ゾーニング（ゾーンの設定）　94

●た　行

体系的効用　84
第三セクター　309
退出規制　25　27
　　——の緩和　31
対数線形の需要関数　71
代替効果　69
第二義的結合性　146
ダミー変数　76
単位当たりの運営費　231
単位当たりの増分費用　232
短期費用　111
地域（ゾーン）　78
地域開発効果　282
地域独占　6
地球温暖化　307
長期限界費用　254
長期費用　111
長期平均費用　13
直接効果　273
直接効用関数　83
直接需要モデル　90
直接費　119
適正な利潤　175
鉄道分担率　262
転換交通　278
転換率モデル　101
投資の機会費用　298
投入要素に関する生産量の弾力性
　　142
道路整備　61

道路整備特別措置法　197
道路特定財源制度　61
独占禁止法　162
特別積合運送　171
都市高速道路　197
届出制　173
取替費用　181
取引費用　18

●な 行

内々交通　97
内部収益率法　290
内部補助　35, 172
納得性　206
2項ロジット・モデル　88
ネットワーク・サイズの経済
　138

●は 行

排除原則　251
排除不可能性　18
配分交通量　94, 99
培養効果　213
派生需要　8, 44, 48
パーソン・トリップ調査　89
発生交通　278
発生・集中交通量　94, 96
幅運賃制　174
ハブ・アンド・スポーク型のネットワーク　136
破滅的競争　13, 23, 28, 130
パレート最適　276
範囲の経済　136
非貨幣的費用　111
非競合性　251
ピーク　253
ピーク・ロード・プライシング
　253, 263

非集計交通行動モデル　70, 79, 83
非対称規制　188
非弾力的　64
必需財（必需品）　7
必需性　7
ヒット・エンド・ラン戦略　29, 31, 132
必要収入　177
費用関数　112
　トランスログ型の——　143
標準原価計算対象事業者　193
費用積上方式　177
費用逓減産業　13
費用の劣加法性　122, 130
費用配分ゲーム　152
費用便益比率法　289
費用便益分析　103, 271, 276, 304
　修正された——　305
フォワード・ルッキング・コスト
　192
不確実性　20
不公正な取引方法　162
負担テスト　215
不当な競争　169
不当廉売　162
プライス・キャップ規制　187
　——のデメリット　191
　——の利点　190
フランチャイズ入札規制　196
フリーライダー　20
プール制　199
フレーター法　98
フロー　245
プロジェクト実施前後で比較する分析　→before-and-after studies
プロジェクトのあるなしで比較する分析　→with-and-without studies

索　引　319

プロジェクト評価　271
分割配分法　101
分担率曲線　99
分布交通量　94, 96
平均運賃　75
平均可変費用　114
平均成長率法　98
平均総費用　114
便益帰着連関表　293
便益項目　282
便益の二重計算　284
変更命令　174
変動費　114
補償原理　277
補助金入札制度　32
ホープ天然ガス会社　182
本源的需要　8, 44, 48
本州四国連絡道路　197
本来管理者　201

●ま 行

マイナスX項　192
埋没費用　14, 28, 119
密度の経済　138
無差別曲線　63
モータリゼーション　54
モデル法　96

●や 行

ヤードスティック規制　174, 187
有償旅客キロ　74
輸送構造　56
輸送分担率　53

幼稚産業保護　175
余剰分析　259
四段階推定法　78, 92

●ら 行

ラムゼイ価格　33, 234, 265
ラムゼイ・ナンバー　238
ラムゼイ・ルール　238
ランダム効用関数　83, 86
ランダム効用理論　86
離散型選択　84
離散型選択モデル　84
略奪的価格設定　162
利用可能性　9
料金プール制　35
利用者費用　245
利用者便益　282, 283
旅客輸送　51
旅客輸送量　51
歴史的費用　181
レート・ベース・パディング　184
レート・ベース方式　177, 178
労働の機会費用　293
ロジット・モデル　86
　多項——　89
路線トラック　122
ロード・ファクター　120

●わ 行

ワトキンス・レポート　308
ワードロップの定理　101
割引運賃規制の弾力化　174
割引率　286

交通経済学
Transport Economics

2002年6月30日	初版第1刷発行
2020年9月10日	初版第9刷発行

著　者　　山内　弘隆
　　　　　竹内　健蔵

発行者　　江草　貞治

発行所　　株式会社 有斐閣
東京都千代田区神田神保町2-17
電話　(03)3264-1315〔編集〕
　　　(03)3265-6811〔営業〕
郵便番号　101-0051
http://www.yuhikaku.co.jp/

組版レイアウト　田中あゆみ
印刷　株式会社理想社・製本　牧製本印刷株式会社
© 2002, Hirotaka YAMAUCHI, Kenzo TAKEUCHI　Printed in Japan
落丁・乱丁本はお取替えいたします。

★定価はカバーに表示してあります。

ISBN 4-641-12050-1

Ⓡ 本書の全部または一部を無断で複写複製(コピー)することは,著作権法上での例外を除き,禁じられています。本書からの複写を希望される場合は,日本複製権センター(03-3401-2382)にご連絡ください。